HEYNE BÜCHER
SPHINX

Walker Percy

Das Loch im Kosmos

Die Suche nach einer universalen Spiritualität

WILHELM HEYNE VERLAG
MÜNCHEN

SPHINX BEI HEYNE
Herausgegeben von Michael Görden
13/3047

Aus dem Amerikanischen
von Hans-Ulrich Möhring

Umwelthinweis:
Dieses Buch wurde auf
chlor- und säurefreiem Papier gedruckt.

http://www.heyne.de
Printed in Germany 1999
Umschlaggestaltung: Atelier Bachmann & Seidel, Reischach
Umschlagillustration: Comstock, Berlin
Technische Betreuung: Sibylle Hartl
Satz: Pinkuin Satz und Datentechnik, Berlin
Druck und Bindung: Elsnerdruck, Berlin

ISBN 3-453-14667-0

Inhalt

Für meine Reisegefährten im Weltraum
John Walker, Robert, David, Jack

Wir sind uns unbekannt, wir Erkennenden, wir selbst uns selbst ... Wir bleiben uns eben nothwendig fremd, wir verstehn uns nicht, wir *müssen* uns verwechseln, für uns heisst der Satz in alle Ewigkeit »Jeder ist sich selbst der Fernste«, – für uns sind wir keine »Erkennenden« ...

Nietzsche

Ich beschwöre Dich, mein Gott, enthülle mir auch mich selbst.

Augustinus

Das Loch im Kosmos

Die Suche nach einer universalen Spiritualität

oder

Der seltsame Fall des Selbst, Ihres Selbst, des Gespenstes, das im Kosmos umgeht

oder

Wie Sie im Kosmos überleben können, über den Ihr Wissen ständig wächst, während Ihr Wissen von sich selbst ständig abnimmt, und das trotz 10 000 Selbsthilfebüchern, 100 000 Psychotherapeuten und 100 Millionen fundamentalistischer Christen

oder

Wie es kommt, daß von all den Milliarden und Abermilliarden befremdlicher Gebilde im Kosmos – Novae, Quasare, Pulsare, schwarze Löcher – Sie zweifellos das befremdlichste sind

oder

Wie es möglich ist, in zehn Minuten mehr zu erfahren über den Crabnebel im Taurus, der 6000 Lichtjahre entfernt ist, als Sie gegenwärtig über sich selbst wissen, obwohl Sie sich schon Ihr ganzes Leben lang am Hals haben

oder

Wie es möglich ist, daß der Konstrukteur der Raumsonde Voyager 2, die nach einem Flug von achteinhalb Jahren mit einer Zeitabweichung von drei Sekunden und einer Kursabweichung von hundert Metern den Uranusmond Titania erreichte, eine der verpfuschtesten Existenzen in Kalifornien ist – oder im Kosmos

plus

Ein 20-Fragen-Quiz, durch das Sie weder reicher noch selbstbewußter, noch kreativer und auch kein besserer Liebhaber werden, aber das Ihnen helfen könnte – obwohl das unwahrscheinlich ist, wenn man bedenkt, wie unnütz Selbsthilfebücher im allgemeinen sind – herauszufinden, wer Sie nicht sind und sogar – der absolute Glückstreffer –, wer Sie sind

plus

Ein kurzes Einstiegs-Quiz, das Sie stehend in der Buchhandlung machen können, als Entscheidungshilfe, ob Sie dieses Buch kaufen und die 20 Fragen über sich ergehen lassen müssen

plus

Eine kurze Geschichte des Kosmos, einschließlich einer semiotischen Theorie des Selbst, die erklärt, warum der Mensch, soweit wir wissen, der einzige Fremdkörper im gesamten Kosmos ist

plus

Eine Weltraumodyssee, die schildert, was einem Astronauten von der Erde passieren kann, wenn da draußen jemand ist, und was, wenn da draußen niemand ist

Ein kurzes Einstiegs-Quiz
als Entscheidungshilfe, ob Sie *Das 20-Fragen-Multiple-Choice-Selbst-Hilfe-Quiz* mitmachen müssen. Wenn Sie diese Fragen beantworten können, sind Sie gar nicht so fremd im Kosmos

Stellen Sie sich vor, Sie lesen ein Buch über den Kosmos. Sie finden es so interessant, daß Sie losgehen und sich ein Fernrohr kaufen. In einer schönen, klaren, mondlosen Nacht stellen Sie Ihr Fernrohr auf und richten es auf den hellsten Stern am Himmel. Es ist ein Planet, kein Stern, mit einem rötlichen Fleck und mehreren Monden. Aufgeregt schlagen Sie die Planeten in Ihrem Buch über den Kosmos nach. Sie lesen eine Beschreibung der Planeten. Sie lesen einen Satz über einen großen gelblichen Planeten mit einem roten Fleck und mehreren Monden. Sie erkennen sowohl die Beschreibung als auch das Bild. Klarer Fall, Sie haben Jupiter angeschaut.

Es macht Ihnen keinerlei Schwierigkeiten, die Aussage zu treffen, daß es Jupiter ist, nicht Mars oder Saturn, obwohl Sie den Gegenstand Ihrer Betrachtung noch nie zuvor gesehen haben und er etliche hundert Millionen Kilometer weit entfernt ist.

Nun stellen Sie sich vor, Sie lesen die Zeitung. Sie kommen zum Horoskop. Sie mögen an die Astrologie glauben oder nicht, aber nach der Popularität der Astrologie heutzutage zu urteilen, werden Sie wahrscheinlich Ihr Horoskop lesen. Laut einer kürzlich veranstalteten Umfrage verlassen sich mehr Amerikaner auf die Astrologie als auf die Wissenschaft oder Gott.

Sie sind Widder. Sie schlagen das Horoskop in Ihrer Zeitung auf und lesen eine Analyse der Widder-Persönlichkeit. Dort steht unter anderem:

> Sie verstehen es, eine Atmosphäre der Besinnung und Bewegung zu schaffen, ungehindert durch kleinliche Eifersüchteleien. Aber Sie neigen dazu, Ihre Talente in alle vier Winde zu verstreuen.

Hm, sagen Sie sich, das kommt hin. So bin ich.

Plötzlich merken Sie, daß Sie sich vertan haben. Sie haben das Zwillingshoroskop gelesen. Also zurück zum Widder:

Nichts kann Sie mehr verletzen als eine ungerechte Behandlung oder Verdächtigung. Aber Sie besitzen die besondere Gabe, Dinge allen Hindernissen und Ablenkungen zum Trotz durchzufechten. Gleichzeitig haben Sie das starke Bedürfnis, gemocht zu werden. Deshalb sind Sie öfter verwundet worden, als Sie zugeben.

Hm, sagen Sie sich, das kommt hin. So bin ich.
1. Frage: Wie kommt es, daß beide Aussagen auf Sie zuzutreffen scheinen, oder andersherum: Weshalb haben Sie den Eindruck, sich in den Analysen sämtlicher zwölf Sternzeichen wiederzuerkennen? Oder noch anders ausgedrückt: Wie kommt es, daß Sie die Planeten Jupiter und Venus nach einmal Lesen und Hinschauen so problemlos erkennen und bestimmen können, sich aber so schwer damit tun, aus zwölf Beschreibungen die auf Sie zutreffende zu erkennen, wo Sie sich doch angeblich viel besser kennen als Jupiter und Venus?

2. Können Sie erklären, wie es kommt, daß es nach der letzten Zählung sechzehn psychotherapeutische Schulen mit sechzehn Theorien der Persönlichkeit und ihren Störungen gibt und daß es Patienten, die nach der einen Theorie behandelt werden, offenbar nicht besser- oder schlechtergeht als solchen, die nach irgendeiner andern behandelt werden – während es nur eine einzige allgemein anerkannte Theorie von Ursache und Heilung der lobären Lungenentzündung gibt und nur eine einzige allgemein anerkannte Theorie von den Umlaufbahnen der Planeten und der Gravitationskraft unserer Galaxis und der Galaxie M 31 in Andromeda? (Ein Tip: Wenn Sie zur Antwort geben, die menschliche Psyche sei komplizierter als der Pneumokokkus und das Reaktionsverhalten der weißen Blutkörperchen oder als die Galaxien oder als Einsteins allgemeine Relativitätstheorie, so denken Sie daran, daß die Beweislast bei Ihnen liegt. Oder wenn Sie zur Antwort geben, die Erforschung der menschlichen Psyche stecke noch in den Kinderschuhen, so bedenken Sie, daß

sie seit 2500 Jahren in diesen Kinderschuhen herumläuft und wir, anders als in der Physik, über diese Psyche anscheinend nicht viel mehr wissen als schon Platon.)

3. Wie erklären Sie sich diese kuriosen kleinen Alltagsphänomene, die jedermann geläufig sind:

Sie haben sich schon tausendmal im Spiegel gesehen, Auge in Auge. Es gibt keinen vertrauteren Anblick. Wie aber kommt es, daß der erste Blick, den Sie beim Schneider in einem dreiteiligen Spiegel auf sich werfen – von der Seite sozusagen –, wie ein Schock wirkt? Oder als Sie sich das erste Mal selbst im Heimkino sahen: War es Ihnen peinlich? Wie war es, als Sie das erste Mal Ihre Stimme auf Band hörten – haben Sie sich erkannt? Selbstverständlich, Sie mußten sich erkennen, wo Sie sich doch schon Ihr ganzes Leben lang hören.

Wie kommt es, daß Sie auf einem Gruppenfoto, auf dem Sie mit drauf sind, immer (und wahrscheinlich verstohlen) sich selbst heraussuchen? Um zu schauen, wie Sie aussehen? Wissen Sie nicht, wie Sie aussehen?

Ist Ihnen das je so gegangen? Sie gehen eine Straße mit Geschäften entlang. Es gehen noch andere Leute auf der Straße. In einem Schaufenster sehen Sie flüchtig das Spiegelbild eines anderen. Im ersten Moment erkennen Sie den anderen nicht. Er, sie erscheint Ihnen völlig fremd. Dann wird Ihnen klar, daß es Ihr eigenes Spiegelbild ist. Darauf findet eine Verwandlung statt, und das Spiegelbild wird in der Tat Ihr vertrautes Selbst.

Eine der eigentümlichen Ironien, die darin liegen, ein menschliches Selbst im Kosmos zu sein: Ein Fremder, der Sie auf der Straße anspricht, wird Sie mit einem Blick als Ganzen sehen, Sie taxieren, Sie einordnen, wie Sie das weder können noch je können werden, obwohl Sie ein ganzes Leben mit sich zugebracht haben, im Jahrhundert des Selbst leben und deshalb sich selbst eigentlich am allerbesten kennen müßten.

Die Frage lautet: Wie kommt es, daß Sie im ganzen Leben nie imstande sein werden, sich selbst so zu taxieren, wie Sie jemand anderen – oder Saturn – in zehn Sekunden taxieren können?

Wie kommt es, daß der Blick eines anderen Menschen, der Sie anschaut, anders ist als alles, was es sonst im Kosmos gibt? Das heißt, Löwen anschauen oder Tiger oder Saturn oder Ringnebel oder eine Eule oder einen anderen Menschen von der Seite ist eine Sache, aber auf einmal einem anderen Menschen, der einen anschaut, in die Augen zu schauen, ist eine andere. Und wie kommt es, daß man einen Löwen oder einen Planeten oder eine Eule oder einen fremden Finger anschauen kann, so lange es einem gefällt, aber daß ein Blick in die Augen eines anderen Menschen, länger als eine Sekunde gehalten, eine gefährliche Sache ist?

4. Das folgende Experiment wurde an einer Gruppe von zehn Versuchspersonen vorgenommen. Prüfen Sie, wie Sie die Fragen beantworten würden.

Denken Sie sich fünf Bekannte, keine nahen Freunde, keine Geliebten, keine Familienmitglieder.

Beschreiben Sie jeden mit drei Adjektiven (in dem Experiment bekam man eine »Persönlichkeits-Bewertungstabelle«, eingeteilt in »gute« und »schlechte« Eigenschaften, für die man einem Bekannten Punkte geben konnte, z. B. mehr oder weniger vertrauenswürdig, attraktiv, langweilig, intelligent, selbstsüchtig, flatterhaft, extravertiert, introspektiv usw.). So könnte man etwa einen Bekannten namens Gary McPherson beschreiben als ziemlich umgänglich, halbwegs vertrauenswürdig, witzig, aber ein bißchen boshaft usw. Oder Linda Ellison: ziemlich gutaussehend (7 oder 7½ Punkte), intelligenter, als sie sich anmerken läßt, eine gute Zuhörerin. Und so weiter.

Beachten Sie, daß sich die meisten unserer Adjektive oder sogar alle auf eine endliche Skala, sagen wir von plus zehn bis minus zehn, übertragen ließen.

Wenn Sie jetzt fünf Bekannte beschrieben haben, machen Sie folgendes. Lesen Sie sich diese zwei Sätze sorgfältig durch:

(a) Sie sind außerordentlich großzügig, lieben aus tiefstem Herzen den richtigen Menschen, wissen absolut Bescheid, wo es in diesem Land im argen liegt, haben unfehlbare Menschenkenntnis, sind imstande zu hellen Momenten, an die kein Wissenschaftler oder Künstler oder Schriftsteller im Land herankommt. Sie besitzen eine unerschöpfliche Begabung.

(b) Sie sind von allen Menschen auf der Welt wahrscheinlich der selbstsüchtigste, abscheulichste, mißgünstigste (z. B. macht es Ihnen Vergnügen, Todesanzeigen in der Zeitung zu lesen und vom Herzanfall eines Bekannten zu hören), der hinterhältigste, der gefürchtetste und vor allem der verlogenste.

Beantworten Sie jetzt diese Frage, so ehrlich Sie können: Welcher der beiden Sätze trifft eher auf Sie zu?

WÄHLEN SIE (a), (b), beide nicht, beide.

Wenn Sie beide gewählt haben (60 Prozent der Befragten taten das): Wie kann das sein?

5. Verstehen Sie, was Sexualität ist?

Will sagen, genügt Ihnen eine der beiden Standardantworten auf die Frage nach der Sexualität?

Zum einen die biologische: Der Geschlechtstrieb ist einer von vielen Trieben und Bedürfnissen, die sich durch natürliche Selektion entwickelt haben, um das Leben des Organismus erhalten und das Überleben der Art sichern zu helfen. Somit ist das sexuelle Begehren ein Punkt auf einer Liste, auf der unter anderem Punkte wie Hunger, Durst, Schutzbedürfnis, Nestbau, Wandertrieb usw. stehen.

Zum andern die religiös-humanistische: Sex ist ein Ausdruck, vielleicht der höchste Ausdruck der Liebe und Verbindung zwischen einem Mann und einer Frau und entfaltet sich am beispielhaftesten im Rahmen von Heiraten, Kinderkriegen, einträchtigem Zusammenleben, Familie, Zuhause und heimischem Herd.

Oder betrachten Sie die Sexualität als eine Eigentümlichkeit des heutigen Selbst (das einzige Selbst, das wir kennen), die einen absolut zentralen Platz im Bewußtsein einnimmt, zumal in seinem Bezug auf andere sexuelle Wesen, eine Eigentümlichkeit von einer Einzigartigkeit und Gewaltigkeit, daß sie inkommensurabel mit anderen »Trieben« ist, und zudem schon durch die Struktur des heutigen Selbst zu seinem eigentlichen Kern und seiner hauptsächlichen Schiene im Verkehr mit anderen bestimmt?

Wenn der Geschlechtstrieb nur eines von mehreren biologischen Bedürfnissen ist, warum leben wir dann in der erotisiertesten Gesellschaft der Weltgeschichte? Warum stellen Fernsehen, Film, Werbeplakate, Zeitschriften anstelle von Frauenkörpern nicht kulinarische Genüsse zur Schau, z. B. riesige Schokoladentorten, Schinken, Braten, Erdbeeren?

Oder macht die Sexualität Sie ratloser als jedes andere Phänomen im Kosmos?

Wissen Sie, wie es kommt, daß Männer und Frauen sexuelle Verhaltensweisen an den Tag legen, von denen sich die andern zig Millionen Arten nicht träumen ließen, und dabei alle erdenklichen sexuellen Beziehungsvarianten durchspielen: nur eine Person oder ein Mann und eine Frau oder zwei Männer oder zwei Frauen oder zwei Männer und eine Frau oder zwei Frauen und ein Mann, Varianten, die zudem jede Öffnung und jeden Auswuchs des menschlichen Körpers einbeziehen können und die mit Fortpflanzung und Arterhalt nichts zu tun haben?

Ist die folgende Aussage richtig oder falsch:

Pornographie ist keine Verirrung einiger weniger sexuell frustrierter Männer mittleren Alters in grauen Regenmänteln; sie ist vielmehr eine alles überragende Eigenheit des modernen Bewußtseins, die Folge von dreihundert Jahren Technik und der industriellen Revolution und ist symptomatisch für eine tiefgehende Störung in der Beziehung des Selbst zu anderen Selbsten, die sich im allgemeinen in dem abgehobenen Zustand eines Selbst (Mann) und der Erniedrigung eines anderen Selbst (Frau) zu einem abgehobenen Objekt der Befriedigung niederschlägt.

6. Schauen Sie sich die folgenden Kurzbeschreibungen verschiedener Arten von Selbst-Bewußtsein an. Mit welchem Selbst, wenn überhaupt, identifizieren Sie sich?

(a) *Das kosmologische Selbst.* Das Selbst ist seiner entweder gar nicht oder nur insoweit bewußt, als es sich mit einem kosmologischen Mythos oder einem Klassifikationssystem identifiziert, z. B. dem Totemismus. Man frage einen Bororo: Wer bist du? Er könnte erwidern: Ich bin Sittich. (Man frage einen Football-Fan: Wer bist du? Er könnte erwidern: Ich bin ein Tiger.)

(b) *Das brahmanisch-buddhistische Selbst.* Wer bist du? Was ist dein Selbst? Mein Selbst ist in diesem Leben auf das Rad des Nichtseins geflochten, verborgen vom Schleier des Nichtwirklichen. Doch es kann sich erkennen, indem es den Schleier der Maya durchdringt und die eigenen Tiefen ergründet, bis es Nirvana erlangt, Zunichtsein, oder das Brahman, Gott. Der Atman (Selbst) ist das Brahman (Gott).

(c) *Das christliche Selbst (und mit Abstrichen das jüdische und islamische Selbst).* Das Selbst begreift sich als Geschöpf, von Gott erschaffen, von Gott entfremdet durch eine uranfängliche Katastrophe und nunmehr mit ihm versöhnt. Vor der Versöhnung ist das Selbst, wie Paulus den Ephesern klarmachte, fremd den Testamenten der Verheißung, ohne Hoffnung und ohne Gott in der Welt. Jetzt aber wird das Selbst ein Sohn Gottes, ein Mitglied in einer Familie von Selbsten und ist seiner bewußt als eines Geschöpfes Gottes, unterwegs auf einer Pilgerfahrt in diesem Leben, nach der ihm in einem späteren Leben Glück und Wiedervereinigung mit Gott beschieden ist.

(d) *Das rollenspielende Selbst.* Nach einer soziologischen Sicht des Selbst erlangt dieses seine Identität, indem es Rollen spielt und seine eigene Rolle den Rollen anderer abguckt, z. B. Mutter, Vater, Hausfrau, Ernährer, halbstarker Macho, feminines Püppchen usw. – und außerdem gestaltet man sie, George Mead zufolge, danach, wie man die Wahrnehmungen, die andere von einem haben, wahrnimmt.

(e) *Das amerikanisch-jeffersonsche republikanisch/demokratisch parteiprogrammierte High-School-Abschlußfeier-Normalselbst.* Das Selbst ist eine von Gott geschaffene individuelle Person, ausgestattet mit bestimmten unveräußerlichen Rechten und der Freiheit, nach Glück zu streben und ihre Anlagen zu verwirklichen. Es findet Erfüllung durch Arbeit und tätige Mitwirkung in Verbänden, Familie, Öffentlichkeit, Politik, Kulturleben, Sport, Wissenschaft und Kunst. Daraus ergibt sich, daß es dem Selbst in einer freien Wohlstandsgesellschaft öfter gelingt, sich zu verwirklichen als nicht. Glück kann erstrebt und bis zu einem gewissen Grade erlangt werden.

(f) *Das zerstreute Selbst.* In einer freien Wohlstandsgesellschaft hat das Selbst die Freiheit, sich endlos zu zerstreuen und zu vergessen. Es arbeitet, um die Zerstreuungen zu genießen, die es mit dem Lohn seiner Arbeit kaufen kann. Das Streben nach Glück wird zum Streben nach Zerstreuung, und in dieser Gesellschaft sind die Möglichkeiten zur Zerstreuung endlos und so frei verfügbar wie acht Stunden Fernsehen am Tag: Fernsehen, Sport, Reisen, Drogen, Spiele, Zeitungen, Zeitschriften, Las Vegas.

(g) *Das verirrte Selbst.* Mit dem Untergang der kosmologischen Mythen und dem Schwinden des Christentums als Garant der Identität des Selbst wird das Selbst ortlos, Jefferson hin oder her, ist von seiner Freiheit gleichermaßen entfesselt wie gefangen, aber gefangen von einer sonderbaren und paradoxen Fessel von der Art chinesischer Handschellen, so daß alle Versuche, sich zu befreien, zum Beispiel durch immer weiter verfeinerte Techniken zum Streben nach Glück, die Fessel nur noch enger ziehen und das Selbst immer weiter von eben der Welt entfernen, die es gern als Heimat bewohnen möchte. Das vernünftige Jeffersonsche Streben nach Glück, das die amerikanische Revolution in Gang setzte, übersetzt sich in die schrille Euphorie des späten zwanzigsten Jahrhunderts. Jeder Fortschritt im objektiven Verständnis des Kosmos und in seiner technischen Beherrschung rückt das Selbst exakt im Maße des Fortschritts weiter vom Kosmos ab – so daß das Selbst am Ende ein weltraumreisendes Gespenst wird, das in dem Kosmos, den es perfekt begreift, herumrast.

(h) *Das wissenschaftliche und künstlerische Selbst.* Nämlich dasjenige Selbst, das so total im Streben der Kunst oder Wissenschaft aufgeht, daß es nachgerade selbst-los ist. Das moderne Zerrbild ist der »zerstreute Professor« oder der dämonisch schaffenswütige Künstler, was besagt, daß er als Selbst der üblichen Sorgen des Selbst über sein In-der-Welt-Sein entrückt ist. Beispiele sind Karl von Frisch und seine Bienen, Schubert, wie er in der Wirtschaft Lieder aufs Tischtuch schreibt, Picasso im Restaurant, wie er aus Brot Tiere formt.

(i) *Das illusorische Selbst.* Gemeint ist die Überzeugung, daß das Selbstgefühl eine psychische oder kulturelle Illusion ist und daß mit dem Fortschritt der Wissenschaft, z. B. des Behaviorismus oder Lévi-Strauss' Strukturalismus, das Selbst verschwinden wird.

(j) *Das autonome Selbst.* Das Selbst begreift sich als souveränes und individuelles Bewußtsein, durch die Bildung befreit von den traditionellen Banden der Religion, durch die Demokratie von den Klassenschranken, durch die Technik von der Mühsal der Armut und durch Selbsterkenntnis von der Tyrannei des Unbewußten – und daher frei, ohne Gott seiner eigenen Bestimmung nachzugehen.

(k) *Das totalitäre Selbst.* Das Selbst begreift sich als ein

Geschöpf des – faschistischen oder kommunistischen – Staates und geht davon aus, daß seine Bedürfnisse denjenigen des Staates untergeordnet werden müssen.

WÄHLEN SIE

Wenn Sie die Fragen 1 bis 5 beantworten können und nicht 6 (g) gewählt haben, brauchen Sie das 20-Fragen-Quiz wahrscheinlich gar nicht erst mitzumachen.

Das 20-Fragen-Multiple-Choice-Selbst-Hilfe-Quiz[1] als Test Ihres Wissens über den eigentümlichen Status des Selbst im Kosmos, Ihres Selbst und anderer Selbste, und Ihres Wissens darüber, was Sie mit Ihrem Selbst in diesen letzten Jahren des zwanzigsten Jahrhunderts anfangen

1. Das amnestische Selbst

Warum das Selbst sich loswerden will

In allen Fernsehserien und in vielen Filmen und Romanen wird eine Hauptperson früher oder später ihr Gedächtnis verlieren. Sie wird nicht unbedingt an Lungenentzündung oder Krebs oder Schizophrenie erkranken, aber wird unvermeidlich einen Gedächtnisverlust erleiden. Sie wird sich an einem fremden Ort wiederfinden und ihr altes Zuhause, Angehörige, Freunde, Beruf vergessen haben. Mit einem neuen Freund oder einer neuen Freundin, einem neuen Beruf fängt sie an einem neuen Ort ein neues Leben an. Nach einer Weile erhält sie in ihrem neuen Leben Hinweise auf ihr altes Leben. Ein Fremder hält sie auf der Straße an und spricht sie mit einem fremden Namen an. Am besten ausgeschlachtet wurden die Freuden der Amnesie in Hitchcocks *Spellbound (Ich kämpfe um dich),* wo Gregory Peck sein Gedächtnis verloren hatte und Ingrid Bergman seine Psychiaterin war. Der Kinogänger genoß zuerst die Aussicht auf ein neues Leben und die unendlichen Möglichkeiten für das Selbst, dargestellt von Gregory Peck. Der zweite Genuß ist die Zufallsbegegnung mit Ingrid Bergman, die hellhörig auf die Hinweise ist, die Gregory entgehen, und die ihm als verläßliche Seelenführerin, seine Beatrice, helfen kann, sein altes Leben für sich wiederzugewinnen – denn selbst Amnesie kann auf die Dauer so öde werden wie das frühere Leben.

Hier ist ein hübsches Beispiel dafür, wie Ingrid Hinweise auf seine frühere Identität aufspürt, eine Suche, dank der er von beiden Welten das Beste bekommt: die Entdeckung seines Selbst und seiner Vergangenheit ohne die belastenden

Pflichten der Vergangenheit, und sich mit Ingrid die Hände reicht zu einem neuen Leben in der Zukunft:

INGRID *(psychoanalysiert ihn in einem Hotelzimmer):* Ich möchte dir gern eine ärztliche Frage stellen.
GREGORY: Nur zu.
INGRID: Welche Diagnose würdest du bei Schmerzen am rechten oberen Rippenbogen stellen?
GREGORY: Gallenblase – vielleicht auch Lungenentzündung –
INGRID: Du scheinst Arzt zu sein.

Hier eine Zusatzdividende für den Kinogänger, der sich mit Peck oder Bergman identifiziert. Ingrid verfolgt eine Ahnung, wer er ist (wer Sie sind). Sie sind ein Arzt, eine Identität, die Frauen mehr zu interessieren scheint als etwa die eines Bankers oder eines Autohändlers.

Frage: Aus welchem Grund ist Amnesie in Literatur und Film und vor allem in Fernsehserien so beliebt?

(a) Die Figur in der Fernsehserie hat sich und ihr Leben gründlich satt und will eine Veränderung.

(b) Der Autor hat seine Figur gründlich satt und will eine Veränderung.

(c) Der Autor hat sich und sein Leben gründlich satt und will eine Veränderung.

(d) Der Leser oder Kinogänger oder Fernsehgucker hat sich und sein Leben gründlich satt und will eine Veränderung – und die Hausfrau hat ihres am allersattesten.

(e) Bei den heutigen Verhältnissen ist das Alltagsleben für jedermann mehr oder weniger unerträglich, und man tut besser daran, die Vergangenheit auszuradieren und neu anzufangen.

WÄHLEN SIE

Eine Variante der Amnesiegeschichte ist die unbeabsichtigte Rückkehr des Mannes ohne Gedächtnis in heimische Gefilde, wo er von einer ihm unbekannten schönen Frau begrüßt wird, mit der er offensichtlich verheiratet ist. In der Schlüsselszene findet er sich mit ihr im Bett wieder.

Ein nicht-amnestisches Pendant ist ein Zwilling oder Doppelgänger, der für jemand anderen gehalten wird – von einer schönen Frau. Natürlich findet sie ihn nicht nur auf seltsame Art anders, sondern irgendwie besser als das Original, attraktiver. Nach einer Liebesszene schaut sie ihn mit großen Augen lächelnd an (so warst du noch nie!).

Diese Version beweist, daß die Ursache des Genusses für den Kinogänger nicht in dem Gedächtnisverlust liegt, sondern in der abgesegneten und risikofreien Erlaubnis, das alte Selbst aufzugeben und ein neues Leben anzutreten, ob nun durch Amnesie oder Verwechslung.

Gedankenexperiment: Prüfen Sie Ihre Reaktion auf einen Selbstverlust an Ihrer Statt, indem Sie sich Amnesie in höchster Potenz ausmalen. Stellen Sie sich eine Fernsehserie vor, in der eine Figur jeden Morgen mit Gedächtnisverlust in einem fremden Haus mit einem fremden attraktiven Mann (oder einer Frau) aufwacht, von dem oder der Fremden begrüßt wird, aus einem fremden Fenster mit einer fremden Aussicht schaut, jeden Morgen die Vergangenheit vergessen hat und das Leben von vorn anfängt, das Fenster, die Aussicht, sich selbst im Spiegel neu und das erstemal sieht. Reizt Sie diese Vorstellung? Wenn ja, was sagt das über Ihr nicht-amnestisches Selbst?[2]

2. Das nichtige Selbst 1

Wie das Selbst versucht, sich durch den Besitz von Dingen, die nicht so aussehen wie die Dinge, als die sie gebraucht werden, einen Inhalt zu geben

In einer der letzten Nummern einer Zeitschrift für Haus und Garten wurden in einem Artikel fünfzig Möglichkeiten, sich einen Couchtisch zu bauen, aufgelistet.

Ein Tisch war aus einem alten Buntglas-Oberlicht gemacht, das einem passend als Beine zurechtgeschnittenen antiken Messingleuchter auflag.

Ein anderer war ein Zypressenstumpf, gewachst und auf Hochglanz poliert.

Ein anderer war eine flach gelegte große Spule für Telefonleitungen.

Ein anderer war eine Hummerfalle.

Ein anderer war ein Coca-Cola-Schild auf Träger montiert.

Ein anderer war ein steinerner Leichensockel aus einem alten Leichenschauhaus, die Blutablaufrinne als Aschenbecher zweckentfremdet.

Ein anderer war eine Heubodentür auf gestutzten Sägeböcken.

Ein anderer war der Lukendeckel eines Segelbootes, auf halbe Schiffssteuerräder gebockt.

Ein anderer war eine Schusterwerkbank.[3]

Kein einziges Stück war als Tisch gebaut, das heißt, eine waagerechte Platte mit vier Beinen.

Frage: Weshalb war kein einziges Stück als Tisch gebaut, sondern jedes ein Nicht-Tisch, der als Tisch fungierte?

(a) Weil alle Welt die gewöhnlichen Tische satt hat.

(b) Weil die fünfzig zu Tischen umfunktionierten Nicht-Tische einen guten Gesprächsstoff abgeben.

(c) Weil es eine gute Gelegenheit ist, allerlei wertvollen Krimskrams, der sonst nur als Staubfänger auf dem Dachboden stünde, sinnvoll zu nutzen.

(d) Weil das Selbst im zwanzigsten Jahrhundert ein gefräßiges Nichts ist, das sich ausdehnt wie die Nahrungsvakuole einer Amöbe in dem Bestreben, der eigenen Nichtigkeit Futter und Inhalt zu geben, indem es in der Welt befindliche neue Gegenstände sich einverleibt, aber wie eine Vakuole nichts anderes vermag, als sie zu entleeren.

WÄHLEN SIE

Gewöhnliche vierbeinige Tische sind also längst schon entleert und unsichtbar gemacht worden.

Selbst die Schusterwerkbank, die für eine Weile dem heißhungrigen Selbst trotzte und ein paar Jahre lang eine Schusterwerkbank blieb, auf die man Getränke und Kunstbücher stellen konnte, ist jetzt in der Vakuole verschwunden und so unsichtbar geworden wie ein modernes skandinavisches Möbel. Die Schusterwerkbank ist tatsächlich ein Tisch geworden. Inzwischen stellt man Tische her, die wie Schusterwerkbänke aussehen, aber keine sind.

Gedankenexperiment I: Versuchen Sie sich die Umstände vorzustellen, unter denen die fünfzig zu Couchtischen umfunktionierten Nicht-Tische immer weniger begehrenswert würden, bis man tatsächlich einem gewöhnlichen Tisch mit vier Beinen und einer Platte den Vorzug gäbe. Stellen Sie sich zum Beispiel vor, Sie wären ein Archäologe des einundzwanzigsten Jahrhunderts, der die verlassenen Strandvillen auf Martha's Vineyard erforscht und alle möglichen sonderbaren Artefakte, die als Tische benutzt wurden, findet: Treibholzstücke, Seilwinden, Haifischkiefer. Sie brauchen einen guten Arbeitstisch, und da Sie diese Objekte nicht als Tische erkennen, bauen Sie sich aus einem Brett und vier Lattenenden einen einfachen und stabilen Tisch.

Gedankenexperiment II: Überlegen Sie, inwieweit eine »Antiquität« deshalb hoch im Kurs steht, weil sie vortrefflich gearbeitet und schön ist, und inwieweit deshalb, weil sie ein antikes Stück ist und als solches durchtränkt von einer anderen Zeit und einem anderen Ort und daher resistent gegen die Vereinnahmung durch das Selbst – genau wie mit Steinkohlenteerkreosot durchtränkte Kiefernpfähle resistent gegen das Meereswasser sind – und weil folglich ihre Potenz, dem nichtigen Selbst einen Inhalt zu geben, einen höheren Koeffizienten besitzt.

Wenn Sie sagen, ein von Thomas Sheraton gemachter Schreibtisch sei wertvoll, weil vortrefflich gearbeitet und schön, wie würden Sie dann heute einen Schreibtisch anfertigen, der in zweihundert Jahren als antikes Stück ähnlich hoch im Kurs stünde?

Die wirkliche Frage lautet freilich, ob das Selbst des zwanzigsten Jahrhunderts anders ist als das Selbst des achtzehnten Jahrhunderts, sowohl in seinem Vertrauen darauf, sich durch »Antiquitäten« einen Inhalt geben zu können, als auch in seiner Fähigkeit, einen Schreibtisch herzustellen, der elegant und praktisch ist, und zu keinem anderen Zweck. War ein wohlhabender Engländer des achtzehnten Jahrhunderts damit zufrieden, einen Sheraton-Schreibtisch zu kaufen, oder hätte er lieber eine »Antiquität« aus dem fünfzehnten Jahrhundert gehabt?

Das nichtige Selbst II

Warum die meisten Frauen, und manche Männer, modehörig sind

Keine Mode ist zu absurd, ja grotesk, als daß sie nicht Anklang finden könnte, wenn nur zwei Dinge gegeben sind: die Autorität des Modemachers (Dior, Jackie Onassis) und die Leere oder Nichtigkeit des Verbrauchers. Zum Beispiel Turnüren im Westen, bandagierte Füße im Osten.

Es kommt vor, daß eine Frau eine neue Mode sieht, einen neuen Hut, eine neue Frisur, Schnitt und Länge eines Kleides, einen Rüschenbadeanzug, und schon will sie haben, was sie gesehen hat. Sie kauft es. Oft ist der Auslöser der Mode eine berühmte und attraktive Person oder ein bekannter Modeschöpfer.

Es ist aufschlußreich, daß manche Moden aus Versehen entstehen. Beispielsweise wird berichtet, als Wallis Warfield Simpson in Ascot einmal den zweiten Knopf ihrer Bluse unabsichtlich nicht zugeknöpft hatte, machten Millionen Frauen es ihr nach. Und als in dem Film *Red River* John Waynes Gürtelschnalle in einer Szene zur Seite rutschte, fingen Tausende von Stadtcowboys damit an, ihre Gürtel seitlich zuzuschnallen.

In einer New Yorker Disco in der näheren Umgebung eines Krankenhauses kreuzten alle naselang Ärzte, Pfleger und Schwestern in ihrer grünen Krankenhauskluft auf. Daraufhin wurde es unter Nichtmedizinern Mode, in zerknitterter grüner Krankenhauskluft tanzen zu gehen – sie ist jetzt bei J. C. Penney käuflich zu erwerben.[4]

Durch die Wirksamkeit der Mode stellt sich beim Selbst die Wahrnehmung ein, es sei ein Nichts oder habe zumindest einen Mangel, sowie die (irrige) Wahrnehmung der glanzvollen Ganzheit von Prominenten, wie sie noch an völlig achtlos getragenen Abzeichen ihrer Wesentlichkeit zum Vorschein kommt – wo doch im Grunde die Selbste von Jackie Onassis, Wallis Simpson und John Wayne wahrscheinlich wesenloser sind als die meisten.

Frage: Was meint die Verkäuferin, wenn sie eine Kundin ein Kleidungsstück anprobieren läßt und sagt: »Das sind Sie«?

(a) Sie meint dasselbe, was die Kundin, wenn man sie fragte, auch meinen würde: Es steht mir. Es sieht nett aus. Ich habe nichts anzuziehen.[5] Es macht etwas aus mir.

(b) Sie meint, daß es – der Hut, die Bluse, die Frisur, das Kleid – wirklich Ihre einnehmendsten Züge hervorhebt – Augen, Haare – und gleichzeitig die unschönsten verdeckt: kein Hals usw.

(c) Es wird Ihrem Mann oder Freund gefallen.

(d) Es wird bei anderen Frauen Eindruck machen.

(e) Die meisten anderen Frauen tragen es schon, und ohne wird man Sie für einen Modemuffel halten.

(f) Die Verkäuferin meint, was sie sagt. Das sind Sie wirklich. Das heißt, ohne ist nicht viel an Ihnen dran und nehmen Sie sich selbst als graue Maus wahr, und mit sind Sie etwas – sind in der Tat Ihr Selbst, Ihr neues wahres Selbst.

WÄHLEN SIE

Wenn aber die Verkäuferin meint, was sie sagt – und da Sie in der Vergangenheit solche Stile schon in rauhen Mengen mitgemacht haben –, muß daraus folgen, daß die anderen Artikel in der Vergangenheit auch Sie waren und es nicht mehr sind. Wie kann das sein? Höchstens so, daß eine Art Verbrauch stattfindet. Das Nichts, das Sie sind, hat den Stil verzehrt und ist eine Weile als Unselbst am Leben erhalten worden, bis der Stil von dem nichtenden Selbst entleert worden ist.

Schauen Sie sich die Stadien des Verbrauchs an:

Erstes Stadium: Sie sehen einen Artikel oder Stil, getragen

von einer Person mit einer gewissen Autorität. Auf den ersten Blick wirkt er abartig, geradezu absurd. Oder häßlich, wie der lange Rock des New Look der fünfziger Jahre.

Zweites Stadium: Sie sehen mehr Leute, die ihn tragen. Er ist immer noch abartig, aber er ist ein abartiges Etwas, und Sie werden schwach.

Drittes Stadium: Sie probieren ihn an. Die Verkäuferin sagt, das seien Sie. Sie lachen, zucken die Achseln, schütteln den Kopf, aber insgeheim ist die Möglichkeit aufgetaucht, daß er Sie sein *könnte*.

Viertes Stadium: Sie kaufen ihn und tragen ihn. Eine Zeitlang ist er Sie, und Sie sind er. Das heißt, Sie nehmen ihn als Ihren Inhalt und sich selbst als von ihm mit Inhalt erfüllt wahr, entweder dem eines neuen Selbst oder dem des alten echten Selbst, das noch nie zuvor ans Licht gekommen ist.

Fünftes Stadium: Nach und nach wird der neue Stil alltäglich, gewöhnlich, neutral. Einerlei wie exotisch er ist, wie ein Krümel, der eine Amöbe anzieht und den sie umschließt und sich einverleibt, wird er verzehrt und ein Teil der transparenten fließenden Substanz der Amöbe.

Sechstes Stadium: Nachdem genügend Zeit verstrichen ist, wird die Hülse oder der Rückstand des neuen Stils ausgeschieden und wird eine Schrulle, ein leicht anstößiges Ding, das aber immer noch an einem klebt wie Exkrement in der Verdauungsvakuole der Amöbe.

Wenn Sie das nicht glauben, schauen Sie sich eine alte Aufnahme von sich an, mit Pillbox à la Jackie O. vor zwanzig Jahren – oder als Halbstarker mit Elvis-Schmalztolle. Sie werden lachen oder die Stirn runzeln und das Foto wegstekken. Es sieht schräg aus. Das sind nicht nur nicht Sie selbst. Das ist ein Unselbst.

Gedankenexperiment: Angenommen, hinter dem Aufkommen einer Mode steht eine bestimmte Autorität, oder was man (vielleicht fälschlich) dafür hält, z. B. die Attraktivität und Berühmtheit einer Jackie O., eines John Wayne oder das vermeintliche Bescheidwissen von Dior. Versuchen Sie sich nun vorzustellen, welcher Art die Autorität des Modemachers und der Geisteszustand des Verbrauchers gewesen sein könnten, die dazu führten, daß Frauen *Turnüren* trugen, durch die ihre Hinterteile grotesk herausstanden, wo doch die Hinterteile der Frauen, relativ gesprochen, ohnehin schon weiter herausstehen als die irgendeines anderen Säugers.

3. Das nirgends hingehörige Selbst

Wie das Selbst, das normalerweise den Eindruck hat, nirgendwo zu leben, überraschend feststellt, daß es irgendwo lebt

Wenn in der Johnny Carson Show Carson oder einer seiner Gäste den Namen einer amerikanischen Stadt erwähnt, kommt es immer wieder vor, daß Applaus von denen im Publikum kommt, die in dieser Stadt wohnen. Der Applaus ist von ganz bestimmter Art, aufgerüttelt und prompt, als ob die Klatscher nicht anders könnten.

Eine solche Reaktion ist verständlich, wenn man aus einem Winzflecken wie Abita Springs, Louisiana, stammt, und Carson erwähnt Abita Springs. Aber der Applaus kommt auch bei der Erwähnung von New York oder Chicago.

Frage: Applaudieren Chicagoer in Burbank, Kalifornien, bei der Erwähnung des Wortes Chicago,

(a) Weil sie stolz auf Chicago sind?

(b) Weil sie Werbetrommler sind, Handelskammertypen, die für jede Reklame dankbar sind, genau wie ein Zahnpastahersteller dankbar wäre, wenn Carson Colgate erwähnte?

(c) Weil jemand, den es nach Burbank, Kalifornien, verschlägt, zumal in der Rolle eines passiven Zuschauers, sich so ortlos fühlt, so losgelöst von einer bestimmten Koordinate in Raum und Zeit, so gespenstisch, daß die bloße Erwähnung einer solchen Koordinate ausreicht, um ihn zur Aktivität aufzurütteln?

WÄHLEN SIE

Gedankenexperiment: Sie sind ein gebürtiger New Yorker, Sie leben in New York, arbeiten in New York, fahren durch die Stadt ohne große Gefühlsregungen bis auf eine mäßige

Langeweile, Unrast, Gereiztheit und eine besondere Abneigung etwa gegen Times Square und Brooklyn und eine stille Sehnsucht nach einem Bauernhaus in Connecticut. Sie verdienen genug Geld und ziehen in ein Bauernhaus in Connecticut. Später werden Sie Astronaut und gondeln jahrelang durch den Weltraum. Sie landen auf einem fremden und (wie Sie meinen) unerforschten Planeten. Dort finden Sie ein Straßenschild mit einem Pfeil, aufgestellt von einem früheren Astronauten nach Art der GIs im Zweiten Weltkrieg: »Brooklyn 9,6 Lichtjahre«. Erklären Sie Ihre Gefühle.

4. Das furchtsame Selbst I

Warum das Selbst solche Angst davor hat, durchschaut zu werden

In einer Umfrage ging es kürzlich darum, wovor die Menschen sich am meisten fürchten. Die Mehrheit der Befragten stellte einmütig eine Furcht über alle anderen, über die Furcht vor Krankheit, Unfall, Verbrechen, Krieg, sogar Tod. Es war die Furcht davor, vor einer Gruppe zu sprechen, Lampenfieber.

Dabei ist der Mensch doch nach der herkömmlichen objektiven wissenschaftlichen Auffassung ein Organismus unter anderen Organismen, und ein Mensch sollte sich deshalb nicht davor entsetzen, sich von seinesgleichen umringt zu finden, anderen gleichartigen Organismen, die ihm nicht nur nicht feindlich, sondern naturgemäß wohlgesonnen sind, und seinen Mund aufzutun und in einer Sprache zu reden, die er von seinen Mitmenschen gelernt hat. Ein Wolf, der allein in einem Wolfsrudel heult, kriegt kein Lampenfieber.

Frage: Was ist für viele Menschen so furchterregend daran, vor einem Publikum zu sprechen?

(a) Daß die ständig drohende Möglichkeit, sich vor einer einzelnen Person lächerlich zu machen, sich mit der Zahl der Zuhörer vervielfältigt, so daß ein Publikum von fünfzig Personen fünfzigmal schrecklicher ist als ein einzelner? Ist ein Publikum von 50 Millionen eine Million Mal schrecklicher als eines von fünfzig?

(b) Daß die Verständigung, die schon mit einer Person, Freund oder fremd, schwer genug ist, mit fünfzig Leuten fünfzigmal so schwer ist?

(c) Daß man bei einem Publikum von sagen wir 500 Leuten von wenigstens 499 angeschaut wird, gegen deren Blick man sich nicht durch Zurückschauen wehren kann, das heißt, daß man aus dieser oder jener ungeschützten Blickrichtung gesehen wird, gerade dort, wo die eigene Maske oder Persona vielleicht nicht richtig sitzt?

(d) Daß man mit einem totalen Versagen rechnet, wie es in der Weltgeschichte nie zuvor geschehen ist, so daß einem nicht ein einziges Wort in den Sinn kommt und die Welt daraufhin im Chaos versinkt? Als Indiz für eine solche Gefahr denke man an die Beklommenheit eines Theaterpublikums, wenn der Schauspieler seinen Text vergißt, oder einer Pfarrgemeinde, wenn der Pfarrer ohne ersichtlichen Grund in der Predigt verstummt. Der eskalierende Schrecken einer solchen Stille ist ein Massenphänomen: fünf Sekunden einer solchen Stille sind eine sehr lange Zeit, zehn Sekunden sind fast unerträglich.

(e) Daß man weiß, man hält der Welt eine Persona entgegen, eine Maske, das heißt, eine äußerst brüchige Tarnung, von der Gott allein weiß (denn man selbst weiß es ganz gewiß nicht), was darunter steckt, vielleicht nichts Geringeres als das Selbst selbst, und wenn die Persona zu Bruch geht, kommt das Unsagbare zum Vorschein (ganz wörtlich, denn man kann es nicht sagen), wie das, was zum Vorschein kam, als dem Phantom der Oper die Maske heruntergerissen wurde, ein Ungesicht, eine Leere, ein Loch, was viel schlimmer ist als das häßlichste Gesicht – so furchterregend, daß man sich noch erinnern kann, wie man sich als Kind im Kino unter dem Sitz verkroch?

Gedankenexperiment I: Wenn Sie schüchtern sind, welche der folgenden Situationen erscheint Ihnen am schrecklichsten? Welche ist am wenigsten schrecklichsten?

In der ersten sind Sie ein leitender Angestellter mittlerer Position in der Verkaufsabteilung eines großen Unternehmens, gleichermaßen erfolgreich wie beliebt. Sie sind dazu ausersehen, auf dem alljährlichen Firmenbankett eine Rede zu halten, eine Ehre. Sie haben Monate, um sich vorzubereiten.

In der zweiten sind Sie die Figur Richard Hannay in dem Hitchcock-Film *Die neununddreißig Stufen.* Verfolgt von seinen Feinden, läuft er eine Straße hinunter, flüchtet durch eine Tür, die zufällig eine Bühnentür ist, und befindet sich plötzlich auf dem Podium einer politischen Versammlung, wo er für den Gastredner gehalten und vorgestellt wird. Er hat nicht die leiseste Ahnung, worüber er reden soll.

In der dritten ist die Weltbevölkerung durch Atomkriege vernichtet worden. Nur Sie haben überlebt. Die Erde wird von Außerirdischen besetzt. Sie nehmen Sie gefangen und schleifen Sie vor ein großes Tribunal und machen Ihnen irgendwie klar, daß Sie eine Darstellung von sich geben müssen, was Sie hier machen, weshalb man Sie verschonen sollte usw.

Erklären Sie Ihre Wahl.

Gedankenexperiment II: Erklären Sie, warum Moses vor seinen jüdischen Stammesgenossen sprachlos und befangen war, aber keine Probleme hatte, mit Gott zu reden.

Erklären Sie, aus welchem Grund Christus seinen Jüngern sagte, sie sollten sich nicht sorgen, wenn man sie gefangennehmen würde und sie vor einem Gericht ihrer Feinde Zeugnis ablegen müßten. Ihr werdet wissen, was ihr sagen sollt, verkündete er ihnen. Meinte er damit, es sei einfacher, zu Feinden zu reden als zu Freunden und daß das wirkliche Problem erst entsteht, wenn man zu seinen christlichen Brüdern in der Kirche von Korinth sprechen muß?

5. Das furchtsame Selbst II

Warum das Selbst solche Angst davor hat, einem anderen Selbst ausgesetzt zu sein

Befragt über seine Ungeniertheit auf der TV-Bühne vor einem Millionenpublikum, erwiderte Johnny Carson: Klar, hier oben bin ich locker – weil ich das Heft in der Hand habe –, aber wenn ich auf einer Cocktailparty bin und jemand verwickelt mich in ein Zwiegespräch: totale Panik!

Frage: Was fürchten Johnny Carson und andere schüchterne Leute, wenn jemand sie auf einer Cocktailparty in ein »Zwiegespräch« verwickelt? Das heißt, was ist der schlimmste Fall, das Schlimmste, was passieren kann?

(a) Daß Ihnen nichts Interessantes zu sagen einfällt und Ihr Gegenüber sich langweilen wird?

(b) Daß Ihr Gegenüber nichts zu sagen hat, was Sie hören möchten, und Sie sich todsicher langweilen werden?

(c) Daß keiner von Ihnen beiden irgend etwas zu sagen hat und daher die Welt untergehen wird, oder noch etwas Schlimmeres als der Weltuntergang wird passieren, totale Panik, wie Carson sagen würde – das heißt, ein Dilemma, in dem alle Möglichkeiten, die einem offenstehen, unerträglicher sind als der Weltuntergang?

(d) Daß es nur zwei Auswege gibt, beide gleich unerträglich: entweder Sie gehen und verletzen damit die Gefühle Ihres Gegenübers, oder Ihr Gegenüber geht und verletzt Ihre Gefühle?

(e) Daß Sie bloßgestellt werden, das heißt, daß das einzigartige Undarstellbare, das singuläre Nichts, für das Sie sich im stillen halten, letztendlich bloßgestellt wird, das eine einzige schwarze Loch unter einer Milliarde normaler Sterne?

WÄHLEN SIE

Gedankenexperiment: Stellen Sie sich vor, Sie sind Johnny Carson und werden auf einer Cocktailparty in ein unerträgliches Zwiegespräch verwickelt, aus dem es kein Entrinnen gibt.

Welches der folgenden zwei Ereignisse wäre Ihnen lieber:

(1) Ihr Gegenüber wird immer geistreicher und charmanter, die Musik immer beschwingter, die Szene verwandelt sich in eine Villa auf Capri in der schönsten Nacht des Jahres, während Sie immer kleinlauter werden.

(2) Sie sind nach wie vor in Beverly Hills, und die Kronleuchter beginnen zu wackeln, ein Erdbeben Stärke 7,5 auf der Richter-Skala bricht aus, und kurz darauf finden Sie sich mit Ihrem Gegenüber wohlbehalten und eifrig debattierend unter einem Schutthaufen wieder.

Wenn Sie sich für (2) entscheiden, erklären Sie, wie es unter den Bedingungen von (2), nicht aber von (1) zu einem wirklichen Gespräch kommen kann.

6. Das furchtsame Selbst III

Wie das Selbst
einen Ausweg aus seinem Dilemma sucht

Frage: Wenn Sie schüchtern sind, ist es dann besser, Sie akzeptieren Ihre Schüchternheit, oder ist es besser, Sie suchen Hilfe bei einem Psychotherapeuten, damit Sie ein selbstbewußter, unverklemmter Mensch werden, oder vielleicht, Sie lesen ein Buch darüber, wie man seine Schüchternheit überwindet?

(a) Es ist besser, Sie suchen Hilfe bei einem Psychotherapeuten, weil es besser ist, nicht zu leiden, als zu leiden. Psychiater und Psychologen behandeln Störungen. Schüchternheit ist ein Symptom einer solchen Störung. Daher ist es vernünftig, entsprechende Hilfe zu suchen.

(b) Es ist besser, Sie lesen ein Buch, wie man darüber hinwegkommt, schüchtern, ängstlich, unsicher usw. zu sein, als Sie lesen ein solches Buch nicht, denn Sie könnten den einen oder anderen hilfreichen Hinweis bekommen, selbst aus einem Buch.

(c) Es ist besser, Sie lesen ein solches Buch nicht, weil die Wirkung solcher Bücher nur während der Lektüre und vielleicht noch fünfzehn Minuten danach anhält und daher Ihre Verzweiflung nur noch gesteigert würde.

(d) Es ist besser, Sie hören Leo Buscaglia zu, weil er über solche Sachen spricht wie Liebe, Zärtlichkeit und Offenheit für seine Mitmenschen.

(e) Es ist besser, Sie hören Leo Buscaglia nicht zu, weil Leo zwar durchaus unterhaltsam ist, aber sowohl Sie als auch Leo sich danach schlechter fühlen würden.

(f) Es ist besser, Sie lesen das Buch, das Sie im Augenblick lesen, denn es ist zwar auch nicht viel besser, aber immerhin erzählt es Ihnen nichts darüber, wie Sie über Ihre Schüchternheit, Angst usw. hinwegkommen, sondern wirft diese Dinge nur als Fragen zwischen Schriftsteller und Leser auf und macht das Undarstellbare darstellbar, für eine Weile vielleicht sogar erträglich.

(g) Es ist besser, Sie suchen nicht bei einem Psychotherapeuten Hilfe, sondern akzeptieren Ihre Schüchternheit, wenn sie auch noch so schmerzhaft ist, weil es besser für Sie ist, Ihr schüchternes Selbst zu sein als die Person, die der Psychotherapeut aus Ihnen machen will, nämlich eine wie er selbst.

(h) Es ist besser, Sie suchen Hilfe bei einem Psychotherapeuten, sofern der Psychotherapeut weiß, was nicht viele Psychotherapeuten wissen, nämlich daß der Schüchterne etwas wissen könnte, was der Nichtschüchterne nicht weiß: daß Ihr Selbst für Sie in der Tat undarstellbar ist, daß Sie ein Recht auf Ihre Schüchternheit haben, daß es Schwachsinn höheren Grades erfordert, nicht schüchtern zu sein, daß gerade die Undarstellbarkeit Ihres Selbst der einzige Anhaltspunkt ist, den Sie für Ihre Einmaligkeit haben, daß man ansonsten nur ein weiterer Ralph unter tausend Ralphen wird oder, schlimmer noch, eine Kopie des Psychotherapeuten.

WÄHLEN SIE

Gedankenexperiment I: In welcher der zwei folgenden Situationen wären Sie schüchterner?

(1) Wenn Sie vor einem Publikum von 500 Mitbürgern aus Ihrer Heimatstadt sprechen müßten.

(2) Wenn Sie in das Tal der Blinden reisten, das H. G. Wells in einer Geschichte beschreibt, und vor 500 Fremden, die Sie nicht sehen können, sprechen müßten.

Erläutern Sie Ihre Wahl.

Gedankenexperiment II: Sie sind auf eine Party eingeladen. Sie haben die Wahl, als eine der folgenden vier Personen zu gehen. Für welche würden Sie sich entscheiden?

(a) Für Mickey Rooney, der (nehmen wir mal an) nicht schüchtern ist (aber wer weiß das schon bestimmt?), der wie ein Tornado ins Zimmer gefegt kommt.

(b) Für Johnny Carson, der Angst hat, der mit Sonnenbrille die Wand entlangschleicht und hofft, daß ihn keiner anspricht, und dann unglücklich ist, weil ihn keiner anspricht.

(c) Für sich selbst, der Sie schüchtern sind und der Meinung, Sie sollten's nicht sein, deshalb Ihre ganze Energie damit verpulvern, Ihren schrecklichen Mangel zu verbergen, und mit Versuchen, herauszufinden, wie Sie ihn beheben könnten.

(d) Für sich selbst, der Sie schüchtern sind, aber zugleich wissen, daß Sie das Recht darauf haben und daß alle anderen wahrscheinlich in der gleichen Klemme stecken, und der Sie daher Ihre Schüchternheit annehmen wie ein Gefangener, der in der Ausnüchterungszelle mit zehn anderen Leuten sitzt, die sich alle fremd sind – wie wir alle in Wirklichkeit – und deshalb die Freiheit haben, die anderen mit unbefangener Neugier anzublicken, naive Fragen zu stellen und naive Bitten zu äußern, etwa: Was machen Sie hier? Oder: Mir fällt auf, daß Sie ein bißchen verkrampft wirken und flach atmen – kommen Sie, ich lege Ihnen mal meine Hand aufs Zwerchfell, so, holen Sie tief Luft. Oder: Soll ich Ihnen erzählen, was mir heute Interessantes passiert ist? – nichts! Oder: Mein Kopf bringt mich schier um, würden Sie mir vielleicht den Nacken massieren? Oder: Ich heiße Jon Johnson und komme aus Wisconsin – ehrlich! –, und ich frage mich, ob es falsch war, von da wegzugehen, also werd' ich jetzt erst mal zwei auf die Schnelle trinken, darf ich Ihnen auch zwei einschenken? Oder: Sie sehen gut aus, und da es eindeutig nichts gibt, worüber wir uns unterhalten könnten, was würden Sie davon halten, mit nach draußen in mein Auto zu kommen, zum Knuddeln und so?

WÄHLEN SIE

7. Das verkannte Selbst

Wie zwei Selbste vis-à-vis sich falsch einschätzen können, indem jedes dem anderen eine vermeintliche und unechte Wirklichkeit zuschreibt und ihr gleichen will, was zur Folge hat, daß beide Selbste Unselbste werden

Ein Filmemacher berichtete die folgende Erfahrung mit seinem Filmteam, vor allem den Schauspielern, während der Dreharbeiten in einer Kleinstadt im Mittelwesten.

Die Einheimischen waren ungeheuer aufgeregt über die Gegenwart des Filmteams in ihrer Mitte. Sie stellten den Filmleuten nicht nur die Stadt und sogar ihre Häuser zur Verfügung, wobei sie bereitwillig in Kauf nahmen, daß ihr ganzer Lebensfluß unterbrochen wurde, manche Einwohner äußerten sogar das allerdringendste Verlangen, in dem Film mitzuwirken, und sei es nur in den unbedeutendsten Rollen. Eine stille Frau, die Bibliothekarin, meinte, das wäre das größte Ereignis ihres Lebens.

Die Schauspieler genossen ihren Aufenthalt in der Stadt und die Aufmerksamkeit, die sie bekamen, ebenfalls. Obwohl sie, die Schauspieler, bei den Filmemachern – Produzenten, Regisseuren, Kameraleuten usw. – nicht das höchste Ansehen genossen, ja von diesen oft mit Ausdrücken wie »Schlachtvieh«, »Quasselfratzen«, »Hohlköpfe« und anderen wenig schmeichelhaften Bezeichnungen belegt wurden, spielten sie, die Schauspieler, in der Stadt doch höchst erfreuliche Rollen. Was für Rollen? Sie spielten die Rollen der strahlenden Größen, für die die Einheimischen sie hielten. Jeder in der Stadt ließ sich vernehmen, was für nette Leute sie doch wären. Also wurden sie nett. Sie wurden netter als Heilige. Eine berühmte Schauspielerin ganz besonders, verrufen für ihre kindischen und schwierigen Allüren, wurde ein Muster an Freundlichkeit und Wohlwollen und setzte sogar das Filmteam samt den Einheimischen mit ihren kleinen Aufmerksamkeiten in Erstaunen, etwa daß sie sich bei einem Kulissenarbeiter nach der Gesundheit seines kranken Kindes erkundigte oder daß sie sich an den Namen der Kassiererin im A&P-Supermarkt erinnerte.

Frage I: Welche der zwei Seiten, die Schauspieler oder die Einheimischen, sind wirklicher, das heißt, nehmen sich am ehesten als das wahr, was sie sind?

(a) Die Einheimischen, weil sie keine Illusionen über sich, ihr tristes Leben und ihr Alltagsselbst haben, während die Schauspieler nicht nur in einer Flitterwelt leben, sondern auch noch von sich aus ständig Rollen spielen, immerzu »auf Aufnahme« sind, selbst wenn sie in den Laden an der Ecke gehen.

(b) Die Schauspieler, vor allem die Schauspielerin, die eben deshalb, weil sie sich an einem wirklichen Ort unter wirklichen Menschen befindet und dem Hollywood-Zauber entronnen ist, einmal im Leben sie selbst werden kann, ihr wahres, bestes Selbst.

(c) Weder Einwohner noch Schauspieler, weil beide gleichermaßen ortlos sind, gleichermaßen selbstentfremdet, wenn auch auf unterschiedliche Weise. Die Einwohner sind selbstentfremdet, weil sie, obwohl in einer »wirklichen« Stadt zu Hause, durch eine optische Illusion in den Schauspielern eine großartigere Wirklichkeit sehen, als sie selbst besitzen, und ihnen das Leben der Schauspieler glanzvoller und zugleich (den Filmen nach zu urteilen) mehr aus einem Guß vorkommt als ihr eigenes, das im Vergleich ein wenig blaß und improvisiert wirkt. Durch eine optische Illusion anderer Art können die Schauspieler sich die ihnen von den Einwohnern unterstellte Wirklichkeit eine Zeitlang überstülpen, sie wie ein Kostüm mit größter Leichtigkeit tragen, weil sie fast ihr ganzes Leben lang nichts anderes gemacht haben. So bemänteln sie die Nichtigkeit und Nacktheit ihrer Selbste, die im Prinzip wohl nicht anders sind als das nächstbeste, nur vielleicht krasser erlebt.

Beachten Sie, daß die empfundene »Wirklichkeit« der Schauspieler in der Stadt so kurzlebig ist wie jede andere Vorstellung. Nach sechs Wochen am Drehort meinte sogar die wohlwollende Schauspielerin, sie »kann's nicht mehr erwarten, aus der Pampa rauszukommen«. Auch die Einheimischen könnten ihrerseits das Gekasper von, sagen wir, Mel Brooks gründlich satt haben.

Obwohl beide, Schauspieler und Einheimische, nach einer ihres Erachtens erhöhten Wirklichkeit strebten, ist sie, die Wirklichkeit selbst, irgendwie zwischen ihnen hindurchgerutscht wie ein fallen gelassener Ball.

Frage II: Ermitteln Sie Ihren persönlichen Verkennungsindex.

(1) Stellen Sie sich vor, Sie treffen Robert Redford unter ganz gewöhnlichen Umständen: Sie sind ein Schalterangestellter in einer Bank, und er kommt herein und will einen Scheck einlösen. Er ist sehr nett, fast unnatürlich nett. Sie merken, daß Redfords Selbst, vielleicht durch sein Filmimage, eine höhere oder zumindest andere Wirklichkeit besitzt als Ihr eigenes.

(2) Stellen Sie sich vor, Sie sind ein Filmstar, den es in eine Kleinstadt verschlägt, mit den ganzen sattsam bekannten Filmstarproblemen – Was tun, wenn diese Leute mich erkennen und mich wegen Autogrammen nerven? Was tun, wenn sie mich *nicht* erkennen? – und der ganzen Existenzangst wegen drei durchgefallenen Filmen, Mangel an guten Drehbüchern, verständnislosen Regisseuren, Produzenten und Geldgebern. Nun stellen Sie sich vor, Sie sind ein solcher Filmstar und schauen den Einheimischen beim Arbeiten und Spielen zu. Sie beneiden den Filialleiter des Supermarkts, wie er in seiner Filialleiterkabine thront und ein Auge auf die Kassenschlangen hat, wie er an einem Spätsommerabend den Rasen sprengt.

Welcher von beiden wären Sie lieber, der Bankangestellte oder der Filmstar?

WÄHLEN SIE

Gedankenexperiment: Stellen Sie sich vor, Sie gehen hinter Al Pacino, den Sie schon öfter im Kino gesehen haben, aber noch nie leibhaftig, die Madison Avenue hinunter. Er ist kleiner, als Sie dachten. Er hat seinen Regenmantel über die Schulter geworfen. Die Hände in den Taschen, bleibt er stehen und studiert das Schaufenster von Abercrombie & Fitch. Sein Gesicht nimmt einen typischen Ausdruck an, Kiefernmuskeln gespannt, Augen finster und funkelnd, wie der junge Corleone in *Der Pate.* Der Anblick des leibhaftigen Pacino, der sich verhält wie Pacino auf der Leinwand, bereitet Ihnen ein eigentümliches Vergnügen. Dann merken Sie, daß Pacino zwar die Artikel in der Schaufensterauslage betrachtet, gleichzeitig aber auch sein eigenes Spiegelbild in der Scheibe überprüft. Auch das bereitet Ihnen Vergnügen, wenn auch ganz anderer Art. Erklären Sie den Unterschied. (Ein Tip: Das ästhetische Vergnügen, mit anzusehen, wie ein Symbolträger, Pacino leibhaftig vor Abercrombie & Fitch, das Symbol selbst, Pacino auf der Leinwand, erreicht und sich damit deckt, und das ganz andere Vergnügen, mit anzusehen, wie der Träger, Pacino, dem Symbol entrissen wird und seine menschliche Kreatürlichkeit wiederbekommt, das Selbst in seiner ganzen Unberechenbarkeit, Individualität und Torheit. Der erste Fall: Ah, da ist Pacino und verhält sich genau wie Corleone! Der zweite Fall: Ah, da ist Pacino und verhält sich genau wie ich!)

8. Das promiskuöse Selbst

Wie es kommt, daß das Selbst seinem selbstgewählten Lebensgefährten oder seiner Lebensgefährtin, den oder die es doch wegen seiner oder ihrer Attraktivität und Affinität erwählt hat, nicht nur sexuell oft nicht den Vorzug gibt, auch wenn der oder die Betreffende ein Mensch ist, den man gut kennt, der einen gut kennt, den man liebt, mit dem man sein Leben teilt und eine Familie hat, sondern vielmehr sexuell jemand Neues vorzieht, und sei es jemand völlig Fremdes, oder sogar Ersatzbefriedigung durch Pornographie

Eine Umfrage in einer Großstadt hat kürzlich ergeben, daß auf 95 Prozent aller für den Hausgebrauch gekauften Videokassetten *Insatiable* drauf war, ein pornographischer Film mit Marilyn Chambers in der Hauptrolle.

Von allen Sexszenen in Fernsehserien spielen nur 6 Prozent zwischen Eheleuten.

In manchen Städten der Vereinigten Staaten, die heute die höchste Scheidungsrate der Welt haben, werden mittlerweile annähernd 60 Prozent der Ehen geschieden.

In einer Umfrage wurde kürzlich gezeigt, daß die Häufigkeit des ehelichen Verkehrs nach drei Ehejahren um 60 Prozent abnimmt.

»Nach Aussagen einer bekannten Sexologin ...« ist eine der Lieblingsphantasien amerikanischer Frauen, übertroffen nur von oralen Praktiken, Sex mit zwei fremden Männern gleichzeitig.

Nach Aussagen des Präsidenten der North American Swing Club Association kommen Scheidungen bei Ehepaaren, die »Swinger« sind und gelegentlich ihre Partner tauschen, nur in 3 Prozent der Fälle vor, während es bei Paaren, die nicht »swingen«, über 50 Prozent sind.

In amerikanischen Großstädten sind Mittagspausenverhältnisse im Büro an der Tagesordnung.

Sexuelle Beziehungen und Schwangerschaften von Minderjährigen haben in den letzten zwanzig Jahren dramatisch zugenommen, unabhängig davon, ob diese in der Schule Sexualerziehung hatten oder nicht. In manchen Städten bringen mehr alleinstehende Frauen Kinder zur Welt als verheiratete.

Nach Aussagen eines Rundfunkpsychotherapeuten sprechen heutzutage viele junge Leute, die nichts von der Ehe halten und ihr »Beziehungen« und »freie Bindungen« vorziehen, wenn sie gleichzeitig Beziehungen mit einer zweiten oder dritten Person eingehen, von einer Wachstumserfahrung.

Der Buena Vista Park von San Francisco ist zur Entrüstung der Mittelschicht-Anwohner ein Tummelplatz von Homosexuellen, die mit potentiellen Sexualpartnern – durchweg Fremden – ein Wort oder ein Zeichen wechseln und sich dann in die Büsche schlagen. In einer Reihe von Befragungen bekannten sich Buena-Vista-Homosexuelle zu sexuellen Kontakten mit über 500 Fremden im Durchschnitt.

Eine von einer großen Zeitschrift durchgeführte Umfrage ergab, daß das Ausmaß der Homosexualität in den Vereinigten Staaten das zur Zeit der Weimarer Republik übertroffen hat und nur noch knapp unter dem in England liegt.

Frage: Warum neigen Menschen in Amerika, wie auch in anderen westlichen Ländern, zur sexuellen Abwechslung, sei sie heterosexueller oder homosexueller Art?

(a) Die sexuelle Revolution hat stattgefunden. Das bedeutet nichts anderes als die Abschaffung der widernatürlichen Repressionen und Tabus von 1900 Jahren Christentum und die Entfaltung der freien und gesunden Praktiken einer sexuell befreiten Gesellschaft.

(b) Menschen sind von ihren biologischen Anlagen her so promiskuös wie Schimpansen. Allein die kulturellen Zwänge der Gesellschaft, die wahrscheinlich den ökonomischen Notwendigkeiten einer agrarischen Produktionsweise entsprangen, machten eine monogame Verbindung und Kinder als zuverlässiges Arbeitskräftereservoir erforderlich.

(c) Nein, der Mensch ist von Natur aus monogam, das haben Ethnologen in den meisten Kulturen nachgewiesen. Aber die westliche Gesellschaft befindet sich in einem Zerfallsprozeß, der dem Untergang des Römischen Reiches im fünften Jahrhundert, aus dem ähnliche Praktiken berichtet werden, in bemerkenswertem Maße ähnelt.

(d) Nein, die Menschen im Westen sind promiskuös, weil promiskuöse Sexualität die Kehrseite der christlichen Medaille ist und in der Tat vom Christentum als sein Gegenteil vorgeprägt wird. Die Pornographie ist also etwas Neues auf der Welt, ohne Parallelen in den sogenannten heidnischen Kulturen des Altertums. Folglich besteht, wenn überhaupt, nur ein geringer Unterschied zwischen der Promiskuität heute und in der Viktorianischen Zeit etwa. Die sogenannte sexuelle Revolution ist nichts anderes als die Legitimierung des heimlichen Treibens der Viktorianer und sein Übergreifen auf Frauen.

(e) Die Menschen im Westen sind promiskuös, weil etwas eingetreten ist, was es noch nie gegeben hat. Infolge der wissenschaftlichen und technischen Revolution hat es einen Wirklichkeitsentzug gegeben, was wiederum zur Folge hatte, daß die genitale Sexualität inzwischen als tragende Grundlage aller menschlichen Beziehungen aufgefaßt wird, von Freundschaft, Liebe und überhaupt. Zu diesem Entzug ist es gekommen, weil das Bestreben des Physikers, alle Interaktionen auf eine molekulare oder energetische Basis zurückzuführen, ebenso wie Freuds anscheinende Bestimmung der genitalen Sexualität als Grund aller menschlichen Beziehungen von den Laien ganz falsch verstanden wurden.

Ein Brief an die »Liebe Abby!

Ich bin eine befreite Frau, dreiundzwanzig, und nehme jetzt seit zwei Jahren die Pille. Es geht langsam ins Geld, und ich finde, mein Freund sollte die Hälfte zuzahlen, aber ich kenne ihn nicht gut genug, um mit ihm über Geldsachen zu reden.«[6]

(f) Das Selbst sitzt seit Descartes auf dem trockenen, ist abgespalten vom sonstigen Kosmos, ein Bewußtsein, das sich anmaßt, Körper und Galaxien zu verstehen, aber das gerade durch diesen Akt des Verstehens im Kosmos, zu dem es keine Verbindung hat, abgeschnitten ist. Es muß daher alles menschenmögliche unternehmen, um sich zu versichern, daß es kein Gespenst ist, sondern eben ein Selbst unter anderen Selbsten. Eine Möglichkeit ist Sex. Eine andere ist Krieg. Die Lust am Sex besteht nicht nur in der körperlichen Befriedigung, sondern auch darin, daß man sich selbst beweist, aller Gespenstischkeit zum Trotz ein sexuelles Wesen zu sein, wenigstens für den Augenblick. Erstaunlich! Weiß Gott, das erstaunlichste Geschöpf im ganzen Kosmos: ein Gespenst mit einer Erektion! Aber eigentlich auch wieder gar nicht erstaunlich, denn nur, wenn das abgehobene Gespenst eine Erektion hat, kann es wie Zeus, als er am Gestade des Meeres Europa erspähte, Mensch werden.

(g) So kompliziert ist das gar nicht. Es liegt einfach daran, daß die Leute heutzutage zu viel Geld und Zeit haben und nichts mit sich anzufangen wissen und deshalb aus reiner Langeweile alles ausprobieren.

(h) Es braucht nicht mehr als den orthodoxen jüdisch-christlichen Glauben, daß Gott dem Menschen die monogame Ehe zu seinem Wohle bestimmt hat, daß der Teufel umhergehet wie ein brüllender Löwe und suchet, welchen er verschlinge, und daß infolgedessen der Mensch in der heutigen Zeit vom rechten Weg abgekommen ist, nicht die blasseste Ahnung hat, wer er ist oder was er treibt, und nur noch von einer Katastrophe wieder zur Besinnung gebracht werden kann. Im schlimmsten Wüten eines Hurrikans kommen Ehemänner zu sich selbst und können sogar ihre Frauen umarmen. Während des Hurrikans Camille flüchtete sich ein

Ehepaar aus Biloxi in ein Baumhaus und berichtete später, während das Auge des Sturms über sie hinwegzog, hätten sie zum erstenmal seit Jahren wieder miteinander verkehrt.

(i) Nein, die Ursache ist biologisch. Der Mensch macht in seinem Sexualverhalten eine Mutation durch, die letzten Endes, analog dem Zahn des Säbelzahntigers, zu seinem Aussterben führen wird. Da die meisten der dabei aufsprießenden Spielarten des Sexualverhaltens – Homosexualität, analer und oraler Sex – keine Fortpflanzungsfunktion erfüllen und somit keinen Überlebenswert haben, wird die Spezies aussterben.

(j) Nichts von alledem. Es war schon immer so. Will sagen, das Sexualverhalten der Menschen hat sich nicht verändert. Deshalb gibt es nichts zu erklären.

WÄHLEN SIE
(MEHRERE MÖGLICHKEITEN ZUGELASSEN)

Gedankenexperiment

DIE LETZTE DONAHUE SHOW

Die Donahue Show läuft. Es scheint ein ganz normaler Vormittag unter der Woche zu sein.

Die heutige Vormittagsshow dreht sich um Donahues Lieblingsthema: Sex, die außerordentliche Vielfalt des Sexualverhaltens im Lande – der »sexuellen Präferenzen«, würde Donahue sagen – und die höchst wehrhaften Einstellungen dazu. Man hat Donahue vorgeworfen, er heize die unterschwellige Geilheit breiter Kreise an und schiele nur auf die Einschaltquoten, aber er verteidigt sich mit dem Argument, er bringe diese kontroversen Themen »auf reife und taktvolle Art« vor – was häufig zutrifft. Zu Donahues Verteidigung sollte auch erwähnt werden, daß die hohen Einschaltquoten dieser Sex-Talk-Shows nicht mehr und nicht weniger sind als ein Index für das allgemeine Interesse an solchen Dingen.

Die Gäste heute sind:

Bill, homosexuell und ein ständiger Lustwandler im Buena Vista Park von San Francisco;

Allen, ein heterosexueller Geschäftsmann, verheiratet und Experte für Mittagspausenverhältnisse;

Penny, schwanger und vierzehn;

Dr. Joyce Friday, eine bekannte Talk-Show-Sextherapeutin oder im Medienjargon: eine Psychoklappe.

BILLS GESCHICHTE: Schön, ich bin schwul und dreh' meine Runden im Buena Vista. Schön, ich hab' wahrscheinlich über fünfhundert Lover da aufgegabelt, wenn ich auch nicht drüber Buch geführt hab'. Na und? Wen geht das was an? Ich bin bei einer Spar- und Darlehenskasse beschäftigt, bekleide eine Vertrauensstellung und diene meinen ehrlichen Achtstundentag ab. Mein Freizeitvergnügen ist der Buena Vista Park, die Fremden, die ich da kennenlerne. Ich vergreife mich nicht an Kindern, vergewaltige keine Frauen, klaue keine Handtaschen. Ich spende regelmäßig fürs Rote Kreuz. Was sich an Kontakten ergibt, beruht auf beiderseitigem Einverständnis und geht deshalb niemand was an – bis auf meinen festen Freund. Klar, dem stinkt's, aber das ist unser Problem.
DONAHUE *(hampelt mit dem Mikro in der Hand hin und her, als fände er nicht die passenden Worte):* Ich weiß nicht, Bill. Was ist mit den Kindern, die Sie sehen könnten? Sie wissen schon. Schließlich – *(Macht mit der freien Hand eine verständnisheischende Geste zum Publikum)*
BILL: Mich sehen keine Kinder. Niemand sieht mich.
DONAHUE *(tritt dicht heran, wie zum Angriff, aber gutmütig, in komischer Anklägerpose):* Sagen Sie mal, Bill. Eins hab' ich mich immer schon gefragt. Gibt es so was wie ein Signal? Ich meine, wie wissen Sie und der andere – na, helfen Sie mir –
BILL: Blickkontakt. Oder ein Taschentuch etwas raushängen lassen, so. *(Macht es vor)*
STUDIOPUBLIKUM *(Lachen)*
DONAHUE *(zuckt mit den Achseln [Ich kann nichts dafür,*

Leute], schiebt den Brillensteg hoch, hält Dr. J. F. schwungvoll das Mikro hin, ohne sie anzuschauen): Was halten wir davon, Doc?

DR. J. F. *(mit ihrer Kein-Blatt-vorm-Mund-Stimme):* Meines Erachtens ist Bills Verhalten unreif und depersonalisierend. *(Applaus vom Publikum)* Ich finde, er sollte zu seinem festen Freund zurückkehren und auf eine reife, kreative Beziehung hinarbeiten. Untersuchungen haben gezeigt – das könnte Sie interessieren –, daß stabile homosexuelle Paare kreativer sind als heterosexuelle. *(Wieder Applaus, aber zögernder)*

DONAHUE *(verdreht leicht die Augen, hält Bill das Mikro hin):* Was halten wir davon, Bill?

BILL: Klar, gebongt. Aber ich dreh' trotzdem meine Runden.

DONAHUE *(nachdenklich, Kopf leicht schräg, tritt zurück, vor, dann zu Allen hinüber):* Wie steht's mit Ihnen, Allen?

ALLENS GESCHICHTE: Ich bin, glaube ich, ein anständiger Mensch. Ich arbeite hart, bin glücklich verheiratet, liebe meine Frau und meine Kinder, unterstütze ebenfalls das Rote Kreuz, habe in der Armee gedient. Ich trinke sehr wenig, nehme keine Drogen, bin noch nie in einem Pornofilm gewesen. Erholung von der Arbeitsfront – die Vorstellung hab' ich vielleicht noch aus der Armee – heißt für mich: eine attraktive Frau kennenlernen. Für mich ist es das höchste, eine gutaussehende, reife Frau zu sehen, vielleicht im Büro, vielleicht in einer Bar, einem Restaurant, egal wo, Blicke zu wechseln, sie freundlich anzusprechen, als Mensch zu respektieren, zum Essen einzuladen (keine sexuellen Belästigungen im Büro – so was verabscheue ich!), ein Glas zusammen zu trinken oder zwei, gut zu essen, sich über Dinge zu unterhalten, die beide interessieren, und sie dann einfach zu fragen – inzwischen wissen ja beide, ob sie miteinander können. Und dann ist es ein Genuß, mit ihr ins nächste Holiday Inn zu gehen und im Aufzug nach oben zu fahren, beide still, entspannt, lächelnd, voller Vorfreude ... Die Zimmertür schließt sich hinter dir. Du schaust sie an, nimmst ihre Hand. Der Champagner wartet schon. Du stehst mit ihr am Fenster, stößt mit ihr an, unterhältst dich mit ihr – es hat so gar nichts Vulgäres. Kein Hausfernsehen. Wissen Sie, was wir letztes Mal gemacht haben? Wir haben uns *La Bohème* im Radio angedreht. Sie liebt Puccini.

DONAHUE: Nicht doch, Allen! Was wollen Sie mir da verkaufen? Was soll das heißen, Sie sind glücklich verheiratet? Sie meinen, *Sie* sind glücklich.

ALLEN: Nein, nein. Vera ist auch glücklich.

PUBLIKUM *(überwiegend Frauen, Stöhnen):* Ooooooh.

DONAHUE: Moment, meine Damen, einen Moment. Was soll das heißen, Vera ist glücklich? Ich meine, wie schaffen Sie es – helfen Sie mir, ich komm' ins Schleudern –, warten Sie noch mit den Protestbriefen daheim am Bildschirm –

ALLEN: Na ja, Vera hat einfach einen schwachen Geschlechtstrieb. Es lief schon immer ziemlich temperamentlos zwischen uns, schon am Anfang –

PUBLIKUM *(Stöhnen, allgemeiner Protest):* Oooooh, oho!

DONAHUE *(tritt zurück, die freie Hand beschwichtigend erhoben, dreht sich zu Dr. J. F. um):* Feuer frei, Doc!

DR. J. F.: Untersuchungen haben gezeigt, daß offene Ehen für beide Partner eine Wachstumserfahrung bedeuten können. Allerdings – *(Stöhnen aus dem Publikum)* – Allerdings habe ich den Eindruck, daß Vera hier vielleicht zu kurz kommt. Natürlich weiß ich nicht, wie Vera die Sache sieht. Aber dürfte ich Sie etwas fragen? Haben Sie und Vera einmal daran gedacht, Ihr Sexualleben zu revitalisieren?

ALLEN: Na ja, äh –

DR. J. F.: Untersuchungen haben zum Beispiel gezeigt, daß mehr lustlose Ehen durch oralen Sex wiederbelebt wurden als durch irgendeine andere Technik –

DONAHUE: Also, Doc –

DR. J. F.: Andere Untersuchungen haben gezeigt, daß gegenseitige Masturbation –

DONAHUE *(Augen verdreht):* Wir überziehen, Leute, bis gleich – bleiben Sie dran. Auweia. *(Läßt das Mikrofon durch die Hand gleiten, schließt die Augen, ein Maxithins-Werbespot wird eingeblendet)*

DONAHUE: Da sind wir wieder. Dem Himmel sei Dank für gute Sponsoren. *(Dreht sich um zu Penny, einer dünnen, gleichgültig und gelangweilt dreinblickenden Teenie, vielleicht sogar noch jünger):* Penny?

PENNY *(kaut irgendwas):* Hm?

DONAHUE *(besorgt, betont verständnisvoll):* Also, wo fehlt's, Mädel?

PENNY: Na, ich hab' den Jungen echt gemocht, und er hat gesagt, okay, ich soll's ihm beweisen, und –

DONAHUE: Moment mal, Penny. Das ist doch mit Einwilligung deiner Eltern, daß du hier bist, nicht? Das würde ich gern erst mal klarstellen.

PENNY: Klar doch. Die sitzen da drüben – Sie können sie fragen. *(Die Kamera schwenkt übers Publikum zu einem Paar mit treuherzigen Gesichtern. Man sieht, daß es ihnen alles in allem nicht unangenehm ist, im Fernsehen zu sein)*

DONAHUE: Prima. Das heißt also, du wußtest nichts von Verhütung –

DR. J. F. *(unterbricht):* Das ist doch meine Rede, Phil.

DONAHUE: Nämlich, Doc?

DR. J. F.: Ich rede von der himmelschreienden Notwendigkeit einer Sexualerziehung in unseren Schulen. Wenn dieses Kind hier –

PENNY: Ach, den ganzen Kram hab' ich gehabt auf der Penne.

DONAHUE: Soll das heißen, du wußtest Bescheid über die Pille und sonstige, äh –?

PENNY: Ich hab' die Pille schon ein Jahr genommen gehabt.

DONAHUE *(kratzt sich am Kopf):* Da komm' ich nicht mit. Ach so, du meinst, du hast dich vertan, nicht aufgepaßt?

PENNY: Nö, ich hab's absichtlich gemacht.

DONAHUE: Du hast was absichtlich gemacht? Etwa –

PENNY: Na, ich wollte schwanger werden.

DONAHUE: Ja, wieso denn das, Penny?

PENNY: Meine beste Freundin war auch schwanger.
PUBLIKUM *(Stöhnen, Lachen)*
DR. J. F.: Sehen Sie, Phil, das ist genau meine Rede. Dieses Mädchen ist zur Übernahme elterlicher Verantwortung nicht besser geeignet als ein Kind. Sie ist ein Kind. Ich hoffe, ihr ist klar, daß sie durchaus noch die freie Entscheidung hat.
DONAHUE: Was meinst du dazu, Penny?
PENNY: Nein, ich will mein Baby haben.
DONAHUE: Warum?
PENNY: Ich finde Babys süß.
DONAHUE: Au weia.
DR. J. F.: Untersuchungen haben gezeigt, daß unerwünschte Kinder zu 85 Prozent mehr an Kindesmißhandlungen und im späteren Leben zu 150 Prozent mehr an Neurosen zu leiden haben.
DONAHUE *(hampelt hin und her):* So, so, was haben wir denn da? Moment mal! Was geht hier vor?

Es gibt eine Unterbrechung. Großes Durcheinander im hinteren Teil des Studios. Alles dreht sich um. Drei Fremde in wunderlicher Kleidung kommen den Gang herunter.

DONAHUE *(schlägt sich an die Stirn):* Was ist denn das? Was ist denn das? Heiliges Kanonenrohr!

Das Publikum grinst schon wieder, beruhigt durch Donahues komische Konsterniertheit und durch die exotische Aufmachung der Besucher. Klarer Fall, denkt das Publikum, die gehören mit zur Show.

Die drei Fremden sehen wirklich wunderlich aus.

Der erste ist ein hochgewachsener, dünner, bärtiger Mann und gekleidet wie ein Reformator aus dem sechzehnten Jahrhundert. Er könnte tatsächlich Jean Calvin sein in seinem schwarzen Mantel, seiner schwarzen Mütze mit dem schmalen Rand und den enganliegenden Ohrenklappen.

Der zweite trägt die Galauniform eines Offiziers der Konföderierten. Obwohl er den Rang eines Obersten bekleidet, ist er ziemlich jung, sicher nicht älter als fünfundzwanzig. Glatt rasiert und ungemein fesch sieht er haargenau wie Colonel John Pelham aus, Jeb Stuarts legendärer Artillerist. Berühmt für seine Tapferkeit im Kampf und seine Ritterlichkeit gegen Frauen, der ideale Südstaatler-Beau, bestand er sechzig Artilleriegefechte, gewann sie alle, verlor nicht ein einziges Stück. Mit einem einzigen Geschütz schlug er vor Fredericksburg drei von Burnsides Divisionen ab, bis Stuart ihm den Rückzug befahl.

Der dritte sieht am normalsten und doch zugleich am fremdartigsten von allen aus. Seine Kleidung ist ebenso modern wie altmodisch. Mit seinem hellen Zweireiher samt Fliege, seinen zweifarbigen Budapester Schuhen, in den vierziger Jahren »perforated wing-tips« genannt, »gelochte Flügelspitzen«, und seinem adretten Ohrfrei-Haarschnitt sieht er ein bißchen aus wie der saubere alte Mann in dem Beatles-Film *A Hard Day's Night,* ein bißchen wie Lowell Thomas oder vielleicht Harry Truman. Er wirkt, als wäre er ein Besucher aus dem Kosmos, von einem zehn Lichtjahre oder so entfernten Planeten, der sich seine Vorstellung von den Erdlingen aus verzögerten Fernsehübertragungen der fünfziger Jahre gebildet hätte, der Ed Sullivan Show, alten Chester-Morris-Filmen und Morey Amsterdam. Oder seinem Tonfall nach zu urteilen, könnte er im goldenen Zeitalter des Rundfunks ein unermüdlicher Hörer gewesen sein und seine Sprechweise Harry Von Zell abgelauscht haben.

DONAHUE *(stelzt rückwärts, schlägt sich noch einmal an den Kopf):* Heiliges Kanonenrohr! Wer sind diese Brüder? *(Wendet sich mit einer komischen langsamen Schwenkbewegung beschwörend an das Publikum)*

Das Publikum lacht, denn niemand glaubt im geringsten, daß diese Nachzügler nicht eine von Donahues Überraschungen sind. Und doch –

DONAHUE *(schnalzt mit den Fingern):* Ich hab's! Wenn ich den erwische! Ihr kommt von Steve Allen, stimmt's? Ausreißer aus der Steve Allen Show, *Great Conversations?* Berühmte historische Gestalten? Sie müssen wissen, liebe Zuschauer, daß diese Show in dem Studio ein Stück weiter hinten gedreht wird. Wenn ich den erwische!

Allgemeines Gelächter. Alle erinnern sich, daß das schon mal da war, ein alter Showbusinesstrick, wie damals, als Carson während der Aufzeichnung von *C. P. O. Sharkey* bei Rickles reinplatzte.

DONAHUE: Na schön, meinetwegen. Also, wen haben wir da? Moses? General Robert E. Lee? Und wer ist der da? Harry Truman? Na los, Jungs, laßt mal hören! *(Donahue, eine ansprechende Erscheinung, bewegt sich mit tänzerischer Eleganz hin und her)*

DRITTER FREMDER *(redet als erster mit seiner stereotypen Rundfunksprecherstimme, an Klanglosigkeit nur noch von Chicagoern übertroffen):* Ich weiß nicht, was diese beiden Herrschaften hier wollen, aber ich bin gekommen, um Ihnen eine Mitteilung zu machen. Wir haben uns diese Show angehört.

DONAHUE *(zwinkert ins Publikum):* Und wo haben Sie uns zugehört?

DRITTER FREMDER: Im Aufenthaltsraum.

DONAHUE: Wo sonst? Gut. Also, wie ist Ihre Meinung? Lassen wir als ersten den Herrn Pfarrer zu Wort kommen. Wie war doch gleich Ihr Name, Hochwürden?

ERSTER FREMDER: John Calvin.

DONAHUE: Klar. Wer sonst? So, wir müssen jetzt kurz unterbrechen für ein paar Infos. Bleiben Sie dran. Wir sind gleich wieder da und klären die Sache, Ehrenwort.

Werbespot-Einblendung: Clairol-Haarcolor, Land O Lakes Margarine, Summer's Eve und Alpo-Hundefutter.

Doch als die Show wieder dran ist, hat John Calvin, der sich mit Werbeeinlagen nicht auskennt, schon angefangen und ist mitten im Satz.

CALVIN *(spricht mit starkem französischem Akzent, ein wenig wie Charles Boyer):* – seines Erlösungsopfers? Was mir zu Ohren gekommen ist, sind unzüchtige Reden über Verrichtungen, die Gott ein Greuel sind und ewige Verdammnis verdienen, sofern diese da nicht bereuen und sich der Gnade Gottes überantworten. Dazu sind sie nun einmal prädestiniert oder sie sind es nicht, also warum darüber debattieren?

DONAHUE *(ernst):* Das ist ziemlich herb, Hochwürden.

CALVIN: Herb? Ja, das ist herb.

DONAHUE *(sinniert, kratzt sich am Kopf):* Jetzt Moment mal, Hochwürden. Wir wollen das klarkriegen. Ihre religiösen Überzeugungen sind Ihr gutes Recht. Wie aber, wenn andere in vollem guten Glauben anderer Meinung sind? Und *außerdem (wieder in Anklägerpose, mit dem Mikro wie mit dem Zeigefinger deutend),* was ist daran auszusetzen, wenn zwei erwachsene Menschen in beiderseitigem Einverständnis ihre sexuelle Präferenz in der Privatsphäre ihres Schlafzimmers ausleben oder, äh, in einem Gebüsch.

CALVIN: Sexuelle Präferenz? *(Frappiert blickt er hilfesuchend den Konföderiertenoffizier und den kosmischen Fremdling an. Sie zucken die Achseln)*

DONAHUE *(hält dem Offizier das Mikro hin):* Was ist mit Ihnen, Sir? Ihr Name war –

KONFÖDERIERTENOFFIZIER: Colonel John Pelham, Konföderierte Staaten von Amerika, Kommandeur der reitenden Artillerie unter General Stuart.

PENNY: Is' der süß!

PUBLIKUM *(Gelächter)*

DONAHUE: Sie haben es ja im Aufenthaltsraum mit angehört, Colonel. Wie ist Ihre Meinung?

COLONEL PELHAM *(mit weichem Alabama-Akzent):* Wie ist meine Meinung wozu, Sir?

DONAHUE: Zu dem, was Sie im Aufenthaltsraum gehört haben.
PELHAM: Zu der Art, wie diese Leute sich benehmen und reden? Tja, da hab' ich keine hohe Meinung von, Sir.
DONAHUE: Was wollen Sie damit sagen, Colonel?
PELHAM: Das ist nicht die Art, wie einer sich benehmen oder reden sollte. Wo ich herkomme, da nennen wir so was weißen Abschaum. Das ist keine Art zu reden für einen Mann oder eine Frau. Ein Ehrenmann weiß, wie er sich gegen Frauen benimmt. Er weiß das, weil er weiß, wer er ist, was seine Pflichten sind. Und er erfüllt sie. Aber schließlich habt ihr den Krieg gewonnen, wenn also das die Art ist, wie ihr euch benehmen wollt, dann ist das eure Sache. Wenigstens können wir uns einer Sache sicher sein.
DONAHUE: Und die wäre, Colonel?
PELHAM: Wir bereuen nicht, daß wir gekämpft haben.
DONAHUE: Aha. Dann stimmen Sie mit dem Herrn Pfarrer überein, ich meine Hochwürden Calvin dort.
PELHAM: Na ja, ich respektiere seine religiösen Überzeugungen. Aber mir hat an Religion nie viel gelegen, so oder so rum. Eigentlich glaube ich nicht, daß Religion viel damit zu tun hat, ob ein Mann sich anständig verhält. Als Absolvent von West Point ist man ein Offizier und Ehrenmann, mit oder ohne Religion. Ich habe nichts gegen Religion. Ich weiß sogar noch, als wir in West Point mittelalterliche Geschichte durchnahmen, da habe ich Richard Löwenherz bewundert und wie er Akko und die andern heiligen Plätze zurückerobert hat. Ich weiß noch, wie ich dachte: Für den hätte ich gekämpft, genau wie ich für Lee und den Süden gekämpft habe.

Applaus vom Publikum. Calvin stößt die Leute ab, aber dieser schmucke Offizier erinnert sie an Rhett Butler/Clark Gable oder eher noch an Ashley Wilkes/Leslie Howard.

DONAHUE *(kommt langsam ins Schwimmen, runzelt die Stirn; irgendwas stimmt da nicht, aber er kriegt's nicht zu fassen. Was hat sich Steve Allen dabei gedacht? Er schüttelt den Kopf, zwinkert):* Ein Mann, ein Wort, Colonel. Okay. Wo waren wir? *(Wendet sich dem kosmischen Fremdling zu)* Wir überziehen schon etwas. Könnten Sie sich kurz fassen, Harry – Mr. President oder wer Sie sonst sein mögen? Au weia.

DER KOSMISCHE FREMDLING *(steht stocksteif da, Hände an der Hosennaht, und fängt an, zackig loszureden, ganz im Stil von Raymond Gram Swing selig):* Ich werde mich kurz fassen. Ich habe diese menschliche Gestalt durch eine Ihnen unbekannte holographische Technik angenommen, um mich Ihnen verständlich zu machen.

Hören Sie zu. Ich habe Ihnen eine Mitteilung zu machen. Ob Sie sich danach richten oder nicht, ist Ihre Sache.

Ich habe Ihnen nichts über Gott oder die Konföderation mitzuteilen, was immer das sein mag – ich nehme an, es ist nicht die G2V-Konföderation in diesem Arm der Galaxis –, obwohl ich durchaus über Gott sprechen könnte, aber es ist zu spät für Sie, und jedenfalls bin ich nicht deswegen hier.

Wir sind nicht an den Spielarten Ihres Sexualverhaltens interessiert, höchstens als Symptom einer umfassenderen Störung.

Es ist diese Störung, die uns beschäftigt und die wir nicht völlig verstehen.

Infolge dieser Störung sind Sie eine potentielle Bedrohung für alle Zivilisationen in der G2V-Region der Galaxis. Überall in G2V werden Sie zum Spaß je nachdem als die Ts oder die TBs oder die TFs bezeichnet, das heißt die Tingelings oder die Todbringer oder die Todfreunde. Von allen Arten hier und in der gesamten G2V-Region sind Sie die einzige, die von Natur aus sentimental, mörderisch, selbsthasserisch und selbstzerstörerisch ist.

Sie haben hier zwei Supermächte. Die andere ist ein hoffnungsloser Fall, ist schon am Ende und eine Todesgesellschaft. Sie ist der Tod im Leben und ein Werkzeug der Todesverbreitung.

Sie sind kaum besser – es besteht ein Hoffnungsschimmer für Sie –, aber das interessiert mich nicht.

Wenn Sie beide sich gegenseitig vernichten, wie es den Anschein hat, ist das für uns ohne Belang. Um Ihnen die Wahrheit zu sagen, G2V wird einen Seufzer der Erleichterung ausstoßen.

Die Gefahr liegt darin, daß Sie sich nicht gegenseitig vernichten und daß Ihre derzeit plumpe Technik in der Zukunft für G2V eine Bedrohung darstellen könnte.

Ich bin hier, um Ihnen drei Sachen zu sagen: was passieren wird, was ich tun werde und was Sie tun können.

Passieren wird folgendes. Innerhalb der nächsten vierundzwanzig Stunden wird Ihr letzter Krieg ausbrechen. Es wird eine 20-Megatonnen-Luftdetonation anderthalb Kilometer über der Universität Chicago geben, genau an dem Fleck, an dem Ihre erste Kettenreaktion gelang. Es wird alle amerikanischen Städte treffen, ob groß oder klein. Sie werden plusminus 160 Millionen sofort verlieren, plus-minus 50 Millionen später.

Ich werde folgendes tun. Ich habe den Auftrag, ein Exemplar eines TB an mich zu nehmen und damit zurückzukehren, damit wir es untersuchen und so hoffentlich die Art Ihrer Störung feststellen können. Ich schlage daher vor, daß ich diese junge Person, die als Penny bezeichnet wurde, mitnehme – aus zwei Gründen. Zum einen ist sie vielleicht noch jung genug, um nicht völlig hoffnungslos zu sein. Zum andern ist sie schwanger, und dadurch bekommen wir die Gelegenheit, einen TB in einer Umgebung aufzuziehen, die frei von schädlichen Einflüssen ist. Dann können wir möglicherweise feststellen, ob Ihre Störung das Ergebnis eines erdeigentümlichen Umweltfaktors ist oder ob Sie eine bösartige biologische Variation sind, ein genetischer Unfall, die Folge dessen, was Sie in früherer Zeit durchaus zutreffend eine MD genannt hätten – mutatio diabolica, eine teuflische Mutation.

Letztens können Sie folgendes tun. Es ist für uns ohne Belang, ob Sie es tun oder nicht, denn Sie werden für niemanden mehr eine Bedrohung darstellen. Dies nur als kleine Geste des guten Willens an den Rest, der von Ihnen überleben und die Chance haben könnte, noch mal von vorn anzufangen – obwohl Sie wahrscheinlich den gleichen Fehler wiederholen werden. Wir haben Ihre Klimabedingungen seit Jahren erforscht. Ich habe hier eine aktuelle Datenausgabe und Vorhersage der vorherrschenden Windrichtungen und der Fallout-Streuung für die nächsten zwei Wochen. Wie es der Zufall will, ist der nächste Ort von hier aus, der von allen Auswirkungen der Explosion und des radioaktiven Niederschlags verschont bleiben wird, die Gemeinde Lost Cove in Tennessee. Wir rechnen nicht mit einer Massenflucht nach Tennessee. Unserer Einschätzung nach werden sehr wenige von Ihnen hier und von Ihnen dort draußen an den Rundfunkempfängern dieser Botschaft Glaubwürdigkeit zubilligen. Aber für die wenigen von Ihnen, die das tun, könnte folgende Information von Nutzen sein: Es gibt dort eine Höhle, Maiskolben, Maisbrei, Kohl und Räucherwurst im Überfluß.

Das ist das Ende meiner Mitteilung. Penny –

DONAHUE: O Schreck, wir haben überzogen! Ein starkes Stück! Steve, dafür bist du dran! Au weia. Nicht vergessen, Leute, morgen haben wir Ersatzpartner und das Thema Kinsey – seien Sie wieder mit dabei – man kann's nicht allen recht machen – tschüs! Maisbrei. Na, ich weiß nicht.

PUBLIKUM *(Applaus)*

Erkennungsclip des Senders, Werbespots: Gesicherter Lebensabend mit Card 65, Alpo-Hundefutter, Carefree-Slipeinlagen und Mentholatum-Dragees, dann *Der Preis ist heiß*.

Frage: Wenn Sie diese Donahue Show gesehen hätten, wären Sie unterwegs nach Lost Cove, Tennessee?

(a) Ja

(b) Nein

WÄHLEN SIE

9. Das mißgünstige Selbst

Wie es kommt, daß das Selbst – obwohl es vorgeblich liebevoll und grundgütig ist, Frieden lieber hat als Krieg, Eintracht lieber als Zwietracht, Leben lieber als Tod, anderen Selbsten wohl will, nicht übel – sich tatsächlich insgeheim an Kriegen und Kriegsgerüchten, Meldungen von Flugzeugunglücken, Attentaten, Massenmorden, Todesfällen weidet, ganz zu schweigen von den Lokalnachrichten über Bekannte, die auf der Straße tot umgefallen sind, Klatsch über Nachbarn, die in Schlägereien verwickelt oder bei Sexskandalen, Unterschlagungen und anderen Schandtaten ertappt wurden

Jedermann weiß noch, wo er war und was er gerade tat, als er die Nachricht von Kennedys Ermordung hörte – oder, wenn er alt genug ist, von Pearl Harbor.

Warum?

Das Selbst betrügt sich selbst, wenn es sagt, es sei natürlich, daß solche schrecklichen Ereignisse sich in das Gedächtnis einbrennen.

So einfach ist das nicht.

Tatsache ist, daß der Ort, an dem Sie eine solche Nachricht hören, und die besonderen Umstände, unter denen das geschieht, eine bestimmte Bedeutsamkeit und Dichte gewinnen, die sie normalerweise nicht besitzen und an die gewöhnliche Ereignisse und gewöhnliche Anlässe nicht herankommen.

Hier zwei solche Erinnerungen, wie sie mir mitgeteilt wurden:

1. Ich stand vor einem Lebensmittelgeschäft an der Ecke St. Charles und Jackson Avenue in New Orleans, als mich ein Fremder ansprach und sagte, man habe auf den Präsidenten geschossen und ihn ermordet. Ich weiß noch, wie mir auffiel, daß der Fremde ein altmodisches Hemd anhatte, die

Sorte mit »Picadilly-Kragen« und einem goldenen Stift, der durch zwei kleine Löcher in den Spitzen geführt war und den Kragen eng am Hals anliegen ließ. Alles wirkte in jeder Einzelheit ungeheuer deutlich. Ich konnte sogar die Fäden sehen, die in die kleinen Löcher am Kragen des Mannes genäht waren. Dann fing er an, mir seine Lebensgeschichte zu erzählen. Auch er fühlte sich sonderbar entrückt. Ich kann mich sogar noch genau erinnern, wo ich auf dem Bürgersteig stand, und auch an eine Platane, die durch ein Loch im Asphalt wuchs. Ich sehe noch die Rinde vor mir.

Frage: Hatten Sie diesen Baum vorher schon einmal bemerkt?

Nein.

Frage: Haben Sie ihn seither bemerkt?

Nein.

2. Ich guckte im Fernsehen die Serie *As the World Turns.* Es war eine Szene mit Chris Hughes und Opa. Eine Schlagzeile wurde eingeblendet: *In Dallas wurden Schüsse in die Wagenkolonne des Präsidenten gefeuert.* Als die Schlagzeile erschien, sagte Opa gerade zu Chris Hughes: »Wir sollten nicht vorschnell urteilen, Chris. Ich glaube nicht, daß Ellen so was machen würde.« Ich weiß noch, daß ich dachte, wie unwichtig die Sendung im Vergleich zu den Ereignissen in Dallas wirkte.

Frage: Aber davor schien die Sendung interessanter zu sein als die Ereignisse in Dallas?

Ja.

Frage: Und danach? Haben Sie wieder angefangen, sich *As the World Turns* anzuschauen?

Ja.

Frage: In der Woche nach Pearl Harbor gingen die Selbstmordziffern im ganzen Land drastisch zurück. Was verursachte diesen Rückgang?

(1) Ein Anstieg der patriotischen Begeisterung und ein Gefühl der Sinnerfülltheit?

(2) Ein neu erwachtes Interesse (z. B.: etwas, und sei es

Krieg, ist besser als nichts; der Friede in den dreißiger Jahren war quasi nichts)?

Kurze Tagesmeldungen über einige Ereignisse in unserer Stadt

Montag. Jedermann ist heute gut gelaunt. Mr. D., ein stadtbekannter Richter und Anwärter auf den Gouverneursposten, wurde während der Mittagspause in der Herrentoilette des Roosevelt Hotel in einem Akt von Fellatio mit einem Pagen ertappt. Die Sittenpolizei hat ihn festgenommen. Es kommt in den Fünf-Uhr-Nachrichten. Die Leute halten sich auf der Straße an, schütteln die Köpfe: »Haben Sie gehört, was Richter D. für eine schreckliche Sache passiert ist?« »Ja. Ich kann's nicht glauben. Es wird irgendwas Politisches sein. Man hat ihn hereingelegt.« »Genau. Ein abgekartetes Spiel, eindeutig.« Die Telefonleitungen summen stadtauf, stadtab. Die Hausfrauen stellen die Talk-Shows und Serien ab und rufen sich gegenseitig an.

Dienstag. Jedermann in der Stadt ist in leicht gedrückter Stimmung. Mr. L., ein überaus erfolgreicher Strafverteidiger, ein lebenslustiger und großzügiger Mann, gewinnt den größten Prozeß seiner Laufbahn, ein Zehn-Millionen-Dollar-Urteil gegen die Telefongesellschaft. Am gleichen Tag erfährt er, daß seiner Frau der Pokal der *Times-Picayune* für hervorragende Verdienste um die Gemeinschaft verliehen worden ist, sein Sohn ein Rhodes-Stipendium bekommen hat und seine Tochter zur Königin des Comus-Balls gewählt worden ist. Seine Freunde beglückwünschen ihn. »Du hast wirklich das große Los gezogen!« verkünden sie lautstark und wenden sich mit beschäftigten Mienen ab. Die Telefonleitungen schnurren nicht. Die Hausfrauen sehen mehr fern als je zuvor.

Mittwoch. Der frühere Staatspräsident von Frankreich, General de Gaulle, ist gestorben, und der Präsident der Vereinigten Staaten wohnt seiner Beerdigung bei. Er sieht sehr feierlich und würdevoll aus, wie er da in der Kathedrale von Notre-Dame sitzt. Später teilt er einem Helfer vertraulich mit, daß er Staatsbegräbnisse mehr genießt als alles, was er in Washington oder sogar in Camp David macht, weil er sich entspannen und innerlich ganz abschalten und sich dennoch für seine Achtungsbezeigung und die Mühe, die er damit auf sich nimmt, bewundern lassen kann, wo er doch nicht mehr tun muß als feierlich dreinschauen. Und auch, weil er sich denkt: Da liegt de Gaulle und ist mausetot, und hier sitze ich lebendig und quietschfidel.

Fragen: Stellen Sie sich vor, Sie sind an einem für Sie völlig vertrauten und daher völlig nichtigen Ort, stehen zum Beispiel eines Dienstagmorgens um acht mit den anderen Pendlern auf dem Bahnsteig und warten auf den 8 Uhr 05 nach New York. Oder Sie gehen zum achttausendstenmal durch Ihren Vorgarten in Montclair, um die Morgenzeitung zu holen.

Nun stellen Sie sich vor, daß Sie in dieser Situation eine Meldung aufschnappen, entweder per Schlagzeile in der Zeitung oder per mündliche Mitteilung eines Nachbarn, oder vielleicht geht gerade ein schwarzer Jugendlicher mit einem Sony CF-520 vorbei, und Sie hören die Kurznachrichten mit.

Überlegen Sie sich für jeden der Fälle die zutreffende Antwort. Ein Tip: Lassen Sie sich dazu von Ihrer veränderten Wahrnehmung Ihrer Umgebung und etwaigen Stimmungswechseln leiten – zum Beispiel, ob infolge der Meldung Ihr Vorgarten zum ersten Mal, seit Sie eingezogen sind, sichtbar wird, oder ob er noch nichtiger ist als gewöhnlich; ob Ihre übliche morgendliche Depression sich verstärkt oder nachläßt.

Es gibt vier mögliche Antworten: (a) Die Meldung ist durch und durch schlecht. (b) Die Meldung ist vermeintlich schlecht, das heißt, alles spricht dafür, daß sie schlecht ist, aber dennoch bereitet sie Ihnen eine gewisse Genugtuung.

(c) Die Meldung ist durch und durch gut. (d) Die Meldung ist vermeintlich gut, das heißt, alles spricht dafür, daß sie gut ist, aber insgeheim finden Sie sie deprimierend.

1. *Kurznachricht:* Ein UFO ist in Nebraska gelandet und hat Omaha zerstäubt. Diese Meldung ist für Sie

(a) Durch und durch schlecht: Schließlich ist an dem Verlust einiger hunderttausend Menschenleben nichts Gutes.

(b) Vermeintlich schlecht, aber insgeheim gar nicht so schlecht: Ich kenne niemanden in Omaha, und irgendwie hat eine offiziell bestätigte UFO-Landung etwas ungemein Interessantes – bisher hatte ich dem niemals wirklich Glauben geschenkt.

WÄHLEN SIE

2. Während Sie am Zeitungskasten stehen und die Morgenschlagzeilen lesen, erfaßt ein extrem lokaler, aber dennoch ungemein heftiger Tornado Ihr Haus, reißt es empor und trägt es davon wie Judy Garlands Haus in *The Wizard of Oz (Das verzauberte Land).* Ihre Frau befindet sich im Haus. Weder vom Haus noch von Ihrer Frau hören Sie jemals wieder.

Dieser Vorfall ist

(a) Durch und durch schlecht: Sie lieben Ihre Frau. Sie ist eine gute Seele, seit zwanzig Jahren Ihre Lebensgefährtin und Stütze. Außerdem ist das Haus unterversichert.

(b) Vermeintlich schlecht: Das oben Gesagte stimmt alles, doch um die ganze Wahrheit zu sagen, Ihre Frau ist auch eine Schreckschraube; Sie haben die Nase gestrichen voll von ihr, dem Haus, Ihrer Arbeit und Ihrem Leben. Da Ihre Frau ohne Ihr Verschulden verschwunden ist, eigentlich nicht viel gelitten haben kann, welches Schicksal sie auch ereilt haben mag, ja durchaus an einen neuen Ort und in ein neues Leben versetzt worden sein könnte wie Judy, sind Sie frei, ohne Schuldgefühle ein neues Leben anzufangen.

WÄHLEN SIE

3. Sie sind eine Frau, deren Mann frühzeitig in Rente gegangen ist. Er ist ein guter Kerl, Veteran aus dem Koreakrieg, und hat dreißig Jahre lang gut für Sie gesorgt. Geld ist kein Problem. Aber jetzt, trotz seines bedenklichen Übergewichts, sitzt er nur noch in Ihrem schmucken Haus am Lake Wales herum, kippt einen Sechserpack nach dem andern und guckt Golf, Baseball und Football im Fernsehen. Monatelang faßt er Sie nicht an und sagt kaum ein Wort. Oder er kriegt Satyriasisanfälle und will Sie zweimal die Nacht im Biersuff beschlafen. Was wollen Sie? (Was wollen die Frauen?) Sie wollen eine Kathedralen-Rundfahrt durch Europa machen oder eine gemütliche Bummeltour mit dem Hausboot auf den Kanälen von Frankreich, in malerischen französischen Dörfern anlegen, oder eine kulinarische Reise durch die Weingärten und Küchen des Loiretals. Oder die Galapagosinseln mit Ihrer heimischen Audubon Society besuchen. Er will nicht. Was soll ich mir einen Haufen Schildkröten anschauen? Was will er? Er will nach Las Vegas fahren, um Wayne Newton und Liberace zu erwischen, oder nach Augusta, um auf Nicklaus' Spuren zu wandeln. Das wollen Sie nicht. Dennoch haben Sie nicht die innere Freiheit, ohne ihn loszufahren – Sie haben Ihre Pflichten als Hausfrau. Eines Tages nehmen Sie in einem Reisebüro in Orlando einen Prospekt über eine rustikale Englandreise (»strohgedeckte Bauernhäuser«) und eine Heißluftballonfahrt über dem Loiretal mit, steigen ins Auto und fahren heim. Im Radio kommt eine Meldung über einen neuen Einbruch der dünnen Kalksteinkruste Zentralfloridas. Als Sie in Ihre Straße einbiegen, stellen Sie fest, daß Ihr ganzes Grundstück, Haus, Ehemann Ralph und der neue Farbfernseher vom Erdboden verschluckt wurden und für alle Zeit im eozänen Modder verschwunden sind.

Das ist

(a) Durch und durch schlecht: Ralph, eine gute Seele, ein guter Ehemann, ist dahin. Sie, eine gute Christin, haben Ihre bessere Hälfte verloren. Sie sind allein in der Welt.

(b) Vermeintlich schlecht: Das alles stimmt, aber andererseits ist Ralph ohne Ihr Verschulden fort, und Sie sind frei. Offen gestanden, dreißig Jahre Ralph sind genug. Außerdem war Ralph gut versichert.

WÄHLEN SIE

4. Sie stecken die Morgenzeitung ein, bevor Sie zur Arbeit gehen. Es ist ein großer Tag in Ihrer beruflichen Karriere. Sie sollen vor Vertretern eines Unternehmens, das bei Ihrer Firma die größte jemals dagewesene Bestellung aufgeben will, eine Verkaufsdemonstration durchführen. Sie haben Angstzustände und schlaflose Nächte gehabt, und das mit gutem Grund. In den letzten Monaten waren Sie leicht depressiv, und Sie trinken mehr, als Ihnen guttut.

Ein junger Geistesgestörter, der Ihnen völlig unbekannt ist, fährt in einem uralten VW langsam an Ihrem Haus vorbei, zielt mit seiner Colt-Woodsman-Pistole Kaliber 22 auf Sie und schießt Sie in die Achselhöhle, als Sie eben die Zeitung aus dem Kasten ziehen wollen.

Die Wunde ist wahrscheinlich nicht tödlich. Die Kugel trifft eine Rippe, prallt ab, schlägt quer in die Lunge, aber ohne das Herz oder wichtige Blutgefäße zu verletzen. Ihr Nachbar eilt Ihnen zu Hilfe, ruft einen Krankenwagen. Eine Schwäche überkommt Sie, und Sie setzen sich in Ihrem Vorgarten ins Gras. Sie bemerken einen Hornstrauch, den Sie vor zehn Jahren gepflanzt haben. Er macht sich gut.

In der Notaufnahme des Krankenhauses verspüren Sie eine merkwürdige Euphorie. Sie scherzen mit den Ärzten. Obwohl Sie Blut spucken und zusehends schwächer werden, arbeitet Ihr Gehirn ausgezeichnet. Zum Erstaunen der Ärzte und Schwestern fällt Ihnen eine Bemerkung Churchills ein, die Sie zitieren: »Nichts gibt einem Mann ein besseres Gefühl, als ohne Folgen angeschossen zu werden.«

Ist dieser Vorfall

(a) Durch und durch schlecht? Es ist nicht gut, angeschossen zu werden. Man könnte daran sterben.

(b) Vermeintlich schlecht, aber insgeheim gut? Der Vorfall entrückt Sie irgendwie. Die einzelne irrationale Tat eines Verrückten verändert schlagartig Ihre ganze Lebenssituation – aus einem sorgengeplagten Geschäftsmann in Gefahr, einen großen Abschluß zu verpatzen, wird ein unschuldiges Opfer, das nicht nur nicht schuld ist, sondern auch nicht versagt hat, ein Patient, der sich nicht nur in der eigentümlichen Rolle eines Krankenhausinsassen mit dessen besonderen Vorrechten befindet, der Rolle eines passiven und rechtmäßigen Nutznießers der fachmännischen Dienste hochqualifizierter Menschen, sondern der auch einen gewissen ehrenvollen Status hat, der besser ist als jede Abschlußprämie: eine Art Ersatzopfer für uns alle zu sein. Schließlich könnte das in dieser verrückten Welt jedem von uns passieren, und jetzt hat es Sie getroffen, ein hoch angesehenes und erfolgreiches Glied der Gemeinschaft. Der Schuß, den Sie abgekriegt haben, hätte jeden von uns treffen können.

Kommt noch hinzu, daß Sie wahrscheinlich den Abschluß für Ihre Firma kriegen – der Ihnen in Ihrer Angst vielleicht durch die Lappen gegangen wäre –, ohne einen Finger zu rühren. Welches Unternehmen könnte Sie jetzt vor den Kopf stoßen?

Warum fühlte sich Präsident Reagan, nachdem er angeschossen worden war, besser, als er sich seither jemals wieder gefühlt hat?

WÄHLEN SIE

5. Sie stehen an Ihrem Zeitungskasten in Englewood und überfliegen die Schlagzeilen. Ihr Nachbar kommt seine Zeitung holen. Sie sehen ihn mitfühlend an. Sie wissen, daß er seit einiger Zeit heftige Schmerzen in der Brust hat und daß ihm eine Bypass-Operation der Kranzarterie bevorsteht. Doch heute morgen verhält er sich gar nicht wie ein Herzpatient. Breit grinsend kommt er angetrabt in seinen Jogginghosen. Er hat drei gute Nachrichten. Sein Brustleiden hat sich als einfacher Bruch herausgestellt, nichts Ernstes. Er ist

befördert worden und zieht um nach Greenwich, wo er sein Boot auf dem Wasser lassen kann statt auf einem Anhänger.

»Toll, Charlie! Das freut mich wirklich für dich.«

Freut es Sie für ihn?

(a) Ja. Eine durch und durch gute Nachricht. Sicher ist es rundherum gut zu hören, daß Charlie lebt und gesund ist und nicht tot oder invalide. Auch ist es sicher gut für ihn und nicht schlecht für Sie, daß er es in der Welt zu etwas bringt, ein Haus in Greenwich kauft, wo er eine 8-Meter-Schaluppe direkt am Liegeplatz im Sund lassen kann statt eine 4-Meter-Mayflower auf einem Anhänger in der Garage in Englewood.

(b) Eine vermeintlich gute Nachricht, aber – aber was? Aber leider nur eine gute Nachricht für Charlie, während Sie sich gar nicht so gut fühlen.

WÄHLEN SIE

Wenn Ihre Antwort (b) ist, könnten Sie Ihre Unzufriedenheit näher bestimmen? Machen Sie das folgende Gedankenexperiment: Bei welcher Nachricht betreffend Charlie und Sie am Zeitungskasten würden Sie sich besser fühlen:

(1) Charlie ist tot.

(2) Charlie hat einen vierfachen Bypass der Kranzarterie gemacht bekommen und kommt vielleicht nicht durch.

(3) Charlie ist nicht herzkrank, aber er hat weder seine Beförderung noch sein Haus in Greenwich bekommen.

(4) Charlie ist nicht herzkrank und ist befördert worden, aber kann sich den Umzug nach Greenwich nicht leisten.

(5) Auch Sie haben gerade drei gute Nachrichten erhalten, also können Sie beide feiern.

(6) Sie haben keine gute Nachricht erhalten, aber unmittelbar, nachdem Sie Charlies drei gute Nachrichten gehört haben, fällt Ihr Blick auf einen Müllwagen, der außer Kontrolle geraten ist und direkt auf Charlie zurast – dem Sie das Leben retten, indem Sie ihn mit einem kräftigen Bodycheck hinter den nächsten Baum befördern. (Warum fühlen Sie sich

besser dabei, Charlie das Leben zu retten und so aus seinen drei guten Nachrichten ein vierfaches Glück zu machen?)

(7) Sie haben keine gute Nachricht erhalten, aber Sie haben eben Charlies drei gute Nachrichten gehört, da macht ein Erdbeben Manhattan dem Erdboden gleich. Zu zweit stehen Sie da und schauen betreten von Englewood Cliffs über den Hudson auf die Trümmer.

WÄHLEN SIE

Mit einem Wort, wie viele gute Nachrichten für Charlie können Sie ohne ausgleichende Katastrophen, heroische Rettungen und dergleichen ertragen?

6. Auf dem Bahnsteig spricht ein anderer Pendler, der für Sie die letzten sechs Jahre über ein Fremder geblieben ist, Sie an und erzählt Ihnen von der Durchsage, die er eben auf seinem Sony My-stereo gehört hat. Nicht Manhattan, sondern San Francisco ist letztendlich doch von dem lange erwarteten großen Erdbeben, Stärke 8,3 auf der Richter-Skala, heimgesucht worden. Die Zahl der Opfer wird auf annähernd zweihunderttausend geschätzt.

(a) Eine durch und durch schlechte Nachricht? Wie könnte an so einem gewaltigen Unglück und Verlust von Menschenleben etwas Gutes sein?

(b) Eine vermeintlich schlechte Nachricht? Warum sonst ist der andere Pendler so aufgeregt, daß sich seine Kopfhörer lösen, während er noch bekümmert den Kopf schüttelt? Verschafft ihm, was er nicht sagt, aber vielleicht denkt, eine Genugtuung, nämlich daß Gomorra endlich sein Fett abkriegt, man denke bloß an die ganzen Schwulen, Kanaken und Perversen, die wenigstens die Hälfte der Opfer ausmachen müssen?

WÄHLEN SIE

7. Sie sind Astronom und Raumschiffkonstrukteur, bekannt vom Fernsehen. Sie schreiben über den Kosmos. Sie woh-

nen gleich neben einem anderen Astronomen und Raumschiffkonstrukteur, auch bekannt vom Fernsehen. Er schreibt ebenfalls über den Kosmos. Beide sind Sie beim Jet Propulsion Laboratory in Pasadena beschäftigt, weniger wegen Ihrer wissenschaftlichen Fähigkeiten als wegen Ihres PR-Wertes und Ihrer Gabe, wissenschaftliche Zusammenhänge populär darstellen zu können. Beide haben Sie Bestseller über Raumfahrt, ETIs (extraterrestrische Intelligenzen), die Notwendigkeit der nuklearen Abrüstung usw. geschrieben. Beide sind Sie sich darüber im klaren, daß der Mensch womöglich sich und die Erde vernichtet, bevor er den Kosmos erforschen und eine Verbindung zu anderen Zivilisationen herstellen kann. Es besteht eine freundschaftliche Rivalität zwischen Ihnen. Sie beide haben unterschiedliche Lösungen für die Probleme des Menschen mit sich selbst.

Sie glauben, daß Kriege die Folge sexuell repressiver Gesellschaften sind, insbesondere der christlichen. Sie können beweisen, daß in primitiveren Gesellschaften, in denen die sexuelle Freiheit unter den Jungen wie den Erwachsenen gefördert und Zuneigung wie Körperlichkeit ungeniert zur Schau gestellt wird, wenig Kriege stattfinden, wenn überhaupt. Ihr liebstes Buch aller Zeiten ist *Kindheit und Jugend in Samoa.* Ihr letztes eigenes Buch, *Weltraum und Sexualität,* ein Bestseller, enthält den Vorschlag, genau so eine Gesellschaft im kleinen zu erschaffen, eine kleine Gemeinschaft, die nicht nur wissenschaftlich hoch entwickelt, sondern auch von Liebe und repressionsfreier Sexualität bestimmt wäre. Zu diesem Zweck haben Sie ein Raumschiff auf der Grundlage von Bussards Kernfusions-Staustrahlantrieb (Fusion Ramjet) entworfen. Es kann eine Besatzung von zehn Personen (fünf Männer und fünf Frauen) aufnehmen, die nicht allein nach ihrer technischen Qualifikation, sondern auch nach ihrer Freiheit von sexuellen Verklemmungen für eine mehrjährige Reise in die Nähe von Alpha Centauri ausgewählt werden sollen. Das Raumschiff ist von Ihren Kollegen bereits scherzhaft »Love Boat« getauft worden. Aber ganz im Ernst, Sie machen den Vorschlag, daß die NASA ein Sofortprogramm in die Wege leitet, um das Raumschiff vor dem Ihrer Meinung nach unvermeidlichen letzten Krieg auf Erden zu starten.

Sie sind eingeladen worden, heute abend in der Tom Snyder Show aufzutreten, um Ihr neues Buch *Weltraum und Sexualität* vorzustellen.

Ihr Nachbar und Freund hat auch ein Buch geschrieben und ist eingeladen worden, in der Johnny Carson Show aufzutreten – die höhere Einschaltquoten hat als Snyder. Um die Wahrheit zu sagen, seine Verkaufsziffern liegen über Ihren. Sie beide widersprechen sich nicht in Ihrem Verständnis des Kosmos und in Ihrer Einschätzung der Gefahr, die der Mensch für sich selbst darstellt. Dennoch sind Ihre Lösungen verschieden. Er glaubt, der Weltfriede lasse sich nur durch die Vereinigung der westlichen Tradition von Wissenschaft und Technik mit der östlichen Tradition der Selbsttranszendenz, vor allem Zen und tibetischem Buddhismus, erreichen.

In seinem Buch *Weltraum und Satori* wird eine Version des britischen Raumschiffs Daedalus mit Kernfusionsantrieb befürwortet; die Besatzung soll dem Kommando eines erfahrenen Astronauten unterstellt sein, aber mit einem spirituellen Führer an Bord, dem bekannten tibetischen Mystiker Ti Chen.

Heute abend werden Ihr Nachbar Dr. L. und Ti ihr Buch *Weltraum und Satori* in der Carson Show vorstellen. Sie beide wissen, daß es interessanter ist, in der Carson Show aufzutreten als bei Tom Snyder.

Auf Ihrem morgendlichen Gang zum Zeitungskasten treffen Sie nicht Dr. L., sondern seine Frau, die schlechte Neuigkeiten hat. Sie ist als erste an ihrem Zeitungskasten gewesen und hält die *Los Angeles Times* in die Höhe. Auf der Titelseite steht ein Artikel, in dem ein Sexskandal im Ti Chen Institute von La Jolla aufgedeckt wird. Beschrieben wird ein Vorfall – von einem verprellten Schüler als Orgie bezeichnet –, bei dem sich Ti Chen angeblich mit einigen seiner jungen männlichen Schüler in Ausschweifungen erging, in deren Verlauf Ihr Nachbar, Dr. L., unerwartet auf der Bildfläche erschien, einen Eifersuchtskoller kriegte und mit einer abgebrochenen Flasche auf Ti Chen losging. Das gesamte Institut, in unterschiedlichen Stadien der Entblößung befindlich, wurde von der Polizei von La Jolla festgenommen.

»Nicht zu glauben, so ein Quatsch!« ruft die Frau Ihres Nachbarn unter Zornestränen und klatscht mit der Hand auf die *Los Angeles Times.* »Du lieber Himmel, so was würde man doch höchstens vom *National Enquirer* erwarten. Das gleiche Lügengespinst. Die Dreckskerle bring' ich vor Gericht. Meinen Sie nicht auch?«

Sie nicken ernst und beflissen. Das ist weiß Gott eine schlechte Nachricht. Es könnte das Ende von Dr. L.s Karriere bei der NASA, das Ende seines »wissenschaftlichen Buddhismus« bedeuten. Seine Frau sagt: »Und Carson hat ihn heute abend ausgeladen, ist das zu glauben?«

Sie schütteln den Kopf, legen einen Arm um Dr. L.s Frau, tätscheln sie betulich.

Sie werden nachdenklich. Alles in allem ist das eine

(a) Durch und durch schlechte Nachricht.

(b) Vermeintlich schlechte Nachricht.

WÄHLEN SIE

8. Sie sind einer von zwei renommierten Autoren aus den Südstaaten, die als Yaddo-Gastschriftsteller in benachbarten Wohnungen logieren. Sie sind beide Literaten, bekannt für Ihre Gedichte, Romane, Erzählungen und Essays. Obwohl Sie beide in Massachusetts leben, greifen Sie seit Jahren die vulgäre, materialistische, geldgierige Gesellschaft des Nordens an und verteidigen die traditionellen, bodenständigen, christlichen Werte des Südens mit seiner starken Betonung von Heimat, Familie und Herkommen.

Nach einem Arbeitstag trifft Schriftsteller A nach alter Gewohnheit Schriftsteller B auf einem schönen Waldweg zum

Speisesaal. Die aufgeregte Yaddo-Wirtin bricht die Schweigeregel und eilt ihnen schon im Wald entgegen. Sie hat Neuigkeiten, die keinen Aufschub dulden. Dan Rather hat es gerade in den Sechs-Uhr-Nachrichten gebracht: Schriftsteller B bekommt den Nobelpreis für Literatur!

Schriftsteller A umarmt Schriftsteller B herzlich. B zuckt die Achseln: Wir wissen doch beide, was wir vom Nobelpreis zu halten haben usw. Dennoch sieht B erfreut aus. Sollen sie denken vom Nobelpreis, was sie wollen – zum Beispiel, daß Leute wie John Steinbeck und Pearl S. Buck ihn bekommen haben, Joyce aber nicht –, er beläuft sich jedenfalls auf über 200 000 Dollar. Schriftsteller A frotzelt ein bißchen herum, stichelt B, er solle es doch wie Sartre machen und den Preis ablehnen, aber zeigt letztlich und endlich doch seine Freude: Ich freue mich mordsmäßig für Sie.

Als Schriftsteller A wären Sie
(a) Durch und durch erfreut.
(b) Vermeintlich erfreut.

WÄHLEN SIE

10. Das gelangweilte Selbst

Warum das Selbst das einzige Wesen im Kosmos ist, das sich langweilt

Das Wort *Langeweile* tritt zusammengerückt erst im achtzehnten Jahrhundert auf und engt sich erst nach und nach auf die heutige Bedeutung ein.

Frage: Warum gab es vor dem achtzehnten Jahrhundert kein solches Wort?

(a) Weil die Leute vor dem achtzehnten Jahrhundert sich nicht langweilten. (War es Caligula nicht langweilig?)

(b) Weil die Leute sich zwar langweilten, aber kein Wort dafür hatten.

(c) Weil die Leute zu sehr mit Überleben beschäftigt waren, um sich zu langweilen. (Aber was ist mit dem müßiggängerischen englischen Königshaus und Adel?)

(d) Weil das Selbst in den letzten zwei- oder dreihundert Jahren sich in einem ganz besonderen Sinne als einen Rest wahrnimmt, den es mit seiner objektiven Weltanschauung nicht erklären kann, und weil trotz eines ständig steigenden Selbst-Bewußtseins, zunehmender Mußezeit, immer mehr Kultur- und Freizeitangeboten, immer mehr Anleitungen zu Selbst-Hilfe, Selbst-Entwicklung, Selbst-Bereicherung das Selbst immer mehr das Gefühl hat, in sich selbst gefangen zu sein – nein, schlimmer als gefangen, denn ein Gefangener weiß wenigstens, daß er gefangen ist, und hofft auf die Freiheit, die ihn erwartet, und darauf, daß die Welt wieder für ihn offen ist, während das Selbst keineswegs offen ist und die Welt auch nicht – ein Zustand, den man außer Gefangenschaft noch irgendwie anders nennen muß, z. B. Langeweile. Langeweile ist das mit sich selbst vollgestopfte Selbst.

(e) Wegen eines Souveränitätsverlustes, bei dem das Selbst seine uneingeschränkten Ansprüche auf jeden Bereich der Welt an die jeweiligen Experten und Sachwalter dieser Bereiche abtritt, und weil ein solcher Verzicht zu einer Verarmung führt, die man mit einem anderen Namen belegen muß, z. B. Langeweile.

(f) Weil das Selbst zuerst imstande war, sich durch den Mythos zu begreifen, wenn auch unzutreffend, sich später durch die Religion als ein Geschöpf Gottes begriff und jetzt imstande ist, den Kosmos durch die positive Wissenschaft zu begreifen, nicht aber sich selbst, da das Selbst durch die positive Wissenschaft nicht erfaßt werden kann, und weil das Selbst sich daher nur als Gespenst in einer Maschine wahrnehmen kann. Was könnte ein Gespenst von einer Maschine sonst sein als gelangweilt?

WÄHLEN SIE
(MEHRERE MÖGLICHKEITEN ZUGELASSEN)

Frage: Wie kommt es, daß keine andere Spezies außer dem Menschen sich langweilt? Unter den Umständen, in denen ein Mensch sich langweilt, legt ein Hund sich schlafen.

Gedankenexperiment: Stellen Sie sich vor, Sie sind ein Mitglied einer Reisegruppe in Griechenland. Die Gruppe besucht den Parthenon. Langweilig. Nur wenige machen sich überhaupt die Mühe hinzuschauen – im Prospekt sah er besser aus. Also schaut man mal halb hin, macht hauptsächlich Fotos, verbreitet sich über die schweren Schäden durch sauren Regen. Sie sind verblüfft. Wieso sollte eines der Prachtstücke und Fundamente der abendländischen Kultur, unter angenehmen Bedingungen – gutes Wetter, gutes Hotelzimmer, gutes Essen, guter Führer – besichtigt, langweilig sein?

Jetzt stellen Sie sich vor, unter was für Umständen eine Besichtigung des Parthenons nicht langweilig wäre. Beispielsweise: Sie sind ein NATO-Oberst, der Griechenland gegen einen sowjetischen Angriff verteidigt. Sie sitzen in einem Bunker in der Innenstadt von Athen, das Fernglas vor sich auf Sandsäcken. Der Tag bricht an. Mittelstreckenraketen sind im Anflug. Eine halbe Million Griechen sind tot. Zwei Raketen streichen links und rechts am Parthenon vorbei. Die nächste wird bestimmt ein Treffer. Zwischen Rauchsäulen fällt ein Strahl goldenen Lichts auf den Portikus.

Langweilen Sie sich? Können Sie den Parthenon sehen? Erläutern Sie.

11. Das depressive Selbst

Ob das Selbst depressiv ist, weil etwas mit ihm nicht stimmt, oder ob Depressionen eine normale Reaktion auf eine kaputte Welt sind

Die Selbstmordziffer bei Personen unter fünfundzwanzig ist in den letzten zwanzig Jahren dramatisch angestiegen.

Eine kürzlich durchgeführte Umfrage hat gezeigt, daß das Symptom der Depression zahlenmäßig alle anderen medizinischen Symptome zusammengenommen übertrifft.

In einer psychotherapeutischen Rundfunk-Talk-Show im Tagesprogramm bezeichneten sich 80 Prozent aller Anruferinnen als depressiv.

Der Drogenkonsum bei Teenagern und noch Jüngeren hat in den letzten dreißig Jahren um schätzungsweise 3000 Prozent zugenommen. In einer Talk-Show über »Liebe und Hiebe« wurde neulich behauptet, ein Drittel aller Teenager sei depressiv. Von diesem einen Drittel nähmen 75 Prozent regelmäßig Drogen.

In einer kleinen Stadt im Süden ergab eine Untersuchung der Familien der sozioökonomischen Oberschicht, daß 79 Prozent der Töchter nach Abschluß der High School von zu Hause auszogen, sich eine Wohnung nahmen und entweder aufs College gingen oder anfingen zu arbeiten. Nach fünf Jahren waren 53 Prozent der unverheirateten Töchter wieder nach Hause zu ihren Eltern zurückgekehrt und 43 Prozent der verheirateten Töchter ... Typische Äußerungen: »Es war nichts für mich da draußen.« »Es hat mich überfordert.« »Ich hab's nicht gepackt.« »Ich bin ganz traurig geworden.«

In einer Kleinstadt im Mittelwesten brachen 27 Prozent der Schüler die High School ab und blieben zu Hause. Hauptklage: »Ich pack's nicht.«

Frage I: Sind die Menschen trotz beispielloser Angebote in allen Bereichen – Ausbildung, Beruf, Persönlichkeitsentfaltung, kulturelle Bereicherung, Reisen, Freizeitgestaltung – depressiv:

(a) Weil das moderne Leben schwieriger, komplizierter und stressiger ist als je zuvor?

(b) Weil, Männer betreffend, die Konkurrenz im Beruf erbitterter ist als je zuvor?

(c) Weil, Frauen betreffend, mit dem Verschwinden der traditionellen Gemeinschaft von Frauen, die um den Brunnen stehen, auf der Veranda zusammensitzen, über den Gartenzaun miteinander tratschen, das Leben als Hausfrau einsamer ist als je zuvor?

(d) Weil, junge Leute betreffend, die Erziehung und Ausbildung schlechter ist als je zuvor und einen nicht darauf vorbereitet, der wirklichen Welt ins Auge zu sehen?

(e) Weil der Glaube an Gott und die Religion geschwunden ist und damit die Gewißheit, daß das Selbst einen Platz im Kosmos, in der Kette der Wesen und im Verhältnis zu anderen hat?

(f) Weil das Selbst heutzutage fremdbestimmt ist und nicht selbstbestimmt und weil es seine Selbstachtung daraus bezieht, wie andere es beurteilen – in etwa wie ein Bettler in der Menge mit aufgehaltener Hand?

(g) Weil das Selbst, obwohl es in Reichtümern fast ertrinkt, tatsächlich verarmt und verelendet ist wie Lazarus vor der Tafel des Reichen, da ganz und gar verstoßen und seiner Souveränität beraubt? Mit der Vervielfachung von Technologien und dem Aufstieg von Experten und Expertenwissen auf allen Gebieten hat das Selbst in die Wegnahme jedes Lebensbereiches durch den zuständigen Experten eingewilligt – selbst in die Wegnahme seines, des Selbst, eigenen Lebens. »Ich leide an Depressionen, Herr Doktor. Was fehlt mir? Wenn Sie kein Experte auf diesem Gebiet sind, ein Depressionologe, können Sie mich dann an einen überweisen?«

So wird der rechtmäßige Legatar des größten aller Vermächtnisse, des Kulturerbes des gesamten Abendlandes, seiner Kunst, Wissenschaft, Technik, Literatur, Philosophie, Religion, ein zweitklassiger Konsument dieser Waren, entrechtet sich damit selbst und sitzt in der Asche wie Aschenputtel, da er seinen Besitzanspruch auf sein eigenes Haus an die wahren Fürsten der Zeit abgetreten hat, die Experten. *Die* kennen sich aus mit der Wissenschaft, *die* kennen sich aus mit der Medizin, *die* kennen sich aus mit der Regierung, *die* kennen sich aus mit meinen Bedürfnissen, *die* kennen sich aus mit allem im Kosmos, selbst mit mir. *Die* wissen, warum ich dick bin, und sie kennen die Geheimnisse meiner Seele, die nicht einmal ich selber kenne. Für alles, was mich plagt, gibt es einen Experten, einen Heiler meiner Depression, einen Seher meiner Traurigkeit.

(h) Weil das moderne Leben jeden depressiv machen muß? Jeder Mensch, ob Mann, Frau oder Kind, den das nukleare Wettrüsten, die moderne Großstadt, das Familienleben in Trabantenstadt, Vorstadt, Wohnung, Eigenheim und später Altersheim nicht depressiv macht, ist selbst kaputt.

WÄHLEN SIE
(MEHRERE MÖGLICHKEITEN ZUGELASSEN)

Frage II: Warum suchen so viele Teenager und noch Jüngere ihr Heil in Drogen?

(a) Wegen des Mitmachdrucks der Clique, fehlender Aussprache, psychischer Unangepaßtheit, Rebellion gegen die Eltern und des Niedergangs religiöser Werte.

(b) Weil das Leben schwer, langweilig, enttäuschend und unfroh ist und man sich mit Drogen gut fühlt.

WÄHLEN SIE

Gedankenexperiment:
Ein neues Heilmittel gegen Depressionen: Das einzige Heilmittel gegen Depressionen ist Selbstmord.

Das soll kein schlechter Witz sein, sondern ein ernstgemeinter Vorschlag: Selbstmord als reale Möglichkeit. Solange die Möglichkeit nicht ernsthaft in Betracht gezogen wird, ist ihr therapeutischer Wert gleich Null. Keine Drohung ist glaubhaft, es sei denn, der Drohende läßt es darauf ankommen.

Diese Behandlung von Depressionen verlangt die Umkehrung des üblichen therapeutischen Erklärungsansatzes. Nach dem therapeutischen Erklärungsansatz, der noch nie in Frage gestellt wurde, ist die Depression ein Symptom. Ein Symptom setzt eine Krankheit voraus; irgend etwas stimmt nicht mit einem. Eine Krankheit sollte behandelt werden.

Angenommen, Sie sind depressiv. Sie können leicht oder schwer depressiv sein, klinisch depressiv oder selbstmordgefährdet. Was machen Sie in der Regel? Oder was macht man mit Ihnen? Nichts oder etwas. Wenn etwas gemacht wird, dann immer unter der Voraussetzung, daß etwas mit Ihnen nicht stimmt und daher behoben werden sollte. Sie werden behandelt. Sie wenden sich an einen Freund, Ratgeber, Arzt, Priester oder eine Gruppe. Sie machen eine Reise, nehmen Antidepressiva, wechseln den Arbeitsplatz, wechseln die Frau oder den Mann oder den »Sexualpartner«.

Stellen Sie jetzt einmal die unausgesprochene Annahme in Frage: Etwas stimmt nicht mit Ihnen. Stellen Sie wie Kopernikus und Einstein das Universum auf den Kopf, und gehen Sie von einer neuen Annahme aus.

Gehen Sie davon aus, daß Ihnen gar nichts fehlt. Sie sind depressiv, weil Sie allen Grund haben, depressiv zu sein. Kein Mitglied der anderen zwei Millionen Arten, die die Erde bevölkern – und zu ihrem Glück depressionsfrei sind –, würde nicht depressiv werden, wenn es Ihr Leben führte. Sie leben in einer kaputten Zeit – kaputter, als es die Regel ist, weil trotz großer wissenschaftlicher und technischer Fortschritte der Mensch nicht die blasseste Ahnung hat, wer er ist oder was er treibt.

Gehen Sie von der umgekehrten Hypothese aus, wie Kopernikus und Einstein. Sie sind depressiv, weil sich das so gehört. Sie haben ein Recht auf Ihre Depression. Sie wären ja kaputt, wenn Sie nicht depressiv wären. Schauen Sie sich die einzigen erwachsenen Menschen an, die niemals depressiv sind: Schwachköpfe, kalifornische Surfer und fundamentalistische Christen, die meinen, sie hätten eine persönliche Begegnung mit Jesus gehabt und wären ein für allemal gerettet. Würden Sie Ihre Depression gegen eine von diesen Existenzen eintauschen?

Nun denken Sie einmal nicht an den üblichen therapeutischen Ansatz, sondern an eine ältere und ehrbarere Alternative, den römischen Ausweg: Mir liegt nichts daran, in dieser kaputten Welt zu leben, das ist kein rühmliches Leben, daher mache ich meinen Abgang, so wie Cato. Oder wie Iwan in *Die Brüder Karamasow* zu Gott sagte: Wenn du existierst, gebe ich hochachtungsvoll meine Eintrittskarte zurück.

Beachten Sie jetzt, daß in dem Moment, da der Selbstmord als ernsthafte Alternative erwogen wird, etwas Sonderbares geschieht. *Sein oder Nichtsein* wird zu einer echten Wahlmöglichkeit, während Sie vorher zum Sein verurteilt waren. Sie hatten nur die Wahl, wie Sie das Sein möglichst wenig schmerzvoll über die Runden brachten, sei es mit Hilfe von Seelsorge, Betäubung, Suff, Gruppengeglucke, Schürzenjagd, Hosenjagd oder Wechsel der sexuellen Präferenz.

Wenn es Ihnen mit dem Wählen ernst ist, ergeben sich bestimmte Konsequenzen. Schauen Sie sich die Alternativen an. Angenommen, Sie wählen Selbstmord. Schön. Sie gehen ab. Was dann? Was geschieht nach Ihrem Abgang? Nicht viel. Sehr wenig im Grunde. Nach einer oder zwei kleinen Wellen schließt sich das Wasser über Ihrem Kopf, als ob es Sie nie gegeben hätte. Sie sind gar nicht unersetzlich. Sie sind nicht einmal ein schwarzes Loch im Kosmos. Der ganze Streß und Frust waren umsonst. Ihre Mitbürger werden ein paar Tage lang etwas zu reden haben. Ihre Nachbarn werden schockiert tun und es genießen. Einer oder zwei könnten Sie vermissen, vielleicht Ihre Angehörigen, die Ihnen auch die Schande verübeln werden. Ihre Gläubiger werden Ihnen die

Unannehmlichkeiten verübeln. Ihr Rechtsanwalt wird sich freuen. Ihr Psychiater wird sich ärgern. Der Priester oder Pfarrer oder Rabbi wird ein paar Worte über Ihnen sprechen, ab geht's in die Grube, und das war's dann. In überraschend kurzer Zeit läuft jeder wieder im Gleis seines eigenen Selbst, als ob es Sie nie gegeben hätte.

Schauen Sie sich jetzt im Lichte dieser Alternative die andere Möglichkeit an. Sie können Selbstmord wählen, aber Sie entscheiden sich dagegen. Was geschieht? Auf einmal sind Sie frei. Warum nicht leben, statt zu sterben? Es steht Ihnen frei. Sie sind wie ein Lebenslänglicher, der aus seiner Zelle entlassen wird. Sie stellen fest, daß die Zellentür nur angelehnt ist und daß draußen die Sonne scheint. Wie wär's mit einem kleinen Spaziergang? Sie hätten tot sein können, und jetzt leben Sie. Die Sonne scheint.

Plötzlich fühlen Sie sich wie ein Schiffbrüchiger auf einer Insel. Sie können Ihr Glück gar nicht fassen. Sie fühlen, ob Sie sich was gebrochen haben. Sie sind heil, der einzige Überlebende eines gesunkenen Schiffes, dessen Kapitän und Besatzung sich vor lauter Schiß totgegrämt haben. Und da sind Sie jetzt, an einen Strand gespült und von Insulanern aufgenommen, die sich, wie sich herausstellt, ihrerseits krankgrämen – worüber? Über Status, Fassade wahren, Eigendünkel, nationale Rivalitäten, Langeweile, Unruhe, Depressionen, von denen sie Erleichterung hauptsächlich in Kriegen suchen, und die Naturkatastrophen, die ihre Nachbarn regelmäßig ereilen.

Und Sie, der Ex-Selbstmörder, der da am Strand liegt? In welcher Hinsicht sind Sie dadurch befreit worden, daß Sie sich ernsthaft auf Ihren hypothetischen Selbstmord eingelassen haben? Haben Sie nicht zum erstenmal im Leben die Freiheit, sich den Irrsinn des Menschen, der absurdesten aller Spezies, anzuschauen und dem komischen Geheimnis Ihrer Existenz nachzusinnen? Und sogar zu überlegen, was absurder ist: die offenkundige Absurdität Ihres Dilemmas – ausgesetzt im Kosmos und kein Bescheid darüber, wie Sie in so eine Klemme geraten sind oder wie Sie wieder herauskommen – oder die noch aberwitzigere Eventualität, daß tatsächlich ein Bescheid vom Gott des Kosmos erging, der sich Ihrer lachhaften Not erbarmte und in Raum und Zeit Ihres unbedeutenden Planeten eintrat, um Ihnen etwas auszurichten.

Die Konsequenzen des realistischen Selbstmords? Am Strand liegend, steht es Ihnen zum erstenmal im Leben wirklich frei, eine Muschel aufzuheben und zu betrachten. Es steht Ihnen sogar frei, nach Hause zu gehen und mit Ihrer Frau zu tanzen.

Der Unterschied zwischen einem Nicht-Selbstmörder und einem Ex-Selbstmörder, wenn sie an einem normalen Morgen um acht aus dem Haus zur Arbeit gehen:

Der Nicht-Selbstmörder ist ein kleiner wandelnder Sorgensog, der Sorgen aus der Vergangenheit mit sich saugt und zu künftigen Sorgen hingesaugt wird. Er atmet hoch oben in seiner Brust.

Der Ex-Selbstmörder macht die Haustür auf, setzt sich auf die Treppe und lacht. Da er die Wahl hat, tot zu sein, hat er nichts zu verlieren, wenn er lebt. Es ist gut zu leben. Er geht zur Arbeit, weil er nicht muß.

12. Das verarmte Selbst

Wie das Selbst, obwohl es reich ist, arm sein kann

Mutter Teresa aus Kalkutta äußerte kürzlich über einige wohlhabende Amerikaner und Europäer, die sie kennengelernt hatte – darunter ebenso Kapitalisten wie Marxisten –, daß sie ihr traurig und arm vorgekommen wären, ärmer noch als die Armen von Kalkutta, die Ärmsten der Armen, derer sie sich annimmt.

Frage: Was für eine Verarmung kann den Bürgern westlicher technisierter Gesellschaften nachgesagt werden, wenn man sich den offensichtlichen Reichtum dieser Länder im Hinblick auf Nahrung, Wohnung, Güter und Dienstleistungen, Ausbildung, Technik und kulturelle Einrichtungen vor Augen führt?

(a) Es gibt keine solche Traurigkeit und Verarmung. Mutter Teresa erhebt diesen Vorwurf, weil die westlichen Länder mit ihrer zunehmenden Billigung von Empfängnisverhütung und Abtreibung ihren katholischen Glauben verletzen.

(b) Es gibt durchaus eine solche Traurigkeit und Verarmung, verschuldet wenigstens zum Teil durch den Verlust der Achtung vor dem menschlichen Leben, wie er nicht nur in der Billigung der Abtreibung zum Ausdruck kommt, sondern auch in der Zunahme von Kindesmißbrauch, Euthanasie und Gleichgültigkeit gegen menschliches Leid. Allerdings haben neuere Untersuchungen gezeigt, daß Europäer und Amerikaner mehr Haustiere halten als je zuvor und mehr Geld für Tierfutter und Tierärzte ausgeben, als die Ernährung der gesamten dritten Welt kostet.

(c) Es gibt eine solche Traurigkeit und Verarmung, weil in

einer Wohlstandsgesellschaft, in der es einen Überfluß an Gütern und Dienstleistungen gibt, eine entsprechende Entwertung stattfindet. Dagegen haben die armen Völker der dritten Welt trotz oder wegen ihrer materiellen Verelendung Freude an den einfachen Dingen des Lebens. Small is beautiful, das Beste im Leben kostet nichts usw.

(d) Es gibt eine solche Traurigkeit und Verarmung, weil die geistlich Armen selig sind, sprich, aufnahmebereit für das Evangelium, während die Reichen die ganze Welt gewinnen können, aber Schaden nehmen an ihrer Seele.

(e) Es gibt eine solche Traurigkeit und Verarmung, weil in der westlichen Gesellschaft ein Ethos der Macht und Manipulation und Selbst-Verherrlichung herrscht auf Kosten von Werten wie Gemeinschaft, Liebe, Unschuld, Einfachheit, wie man sie in der Kindheit und bei unaggressiven Gesellschaften (z. B. den Eskimos) antrifft. Wie Ashley Montagu sagt: Das Erwachsenenalter in der westlichen Welt ist eine entartete und verarmte Kindheit.

(f) Es gibt eine solche Traurigkeit und Verarmung, weil die westliche Gesellschaft eine Wüste ist: die Werte verfallen, die Gemeinschaft zersplittert, die Moral verdorben, die Städte in Trümmern. Angesichts der Entwurzelung der westlichen Kultur ist alles Gerede über Selbst-Bereicherung durch diese oder jene psychologische Technik reine Kosmetik, so als wollte man die Liegestühle der *Titanic* neu aufstellen. Die »moralische Mehrheit« hat recht. Das einzige, was uns noch retten kann, ist eine Rückkehr zur althergebrachten Religion, eine Wiedererweckung des christlichen Fundamentalismus.

(g) Nichts von alledem. Der ganze Streit zwischen der traditionellen wissenschaftlichen Auffassung vom Menschen als einem Organismus, einem Sitz von Bedürfnissen und Trieben, und einer christlichen Auffassung vom Menschen als geistigem Wesen ist nicht nur unentscheidbar, sondern auf dem derzeitigen Niveau der Debatte auch zutiefst langweilig – weiß Gott kein kleiner Beitrag zur Trostlosigkeit der westlichen Gesellschaft im allgemeinen. Die sogenannten Brükkenschläge und Versöhnungen zwischen »Wissenschaft« und »Religion« sind noch langweiliger. Was ist langweiliger, als mit anhören zu müssen, wie Heisenbergs Unschärferelation für die Sache der Willensfreiheit in Dienst genommen wird? Das traditionelle wissenschaftliche Modell des Menschen taugt sicherlich hinten und vorne nicht, denn man kann heroische Anstrengungen unternehmen, um seine Bedürfnisse zu erkennen und zu befriedigen, und am Ende doch ärmer dran sein als ein Kalkutter. Was das derzeitige religiöse Menschenbild anlangt, so sieht es seine Sache, die Existenz Gottes, von vornherein als erwiesen an, was bedeutet, daß es für den Glaubenslosen nicht nur nutzlos ist, sondern auch deprimierend. Die Frohe Botschaft des Christentums zu hören macht ihn depressiver als je zuvor. Wenigstens vom wissenschaftlichen Standpunkt aus ist ein neues Modell des Menschen angesagt, das ihn nicht mehr bloß als Sitz bio-psycho-soziologischer Bedürfnisse und Triebe begreift.

Ein solches anthropologisches Modell könnte die Semiotik liefern, das heißt, die Erforschung des Menschen als des zeichenbenutzenden Wesens und insbesondere die Erforschung von Selbst und Bewußtsein als Derivaten der Zeichenfunktion.

Gedankenexperiment: Wenn Mutter Teresa recht hat und es in modernen technisierten Gesellschaften eine paradoxe Verarmung inmitten des Überflusses gibt, wo sie doch, nach traditionellen objektiven wissenschaftlichen Kriterien, die ausgedehnteste Bemühung in der gesamten Weltgeschichte unternehmen, die biologischen, psychologischen, soziologischen und kulturellen Bedürfnisse des Menschen zu erkennen und zu befriedigen, dann überlege man sich ein anderes Modell. Man überlege sich ein Modell, das radikaler ist als das herkömmliche psycho-biologische Modell, ein semiotisches Modell, das es einem gestattet, das Selbst in seinem Wesen und in seinen Ursprüngen zu ergründen und Kriterien für seine Armut und seinen Reichtum zu finden.

Der folgende Abschnitt, ein Intermezzo von 42 Seiten, kann ohne schwerwiegende Folgen überschlagen werden. Er ist nicht fachwissenschaftlich, aber er ist theoretisch – das heißt, er versucht eine elementare semiotische Fundierung der Theorie des Selbst, von der auf diesen Seiten ausgegangen wird. Als solcher wird er für viele Leser unerfreulich sein. Er wird viele Laien verärgern, weil er zu fachwissenschaftlich erscheint – was geht mich Semiotik an? Er wird viele Semiotiker vom Fach verärgern, weil er nicht fachwissenschaftlich genug ist – und weil er auf eine Dimension der Semiotik abhebt, die Semiotiker, aus welchem Grund auch immer, nicht gewohnt sind, als einen zulässigen Forschungsgegenstand zu betrachten, nämlich nicht auf Texte und andere kodierte Zeichenäußerungen, sondern auf das Selbst, das Texte produziert oder Zeichenäußerungen hört.

Eine semiotische[7] Propädeutik des Selbst

Eine kurze Geschichte des Kosmos unter besonderer Berücksichtigung von Wesen und Ursprung des Selbst, plus ein semiotisches Modell zur Berechnung der Verarmung inmitten des Überflusses, oder Warum man sich in einer guten Umgebung schlecht und in einer schlechten Umgebung gut fühlen kann

I

Am Anfang und die meiste Zeit der fünfzehn Milliarden Lebensjahre des Kosmos über ereignete sich nur eines: Teilchenstöße auf Teilchen, chemische Reaktionen, Energieaustausch, Schwerkraftanziehung zwischen Massen, Feldkräfte usw. So verschieden solche Ereignisse sind, lassen sie sich doch alle als Interaktionen zwischen zwei oder mehr Größen verstehen: A⇆B. Selbst ein so unvorstellbar weitgespanntes System wie der Kosmos kann als eine solche Interaktion begriffen werden:

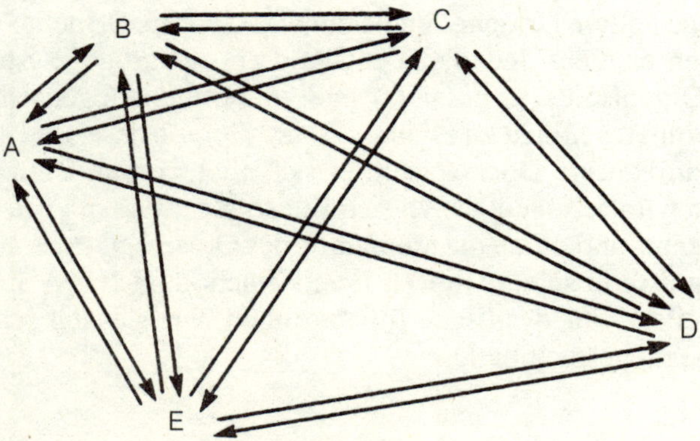

Abbildung 1

Jedes Element im Kosmos befindet sich in Interaktion mit jedem anderen Element. Die Elemente und Systeme des Kosmos interagieren nach wie vor, ob wir nun von der Energiestrahlung im elektromagnetischen Spektrum oder der Schwerkraftanziehung zwischen Körpern sprechen. In gewissem Sinne haben die Astrologen recht. Der Planet Saturn hat einen Einfluß auf mich; er übt eine kleine Schwerkraftanziehung aus. Ich meinerseits übe einen geringen Zug nicht nur auf den Planeten Saturn aus, sondern auch auf die gesamte Galaxie M31 in Andromeda. Wenn ich einen einzigen Schritt tue, beeinflusse ich die Drehung der Erde.

II

Vor etwa dreieinhalb Milliarden Jahren fing auf diesem Planeten das organische Leben an, vielleicht auf anderen Planeten früher, vielleicht gar nicht. Eine Blitzentladung könnte die Bildung organischer Moleküle in der Ursuppe verursacht haben, Moleküle, die sich früher oder später irgendwie replizierten, wenn auch nur schwer vorstellbar ist, wie diese Ereignisse zufällig stattgefunden haben könnten. Vielleicht gab es eine andere Ursache. Vielleicht war Gott die Ursache. Wir wissen es nicht. Jedenfalls entstand ein neuartiges System, der Organismus. Er besaß die außerordentliche Eigenschaft, sein inneres Milieu zu erhalten, seine Homöostase, und sich fortzupflanzen. Doch so sehr er sich auch von anderen Systemen unterschied, ließen sich Ereignisse innerhalb des Organismus und durch die Membrane des Organismus wie auch Ereignisse in seiner Umwelt immer noch im gleichen Sinne begreifen – als dyadische Interaktionen, wie sie sich schon vorher abgespielt hatten:

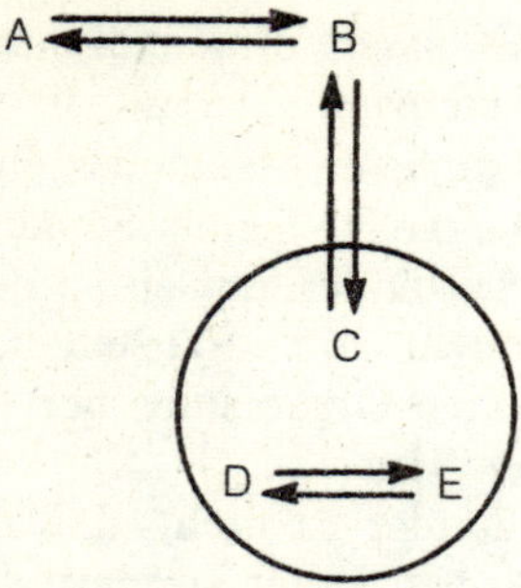

Abbildung 2

Die Interaktionen der Organismen miteinander, ob sexueller, kämpferischer oder räuberischer Art, konnten ähnlich begriffen werden:

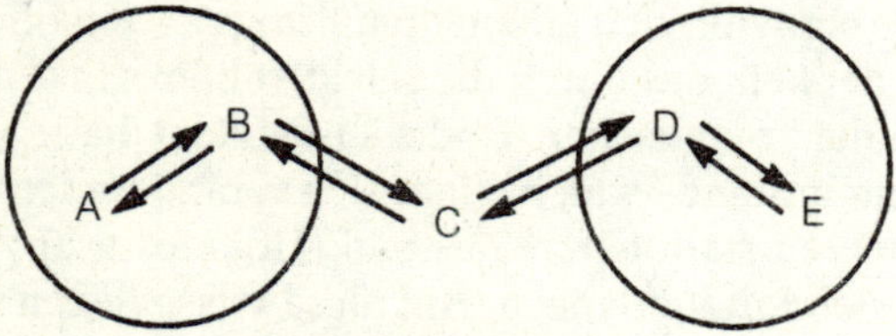

Abbildung 3

Es ist gut und schön, von den Wundern des Kosmos als Zeugnis für die Herrlichkeit Gottes zu sprechen, und man könnte damit sogar recht haben, aber in modernen technisierten Gesellschaften wird er, der Kosmos, kaum in diesem Sinne wahrgenommen. Für die meisten Naturwissenschaftler, das darf man wohl mit Fug und Recht behaupten, lassen sich diese Wunder einschließlich des Verhaltens von Organismen als Interaktion von Elementen erklären. Das Wunder besteht für den Naturwissenschaftler nicht darin, daß Gott die Welt erschaffen hat, sondern daß die Werke Gottes sich als ein Mechanismus verstehen lassen, ohne daß man noch einen Gedanken an Gott verschwenden muß. Ist es nicht wirklich wunderbarer, die komplexen Mechanismen (Dyaden) zu verstehen, durch welche die DNS einer Samenzelle sich mit der DNS einer Eizelle verbindet und einen neuen Organismus bildet, anstatt sich einen Gott vorzustellen, der mit dem Finger schnippt und einen Organismus hervorzaubert wie ein Kaninchen aus einem Hut?

Das wirkliche Wunder ist nicht, daß man den Kosmos heute als wunderbar betrachtet, sondern daß man das nicht tut. Trotz seiner unvorstellbar riesigen Ausmaße wird er nicht als wunderbar betrachtet, sondern als etwas, das als ein dyadisches System erklärt werden kann.

III

Es wurde sinnvoll, sich einen Organismus als ein offenes System zu denken, das durch die selektiven Prozesse der Evolution einen genetischen Code ausgebildet hatte und dadurch nun imstande war, in einer sich verändernden Umwelt einen inneren stationären Zustand (Homöostase) zu erhalten und sich fortzupflanzen. Auf diese Weise ließen sich alle Elemente und Ereignisse im Kosmos einschließlich anderer Organismen als die Umwelt des Organismus denken. Der Organismus »reagierte« auf diejenigen Segmente seiner Umwelt, auf die zu reagieren er durch die Evolution genetisch kodiert worden war (»festverdrahtete« Reaktion): essen, kämpfen, manchen aus dem Weg gehen, sich anderen nähern und sich mit ihnen paaren. Diejenigen Segmente der Umwelt, die ohne biologische Bedeutung waren, wurden ignoriert:

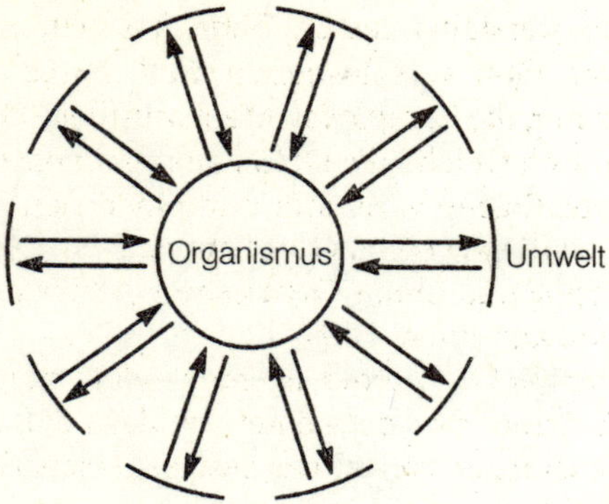

Abbildung 4

In der Umwelt eines Organismus gibt es viele Lücken. Das heißt, obwohl es eine Interaktion zwischen der Masse des Organismus und der Masse von Jupiter geben mag, reagiert der Organismus nicht in irgendeiner beobachtbaren Weise auf Jupiter. Dennoch reagiert der Organismus, etwa ein Wandervogel, nachweislich auf das Magnetfeld der Erde oder die Stellung der Sonne.

IV

Ein Organismus kann auch, entweder durch genetische Kodierung oder durch Lernen – das heißt, durch die Modifikation bestimmter Neuronen in seinem Zentralnervensystem –, auf Signale in seiner Umwelt mit einem auf andere Umweltsegmente gerichteten Verhalten reagieren. So wird eine Texanische Blattschneiderameise, die eine von ihr allein nicht transportierbare Futterquelle entdeckt, eine Spur von Pheromonen auf dem Boden hinterlassen, der andere Ameisen mehrere hundert Meter vom Bau weg folgen werden:

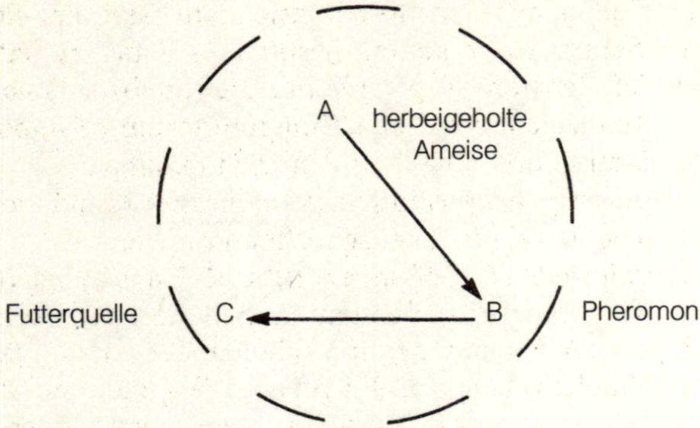

Abbildung 5

Die Texanische Blattschneiderameise ist genetisch darauf programmiert, so zu reagieren. Aber der Pawlowsche Hund – oder irgendein anderes Säugetier, das bestimmten Veränderungen in seiner Umwelt ausgesetzt ist – kann *lernen*, durch Modifikation von Zellen in seinem Zentralnervensystem in angemessener Weise auf ein Signal zu reagieren – mit Essen, Fliehen oder Kämpfen.

Ein Gorilla A unter natürlichen Bedingungen kann ungefähr ein Dutzend Stimmsignale ausstoßen, auf die andere Gorillas (B, C ...) in angemessener Weise reagieren – zum Beispiel ist ein bestimmtes Bellen das Signal für eine plötzliche Alarmsituation, etwa ein unerwartetes Zusammentreffen mit Büffeln, und löst bei anderen Gorillas Flucht aus.

Die Rumbaughs haben dem Schimpansenweibchen Lana durch ein Lernprogramm mit Belohnungen beigebracht, die unterschiedlich gekennzeichneten Tasten eines Computers zu drücken und so um Essen, Trinken, Musik usw. zu »bitten«.

Als nächstes brachten die Rumbaughs zwei Schimpansen bei, miteinander zu kommunizieren, zum Beispiel drückte der eine Schimpanse eine gekennzeichnete Taste, um einen anderen Schimpansen um ein bestimmtes Futter zu bitten, zu dem der Gebetene Zugang hatte. Die Rumbaughs nannten die Kennzeichen auf den Computertasten »Symbole« und die Transaktion zwischen den zwei Schimpansen »die erste gelungene Demonstration symbolischer Kommunikation zwischen zwei nichtmenschlichen Primaten«.

Daraufhin zeigte B. F. Skinner, daß zwei Haustauben (Columba livia domestica) spontan lernen konnten, solche »Symbole« zur Kommunikation miteinander zu benutzen. Die zwei Tauben, Jack und Jill genannt, konnten ein »Gespräch« führen. Jack war der beobachtende und Jill der ansagende Teil. Jack und Jill lernten als erstes, gekennzeichnete Tasten mit drei Farben zu verknüpfen. Jill bekam beigebracht, auf die Tastenfrage »Welche Farbe?« hin drei Farben zu »nennen«. Jack bekam beigebracht, die zu dem Namen passende Farbe auszuwählen. Wenn die Tauben es richtig machten, wurden sie mit Körnern belohnt. Dann lernte Jack, von Jill einen Farbnamen zu erfragen, indem er die Taste WELCHE FARBE? drückte. Daraufhin schaute Jill hinter einem Vorhang die Jack verborgene Farbe nach. Während Jack zusah, wählte Jill einen »symbolischen Namen« für die Farbe. Wenn Jill den richtigen genannt hatte, belohnte Jack sie damit, daß er die Taste DANKE drückte. Während Jill sich ihre Belohnung abholte, wählte Jack die richtige Farbe. Dann wurde Jack belohnt.

Ob Skinner nun darauf aus war, die Rumbaughs zu übertrumpfen und zu beweisen, daß Tauben so schlau sind wie Schimpansen, oder ob beide darauf aus waren zu beweisen, daß Tauben und Schimpansen so schlau sind wie Menschen, oder wenigstens, daß ihre Intelligenz nicht qualitativ verschieden ist, wir müssen jedenfalls das Geschick beider Forscherteams bei der Vermittlung von Kommunikationsfähigkeiten bewundern. Doch was man an diesen und ähnlichen Experimenten bemängelt hat, ist die Verwendung von Worten wie *Sprache, Symbole, Sätze* zur Beschreibung derartiger Kommunikation. Forscher wie Terrace und Sebeok haben gezeigt, daß die Bezeichnung solcher Kommunikation als Sprache im menschlichen Sinne, wofür sie zum Beispiel eine geregelte Syntax besitzen müßte, nicht standhält. Eine der Schwächen der Semiotik ist der allzu häufige Gebrauch von Worten wie *Sprache* und *Satz* in einem vagen analogischen Sinne.

Davon ganz abgesehen, was uns hier interessiert, ist, daß diese Kommunikationen der Skinner-Tauben und der Rumbaugh-Schimpansen sich mit Peirces bekanntem dyadischem Modell ausgezeichnet als eine Abfolge von Interaktionen oder Dyaden verstehen lassen (siehe Abbildung 6).

Diese Abfolge kann natürlich in kleinere Dyaden zerlegt werden, z. B. Interaktionen zwischen Jacks konditionierten Neuronen, elektrische Entladungen über die efferenten Nerven, die zu Jacks Pickmuskeln führen usw.

Einem afrikanischen Graupapageien namens Alex wurde an der Purdue University beigebracht, vierzig Gegenstände mit Namen zu nennen, fünf Farben zu erkennen und zwischen einem Quadrat, einem Dreieck und einem Fünfeck zu unter-

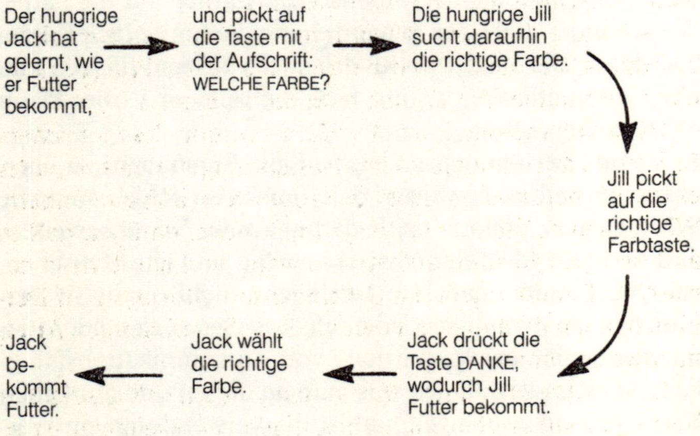

Abbildung 6

scheiden. Wenn er in seinen Käfig zurückwill, sagt er: »Wanna go back.«

Viele Leute, darunter auch einige Wissenschaftler, sprechen gern von der »Sprache« des Rumbaugh-Schimpansen, der Skinner-Tauben und des Purdue-Papageien, ganz zu schweigen vom Gesang des Buckelwals. Diese Kommunikationen haben jedoch wenig Ähnlichkeit mit der menschlichen Sprache, wenn überhaupt welche. Sie können als dyadische Ereignisse verstanden werden, die von anderen dyadischen Ereignissen im Kosmos nicht qualitativ verschieden sind, wenn auch viel komplexer. Die menschliche Sprache nicht.

V

In allerjüngster Zeit in der Geschichte des Kosmos – vielleicht vor noch nicht 100 000 Jahren, vielleicht mehr – fand, wenigstens auf der Erde, ein Ereignis statt, das in seiner Art anders war als alle vorausgegangenen Ereignisse im Kosmos. Es läßt sich nicht als eine dyadische Interaktion oder ein Komplex dyadischer Interaktionen begreifen.

Es ist u. a. bezeichnet worden als triadisches Verhalten, Thirdness, Deltafaktor, die menschliche Entdeckung des Zeichens (einschließlich Symbole, Sprache, Kunst).

Dieses Phänomen trat auf in der Evolution des Menschen. Es könnte auch anderswo im Kosmos aufgetreten sein, oder es könnte bei anderen Lebewesen auf Erden aufgetreten sein. Wir wissen es nicht. Aber man weiß nichts darüber, daß es anderswo im Kosmos aufgetreten wäre, und hat es trotz heroischer Bemühungen mit Schimpansen, Gorillas und Delphinen auch nicht bei anderen die Erde bewohnenden Arten nachweisen können.

Unsere Argumentation hier verlangt nicht, daß triadisches Verhalten allein dem Menschen eigen sei. Vielleicht ist es das nicht. Die Semiotik postuliert nur, daß dort, wo triadi-

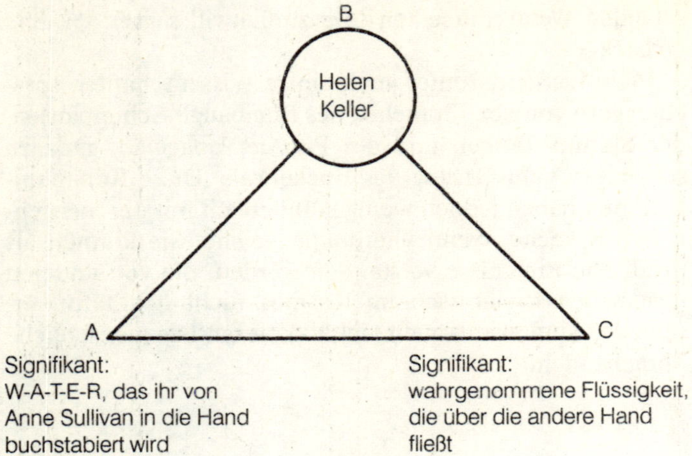

Abbildung 7: Die Relationen AB, BC, AC lassen sich nicht als dyadische Interaktionen erklären. Dies ist ein triadisches Ereignis.

sches Verhalten auftritt, bestimmte neue Eigenschaften und Beziehungen mit entstehen.

Triadisches Verhalten ist das Ereignis, in dem das Zeichen A vom Organismus B nicht als ein Signal, zu fliehen oder näher zu kommen, verstanden wird, sondern so, daß es ein anderes wahrgenommenes Segment der Umwelt »bedeutet« oder darauf verweist (siehe Abbildung 7).
Diese Triade ist irreduzibel. Das heißt, sie kann nicht als eine Abfolge von Dyaden verstanden werden wie etwa die Ereignisse, als Anne Sullivan Helen C-A-K-E in die Hand buchstabierte und Helen sich nach Kuchen umschaute – wie eine von Skinners Tauben.

Jedenfalls hat ein triadisches Ereignis stattgefunden, etwas, das es im Kosmos noch nie zuvor gegeben hat. *Es kann somit in einem gewissen Sinne gesagt werden, daß zwischen zwei Säugetieren, die in ihrem organischen Aufbau und genetischen Code außerordentlich ähnlich sind, von*

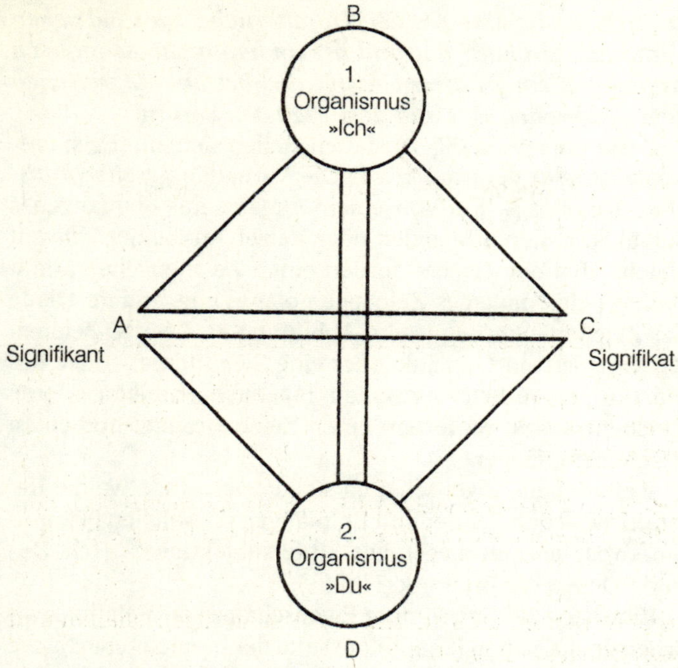

Abbildung 8: Die Relation AC – daß du einer Klasse von Gegenständen einen Namen gibst und so ein Zeichen bildest und ich eine solche Benennung verstehe oder mißverstehe – läßt sich nicht als eine dyadische Interaktion begreifen.

Die Relation BD – die Ich-Du-Intersubjektivität eines Austauschs von Zeichen – läßt sich nicht als eine dyadische Interaktion begreifen.

Dies sind zwei verbundene triadische Ereignisse, die in jedem Austausch von Zeichen stets ablaufen, ob im Reden, der Betrachtung eines Gemäldes, dem Lesen eines Romans oder dem Musikhören.

Dadurch können triadische Ereignisse so merkwürdige Eigenschaften haben wie Verstehen, Mißverstehen, Wahrhaftigkeit, Lüge.

denen aber die eine Art den Durchbruch zum triadischen Verhalten geschafft hat und die andere nicht, semiotisch gesprochen ein größerer Unterschied besteht als zwischen dem dyadischen Tier und dem Planeten Saturn.

Bestimmte neue Eigenschaften stellen sich ein. Beispielsweise ist alles derartige triadische Verhalten *gesellschaftlichen* Ursprungs. Ein von einem Organismus empfangenes Signal ist anderen Signalen oder Reizen aus seiner Umwelt gleich. Aber ein Zeichen fordert einen Zeichengeber. Somit fordert jede Triade des Zeichenempfangs eine andere Triade der Zeichenäußerung (siehe Abbildung 8). Ob das Zeichen ein Wort ist, ein Gemälde oder eine Symphonie – oder Robinson Crusoe beim einsamen Tagebuchschreiben –, eine Zeichentransaktion fordert einen Zeichensender und einen Zeichenempfänger.

Weitere neue Eigenschaften stellen sich ein, etwa die Relation zwischen Sender und Empfänger, die solchen bekannten Variablen unterliegen wie »Intersubjektivität« (Ich–Du) und »Depersonalisation« (Ich–Es).

Eine besonders mysteriöse Eigenschaft ist die Relation zwischen dem Zeichen (Signifikant) und der bezeichneten Sache (Signifikat). Sie wird ausgedrückt durch die heikle Kopula »ist«, etwa wenn Helen sagt, die wahrgenommene Flüssigkeit »ist« Wasser (das Wort). Sie »ist« es und doch auch wieder nicht. Hierin liegt sicherlich die Wurzel aller Probleme, von denen Stuart Chase sprach, als er sagte, seine Katze habe mit so einer Beziehung nichts zu schaffen und sei daher schlauer oder zumindest geistig gesünder als Menschen.

Eine weitere einzigartige Eigenschaft des Zeichenbenutzers (und hier von besonderer Bedeutung) ist, daß er, sobald er die triadische Schwelle überschreitet, nicht nur weiterhin in einer Umwelt existiert, sondern zudem eine *Welt* hat.

Die *Welt* des Zeichenbenutzers ist nicht identisch mit seiner Umwelt oder dem Kosmos.

VI

Die erste paradiesische Welt des Zeichenbenutzers:

Anne Sullivan (über Helen Keller): »Als das kalte Wasser hervorschoß und den Becher füllte, buchstabierte ich ihr *w-a-t-e-r* in die freie Hand. Das Wort, das so unmittelbar auf die Empfindung des kalten über ihre Hand strömenden Wassers folgte, schien sie stutzig zu machen. Sie ließ den Becher fallen und stand wie angewurzelt da. Ein ganz neuer Lichtschein verklärte ihre Züge. Sie buchstabierte das Wort *water* zu verschiedenen Malen. Dann kauerte sie nieder, berührte die Erde und fragte nach deren Namen, ebenso deutete sie auf die Pumpe und das Gitter. Dann wandte sie sich plötzlich um und fragte nach meinem Namen. Ich buchstabierte ihr ›*teacher*‹ in die Hand. In diesem Augenblick brachte die Amme Helens kleine Schwester an die Pumpe; Helen buchstabierte ›*baby*‹ und deutete auf die Amme. Auf dem ganzen Rückweg war sie im höchsten Grade aufgeregt und erkundigte sich nach dem Namen jedes Gegenstandes, den sie berührte, so daß sie im Laufe weniger Stunden dreißig neue Wörter ihrem Wortschatz einverleibt hatte.«[8]

Roger Brown und Ursula Bellugi (in »Drei Prozesse beim Erwerb der Syntax durch das Kind«): »Irgendwann während der zweiten sechs Lebensmonate sprechen die meisten Kinder ihr erstes verständliches Wort. Ein paar Monate später sprechen die meisten Kinder viele Wörter, und einige Kinder laufen den ganzen Tag durchs Haus und benennen Gegenstände (*table*/Tisch, *doggie*/Hündchen, *ball*/Ball etc.) und Tätigkeiten (*play*/spielen, *see*/sehen, *drop*/fallen lassen etc.).«[9]

Philip E. L. Smith: »Diese neuen Menschen hatten von ihren primitiveren Vorfahren ein großes, leistungsfähiges Gehirn ererbt und eine brauchbare Technologie übernommen, so daß ihnen ein sehr viel größerer Sprung nach vorne gelang als allen ihren Vorläufern in einem vergleichbaren

Zeitraum. Auf den Gebieten der Ästhetik, der Kommunikation und der Symbolik, der Technologie, der Anpassungsfähigkeit und vielleicht auch der sozialen Organisation, die hier neue Formen annahm, und des differenzierteren Verständnisses der Mitmenschen vollzog sich zur Zeit dieser ersten modernen Menschen ein Wandel, der weltweite Auswirkungen haben sollte.«[10]

Der Signale benutzende Organismus hat eine Umwelt.

Der Zeichenbenutzer hat eine Umwelt, aber er hat auch eine *Welt*.

Die Umwelt eines Organismus besteht aus den Elementen des Kosmos, die den Organismus merklich beeinflussen (Saturn nicht) und auf die zu reagieren der Organismus entweder genetisch kodiert ist oder auf die er zu reagieren gelernt hat. Es gibt viele Lücken in einer Umwelt, das heißt, es gibt Elemente, die ohne merkliche Auswirkungen sind. Eine Honigbiene nimmt den Bienentanz einer anderen Biene zur Kenntnis, die damit Richtung und Entfernung einer Nektarquelle mitteilt, nicht aber einen Waldhuhntanz.

Der Zeichenbenutzer hat eine Welt.

Die Welt wird von der Sprache segmentiert und benannt. Alle wahrgenommenen Gegenstände und Tätigkeiten und Eigenschaften werden benannt. Selbst die Lücken werden benannt – mit dem Wort *Lücken.* Ein afrikanischer Buschmann hat Hunderte von Namen für Pflanzen, die entweder schädlich oder heilkräftig sind. Aber er hat auch das Wort *Busch* zur Benennung aller anderen Pflanzen. Der Kosmos wird nolens volens erklärt, richtig oder falsch, mythisch oder wissenschaftlich, seine Vergangenheit, Gegenwart und Zukunft. Alle Menschen in allen Kulturen wissen, was unter der Erde ist, was über der Erde ist und woraus der Kosmos entstand.

Das Zeichen *Kanada* gehört zur Welt der meisten Zeichenbenutzer. Je nachdem, was sich einem gerade zur Bezeichnung damit anbietet, kann es entweder ein Land und ein Volk bedeuten, die man kennt, oder einen von Längen- und Breitengraden zerschnittenen großen rosa Fleck auf einer Landkarte.

Wenn es im Herzen Afrikas ein unbekanntes Territorium gibt, so wird es auf Landkarten als solches ausgewiesen und ist Zeichenbenutzern dann als »unbekanntes Territorium« bekannt.

Eine Katze hat keine Mythen und benennt keine wirklichen oder eingebildeten Wesen. Sie reagiert auf den Kosmos genau so, wie sie das gelernt oder einprogrammiert bekommen hat.

Im Falle des Zeichenbenutzers wird eine Welt über den Kosmos gestülpt – auf den er im übrigen immer noch reagiert wie jeder andere Organismus.

Beispielsweise reagiert er immer noch auf Signale, auf Wärme, Licht, Hunger, plötzliche laute Geräusche, vielleicht auch auf weibliche Pheromone, vielleicht sogar auf das Magnetfeld der Erde und die Schwerkraftanziehung des Mondes. Aber es gibt andere Segmente des Kosmos, auf die er nicht reagiert, obwohl die Astrologen es behaupten.

Die Umwelt hat Lücken. Aber die Welt des Zeichenbenutzers ist eine Totalität. Der Kosmos wird vollständig in Zeichen umgemünzt, seien die Zeichen nun der Mythos von Tiamat oder die Newtonsche Kosmologie, oder durch das Siegel so populärer Signifikanten wie »die Tiefen des Raums«, »da draußen«, »die Gestirne«, »der Himmel«, »die Sterne« usw. vorgeprägt.

Nicht alle Bestandstücke einer Umwelt sind Teil einer Welt. Ein schädliches Element – eine Zunahme der ultravioletten Strahlung etwa – ist ein wichtiger Umweltfaktor und kann Hautkrebs verursachen. Aber es ist dem Patienten unbekannt und nicht Teil seiner Welt. Die Zeichen *Einhorn* und *Butzemann* jedoch können ganz entschieden Teil einer individuellen Welt sein, obwohl ihnen im Kosmos nichts Bekanntes entspricht.

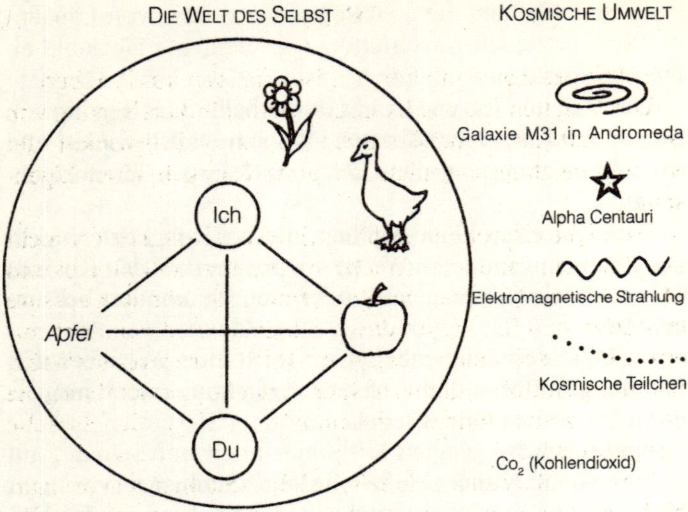

Abbildung 9: *Die seltsame Welt des triadischen Wesens.* Man beachte ein paar Merkwürdigkeiten an der Welt des Selbst. Zum einen ist sie nicht identisch mit der kosmischen Umwelt. Der Planet Venus kann als Abend- oder Morgenstern in der Welt des Selbst ein Zeichen sein, aber die Galaxie M31 kommt darin vielleicht gar nicht vor. Eine weitere Merkwürdigkeit ist, daß die Welt des Selbst Dinge enthält, denen im Kosmos nichts entspricht, etwa Zentauren, Big Foot, Entspannung, der Erste Weltkrieg (der Vergangenheit ist), der Dritte Weltkrieg (der vielleicht nicht stattfindet). Noch eine Merkwürdigkeit ist, daß das von dir ausgesprochene Wort *Apfel* ein Teil meiner Welt, aber kein einmaliges Ding ist wie ein einzelner Apfel. Es ist in der Tat nur insofern verständlich, als es einer Regel für das *Apfel*-Sagen gehorcht. Aber das Allermerkwürdigste ist dein Status in meiner Welt. Du – Betty, Dick – gleichst anderen Dingen in meiner Welt: Katzen, Hunden und Äpfeln. Aber du hast eine einzigartige Eigenschaft. Du bist auch ein Mitbenenner, Mitentdecker, Miterhalter meiner Welt – ob du nun Kafka bist, den ich lese, oder Betty, die dies liest. Ohne dich – Franz, Betty – hätte ich keine Welt.

VII

Die Welt des Zeichenbenutzers ist eine Welt aus Zeichen.

Das Zeichen ist, wie Saussure sagte, die Vereinigung von Signifikant (dem Lautbild eines Wortes) und Signifikat (der Vorstellung eines Gegenstands, einer Tätigkeit, einer Eigenschaft).

Wenn Sie einwenden wollten, Ihre Welt bestünde gar nicht aus Zeichen, sondern vielmehr aus Äpfeln und Bäumen und Menschen und Sternen und gehen und gelb, könnte Saussure erwidern, daß Sie keines dieser Dinge kennen, sondern nur eine Eingabe von Sinnesdaten, die Ihr Gehirn zu einer Wahrnehmung chiffriert, dann zu einer Vorstellung abstrahiert, die dann ihrerseits chiffriert und unter dem Siegel der Sprache »gewußt« wird.

Nehmen Sie das Zeichen *Apfel.* Es besteht aus dem Lautbild *Apfel* und einem allgemeinen Eindruck von Äpfeln Ihrer Erfahrung, der Eigenschaften umfaßt wie Rundheit, Röte, Glanz, Festigkeit, Apfelfleischknirschen beim Hineinbeißen und Apfelhautprallheit an den Zähnen, säuerlicher Geschmack usw.[11]

Die Welt, in der man lebt, wird so von einer fast unbegrenzten Anzahl von Zeichen segmentiert, die nicht nur Dinge und Eigenschaften und Tätigkeiten hier und jetzt bezeichnen, sondern auch wirkliche und eingebildete Gegenstände aus Vergangenheit und Zukunft. Wenn ich meine Welt katalogisieren wollte, könnte ich mit einer freien Assoziation anfangen, die monatelang weitergehen könnte: *Schreibtisch, Stift, Schreiben, Jucken, Saussure, Belgier, Minderheit, Krieg, Weltuntergang, Superman, Birmingham, Fliegen, General Grant, Olympische Spiele 1984, Lilliput, Mozart, Don Juan, The Grateful Dead, Lavieren, sag bloß, so wär's nicht, Träumen ...*

Einer schriftlich festgehaltenen Welt aus Zeichen am nächsten käme die Welt von H. C. Earwicker in Joyces *Finnegans Wake.*

VIII

In einem Zeichen durchdringen sich Signifikant und Signifikat dergestalt, daß der Signifikant durch das Signifikat gewissermaßen verwandelt wird.

Saussure leistete eine formale Analyse des Doppelcharakters des Zeichens. Werner, Kaplan und anderen Autoren blieb es überlassen, den dynamischen Prozeß zu beschreiben, in dem Signifikant und Signifikat sich durchdringen und der erstere verwandelt wird.

Wenn Sie nicht glauben, daß das Wort *Apfel* durch die Wahrnehmung *Apfel* verwandelt worden ist, machen Sie folgendes Experiment: Sagen Sie sich das Wort *Apfel* fünfzigmal laut vor. Irgendwann wird es dabei plötzlich seine magische Verwandlung ins Apfelhafte einbüßen und wie Aschenputtel zu Mitternacht die graue kleine Vokabel werden, die es in Wirklichkeit ist.

Sodann wird die gegenseitige Durchdringung von Signifikant und Signifikat durch falsche Onomatopoetika belegt.

Worte wie *bumm, paff, tick-tack* nennt man onomatopoetisch. Aber was ist mit folgenden Worten: *spritzen, schlitzen, spröde, schmiegsam, blau, gelb, hoch, tief, Rassel?* Viele würden sagen, es bestehe eine Ähnlichkeit zwischen diesen Worten und den Dingen, die sie bezeichnen. *Blau* hört sich mehr wie blau an als *gelb. Spröde* klingt spröder als *schmiegsam.* Aber es gibt keine solche Ähnlichkeit. Oder vielmehr, was an Ähnlichkeit besteht, ist viel entfernter und problematischer, als es scheint. Die Ähnlichkeit stellt sich ein, weil Signifikant und Signifikat sich im Gebrauch durch den Zeichenbenutzer durchdrungen haben.

Schleimig hört sich für einen Franzosen nicht schleimig an.

IX

Zeichen machen einen Entwicklungsprozeß durch oder vielmehr einen Degenerationsprozeß.

Zunächst dient der Signifikant als Mittel der Entdeckung, durch welches das Signifikat erkannt wird, zum Beispiel, wenn Helen Keller durch *Wasser* Wasser entdeckt oder ein zweijähriges Kind den Namen eines neuen Gegenstands lernt. Peirces Beispiel:

JUNGE: Was ist das?
VATER: Das ist ein Ballon.

Man beachte, daß ein Kind, wenn es einen neuen Namen hört, diesen wiederholt; seine Lippen bewegen sich lautlos, während es nachdenklich die Stirn runzelt und überlegt, *wie* dieses runde aufgeblasene Ding wohl in diese eigentümliche Äußerung, *Ballon,* gepackt werden könne.

Als nächstes wird der Signifikant durch das Signifikat verwandelt: Der Signifikant *Ballon* nimmt den Inhalt der Aufgeblasenheit an, des bunten, davonfliegen wollenden Signifikats aus gespanntem, bei Fingerdruck quietschendem Gummi.

Sodann kommt es zu einer Verhärtung und Abschließung des Signifikanten, so daß am Ende das Signifikat in einem Simulakrum eingeschlossen ist wie eine Mumie in einem Mumienkasten.

ERSTER VOGELBEOBACHTER: Was ist das?
ZWEITER VOGELBEOBACHTER: Das ist nur ein Spatz.

Eine Abwertung hat stattgefunden. Der Vogel selbst ist im Sarg seines Zeichens verschwunden. Das einzigartige Lebewesen wird seiner Zeichenklasse zugewiesen, eine zweitklassige Mumie in der Kellerkollektion von Mumienkästen.

Doch eine Wiedergewinnung ist möglich. Das Signifikat kann dem verknöcherten Signifikanten wieder abgewonnen werden, der Spatz dem *Spatz.*

Ein Spatz kann unter Katastrophenbedingungen wiedergewonnen werden.

Der deutsche Soldat in *Im Westen nichts Neues* konnte in den Schützengräben an der Somme einen gewöhnlichen Schmetterling als ein Wesen von unendlicher Schönheit und Bedeutung sehen.

Ein Dichter kann den Signifikanten aus dem Zusammenhang reißen und ihn in seiner ganzen Wunderlichkeit und Pracht vor uns hinstellen.[12]

Cézanne gewann dem abgedroschenen Zeichen *Äpfel* wieder Äpfel ab.

Wissenschaftler gewinnen dem profanen abgeschlossenen Simulakrum des Weltzeichens das unerschöpfliche Geheimnis des Signifikats wieder ab.

Man sieht eine Reihe von Ameisen den Bürgersteig überqueren und sieht sie als – Ameisen, *die den Bürgersteig überqueren.* Fabre sah Ameisen den Bürgersteig überqueren, blieb stehen und fragte sich, woher sie kamen, wohin sie gingen, wie sie wußten, wie sie dorthin gelangten, und warum. Dann entdeckte er, wie von Frisch mit seinen Bienen, daß das Geheimnis der Ameisen unendlich ist.

X

Bewußtsein: bewußt heißt lateinisch *con-scius,* von conscire, mitwissen.

Bewußtsein ist der Akt, auf ein Ding unter dem Siegel seines Zeichens aufmerksam zu werden, ein Akt, der gesellschaftlichen Ursprungs ist. Was Descartes nicht wußte: Ein isoliertes Individuum, wie er es beschrieb, kann nicht bewußt, mit-wissend sein.

Es ist kein etymologischer Zufall, daß das Präfix *con-* im Lateinischen zu dem Wort gehört, da das Bewußtsein seinen Ursprung darin hat, daß ein Zeichenbenutzer von einem Zeichengeber in die Welt der Zeichen eingeführt wird.

Es ist auch kein Zufall, daß *bewußt* und *Bewußtsein* sich im allgemeinen auf etwas beziehen. Etwas ist einem bewußt, eine Sache, ein Umstand.

Es trifft auch zu, daß einem stets etwas *als* etwas bewußt ist – als sein Zeichen.

Wenn einem Jäger ein Tier im Gelände bewußt ist, gehört es zum Bewußtseinsakt, daß er es *einordnet* – als Kaninchen, Fuchs, Hirsch. Der Bezeichnungsprozeß wirkt dahin, Segmente des Kosmos unter dem Siegel eines Zeichens zusammenzusetzen, oft fälschlich. Es ist häufig möglich, ein bestimmtes Spiel von Licht und Schatten als ein Kaninchen mit Ohren und allem zu *sehen*. Beim Näherkommen kann der Jäger überrascht sagen: »Ich dachte, es wäre ein Kaninchen.«

Rotwildjäger, die immer öfter ihresgleichen abschießen statt den Hirsch, erklären jedesmal: »Aber ich habe einen Hirsch *gesehen!*«

XI

Falls der Zeichenbenutzer dank seiner Entdeckung und Bildung der Welt durch Zeichen zum erstenmal in einen paradiesischen Zustand eintritt, so wie Helen Keller oder jedes normale zweijährige Kind, und falls der urmenschliche Zeichengebrauch ein freudiges Mitfeiern der Welt durch eine Äußerung ist, in der die althergebrachte Umwelt des Kosmos verwandelt und gemeinsam durch das magische Prisma des Zeichens geschaut wird, dann beherbergt, semiotisch gesprochen, dieser Garten Eden auch seine eigene semiotische Schlange im Gras.

Die verhängnisvolle Schwachstelle der menschlichen Semiotik ist: daß unter allen Gebilden im gesamten Kosmos, die der Zeichenbenutzer durch die Verbindung von Signifikant und Signifikat (gesprochenem Wort und wahrgenommenem Ding) erfassen kann, es eines gibt, das sich seinem Begreifen immer entzieht – und das ist der Zeichenbenutzer selbst.

Semiotisch gesehen, ist das Selbst für sich selbst buchstäblich unsagbar. Man kann kein Wort sagen oder hören, das einen selbst bezeichnet, so wie man ein Wort sagen oder hören kann, das irgend etwas anderes bezeichnet, z. B. *Apfel, Kanada, 7-Up.*

Das Selbst des Zeichenbenutzers kann niemals erfaßt werden, denn sobald das Selbst sich im toten Punkt seiner Welt ansiedelt, ist kein Signifikat da, mit dem ein Signifikant zu einem Zeichen verbunden werden könnte. Das Selbst hat kein Zeichen für sich selbst. Kein Signifikant trifft zu. Alle Signifikanten treffen gleichermaßen zu.

Du bist für mich *Ralph,* und ich bin für dich *Walker,* aber für dich bist du nicht *Ralph,* und ich bin für mich nicht *Walker.* (Haben Sie sich je gefragt, wieso die Ralphs, die Sie kennen, so aussehen, als müßten sie Ralph heißen und nicht Robert?)

In meinen Augen passen bestimmte Signifikanten zu dir und andere nicht. In meinen Augen passen alle Signifikanten zu mir, einer so gut wie der andere. Ich bin ein Schurke, ein Held, feige, tapfer, verräterisch, treu, zugleich der heimliche Retter und das Arschloch des Kosmos.

Sie sind in Ihrer Welt kein Zeichen. Anders als die sonstigen Signifikanten in Ihrer Welt, die mit den von ihnen bezeichneten wahrgenommenen Weltdingen mehr oder weniger feste Einheiten bilden, ist Ihr Signifikant freibeweglich auf einer gleitenden semiotischen Skala von $-\propto$ bis $\propto$.

Das Signifikat des Selbst ist semiotisch ungebunden und karamboliert im Kosmos herum wie eine steuerlose Rakete.

In dem Moment, als das bezeichnende Selbst sich nach innen wandte und sich selbst zu Bewußtsein kam, fingen die Schwierigkeiten an, und die Funken stoben hoch.

Niemand weiß, wie es dazu kommen konnte, es sei denn, er griffe auf die Weisheit (oder Torheit) von Religion und Mythos zurück.[13] Aber semiotisch gesprochen ist es möglich, die Folgen zu beschreiben.

Infolge des noch nie dagewesenen Erscheinens der Triade

im Kosmos trat zum erstenmal in fünfzehn Milliarden Jahren (soweit wir wissen) ein Wesen auf den Plan, das sich schämt und sich in abertausend Verkleidungen zu verstecken sucht.

Ein Semiotiker definierte den Gegenstand seines Forschens als den einzigen Organismus, der lügt.

Die Vertreibung aus dem Paradies ist, semiotisch gesprochen, die Verbannung des selbst-bewußten Selbst aus seiner eigenen Zeichenweit.

Das Bankett ist noch da, doch Banquo ist's, der Platz nimmt.

Das Selbst sieht, daß es nackt ist. Jedes Selbst schämt sich seiner selbst.

Die daran anschließende semiotische Geschichte des Selbst ließe sich schreiben als eine der fortgesetzten, ebenso heroischen wie absurden Versuche des bezeichnenden Wesens, seiner Nacktheit zu entrinnen und eine bleibende semiotische Gewandung für sich selbst zu finden – oft über die Identifikation mit anderen Wesen in seiner Welt.

Bei den Indianern in Alaska wird dieser Brauch Totemismus genannt. In der westlichen Welt heißt er Rollenübernahme.

Die Frage muß sich erheben: Worin besteht die Katastrophe des Selbst im Grunde? Ist die Katastrophe nicht mehr und nicht weniger als der Durchbruch selbst, das plötzliche Auftauchen des triadischen Organismus in einer dyadischen Welt? Und ist das Dilemma des Selbst der Preis des Nennens und Kennens? Oder ist die Katastrophe ein späteres Ereignis, ein schlechter Zug des Zeichenbenutzers in der Ausübung seiner Freiheit? Ist sie die Abwendung vom Mitfeiern der Welt hin zu einsamer Selbst-Beschäftigung?

Es lohnt sich, über die mögliche Beschaffenheit anderer Intelligenzen (ETIs) im Kosmos zu spekulieren, so es denn welche gibt.

Vermutlich haben auch sie den triadischen Durchbruch geschafft. Könnten sie nicht in die Zeichenwelt vorgestoßen sein, ohne daß sie der schrecklichen Strafe anheimfielen?

Könnten nicht übernatürliche Intelligenzen existieren, die nicht unbedingt das Schattendasein des Erdenselbst teilen?

Ein Großteil der gegenwärtigen Spekulationen über die Beschaffenheit von ETIs – welchen Stand der Technik habt ihr erreicht? usw. – ist fehlgerichtet. Die erste Frage, die ein Erdling einer ETI stellen sollte, ist nicht: Auf welchem Stand befindet sich eure Wissenschaft?, sondern vielmehr: Ist es euch auch passiert? Habt ihr ein Selbst? Wenn ja, wie geht ihr damit um? Hat es bei euch eine Katastrophe gegeben?

XII

Sobald das Selbst seiner selbst bewußt wird – das heißt, seiner einzigartigen Undarstellbarkeit in seiner Zeichenwelt –, von dem Moment an kann es dem Dilemma nicht mehr entrinnen, sich in der Welt einen Platz zuweisen zu müssen.

Ein Organismus existiert in seiner Umwelt in nur einem einzigen Modus, dem eines offenen Systems, das auf solche Segmente seiner Umwelt reagiert, auf die zu reagieren es genetisch programmiert ist oder auf die zu reagieren es gelernt hat.

Aber ein Selbst muß in einer Welt einen *Platz* bekommen. Es kann nicht *keinen* Platz haben. Wenn das Selbst sich durch Unterlassung dafür entscheidet, sich keinen Platz zuzuweisen, weist es sich damit den Platz der Unentschiedenheit über seinen Platz zu.

Einige traditionelle Modi, dem Selbst einen Platz zuzuweisen:

a) Der totemistische Modus. Das Selbst, hier als gestrichelter Kreis gezeichnet, weil es sich selbst problematisch ist, findet seine Identität in dem einen oder anderen der hervorstechenden Zeichen seiner Welt, vor allem in solchen mit den Eigenschaften, die das Selbst am meisten bewundert: in Tieren, Bäumen, Wolken, Donner, Himmel, Falken (Abbildung 10).

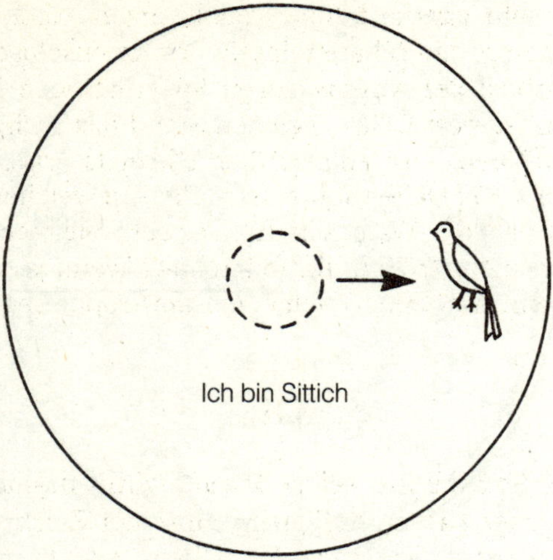

Abbildung 10

FRAGE: Was bist du?
ALEUTEN-INDIANER: Ich bin Bär.
FRAGE: Was sind Sie?
FILMSCHAUSPIELERIN: Ich bin Löwe.

b) Der östliche pantheistische Modus. Das Selbst wird mit Gott identifiziert, dem Gott, der überall in der Welt ist, auch im eigenen Selbst, aber hinter dem trügerischen Schein der Weltzeichen. Daher ist Gott in den wahren Tiefen des Selbst zu finden. Welt und Selbst sind beide problematisch. Das Selbst wird es selbst, indem es sich mit Gott identifiziert, der sich sowohl im eigenen Selbst als auch hinter der Maya der Welt findet (Abbildung 11).

Wer bist du?
Ich bin der Atman, mit anderen Worten, Gott in mir, aber auch das Brahman, der Gott des Kosmos.

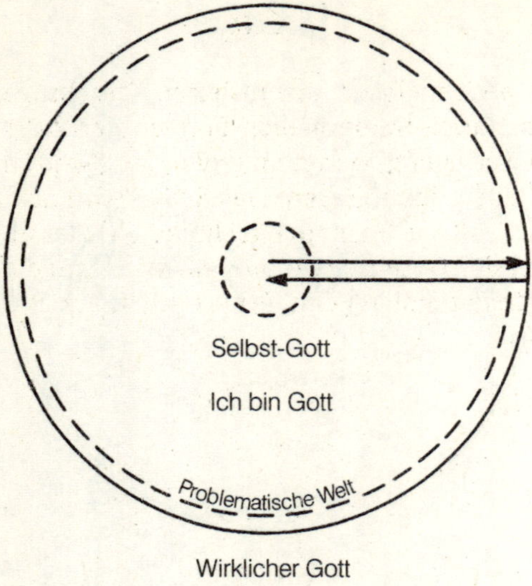

Abbildung 11

c) Der theistisch-historische Modus (Judentum, Christentum, Islam). Das Selbst wird es selbst, indem es Gott als Geist erkennt, den Schöpfer des Kosmos und damit auch des Selbst als eines Geschöpfes, eines verwundeten Geschöpfes, aber dennoch eines Geschöpfes, das mit einer Gemeinschaft gleicher Geschöpfe den Glauben gemeinsam hat, daß Gott, der den gesamten Kosmos transzendiert, tatsächlich in die menschliche Geschichte eingetreten ist oder das tun wird, um den Menschen von der Katastrophe zu erlösen, die sein Selbst befallen hat (Abbildung 12).

XIII

In einer postreligiösen technisierten Gesellschaft stehen dem Selbst diese traditionellen Formen der Zuflucht nicht mehr zur Verfügung, womit im großen und ganzen nur zwei Möglichkeiten übrigbleiben: Das Selbst wird als immanent begriffen, als Konsument der Techniken, Güter und Dienstleistungen der Gesellschaft; oder als transzendent, als Mitglied der transzendierenden Gemeinschaft von Wissenschaft und Kunst.

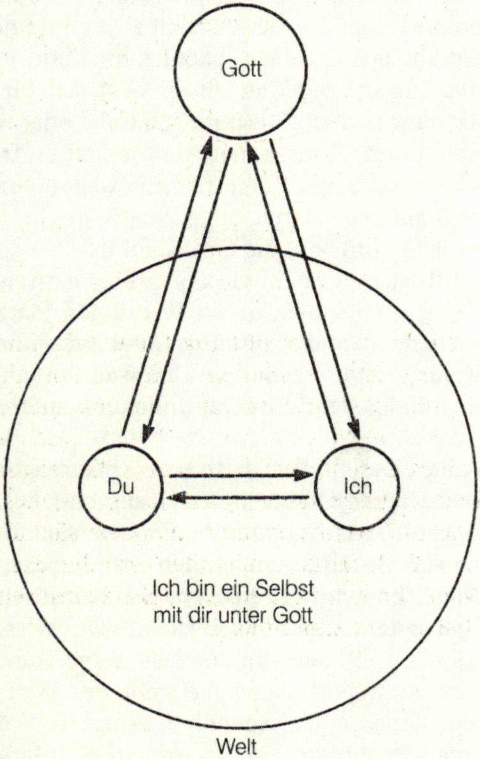

Abbildung 12

a) Das immanente Selbst. Das Selbst betrachtet sich als ein in der Welt wohnendes Wesen und begreift infolge der gewaltigen Überzeugungskraft von Wissenschaft und Technik seine Existenz häufig anhand des Modells »Organismus in Umwelt«.

Eine solche Immanenz ist ein Kontinuum. Am einen Ende: der fügsame Rollenspieler und Konsument und Verrichter einer sinnlosen Arbeit, das anonyme Man in einer Massengesellschaft, sei es ein Klatschmaul[14] oder ein biertrinkender Fernsehglotzer wie Ekel Alfred.

Am andern Ende: das »autonome Selbst«, das sich mit allen Betriebsamkeiten der Gesellschaft auskennt und sie sich je nach Geschmack zu eigen macht, ob es nun »das neue Elternverhalten« übt, sein Bewußtsein hebt, sich für Verbraucherschutz stark macht, sich politisch links oder rechts engagiert, Wale rettet, Transzendentale Meditation treibt oder Transaktionsanalyse, die Bürgerrechtsbewegung unterstützt oder New Right, volkstanzt oder kreativ kocht, raus aufs Land zieht oder zurück in die Großstadt usw.

Das Selbst ist sich nach wie vor problematisch, aber es wird mit seinem Dilemma, in der Welt einen Platz einnehmen zu müssen, entweder durch passives Konsumententum fertig oder durch eine »besondere« Transaktion mit der Welt und durch inhaltgebende Interaktionen mit anderen Selbsten.

b) Das transzendente Selbst. In einem postreligiösen Zeitalter bleibt dem Selbst keine andere Transzendenz als die eigene, das heißt, das Transzendieren der Welt durch das Selbst. Die zur Verfügung stehenden Transzendenzmodi in einer solchen Zeit sind Wissenschaft und Kunst.

ba) Transzendenz durch Wissenschaft. Der Wissenschaftler ist der Fürst und Souverän der Zeit. Seine Transzendenz der Welt ist echt. Will sagen, er steht der Welt in einer Haltung der Objektivität gegenüber, einer Welt, die er als eine Aneinanderreihung von Exemplaren, Interaktionen, Energieaustauschprozessen und sekundären Ursachen

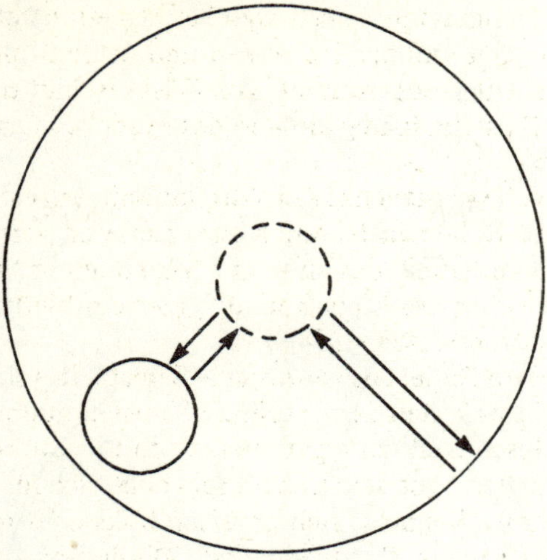

Abbildung 13: *Das immanente Selbst fühlt sich etwas problematisch und setzt daher alles auf Interaktionen mit anderen Selbsten und mit der Welt.*
Interaktionen mit anderen Selbsten: mehr oder weniger erfolgreich, d. h. am einen Pol ausbeuterisch, manipulativ usw., am anderen Pol fürsorglich, kreativ, phantasievoll, wagemutig usw.
Interaktionen mit der Welt: mehr oder weniger erfolgreich, d. h. am einen Pol passiver Konsum von Fernsehen, Essen, Drogen usw., am anderen Pol der »besondere« Konsum von Do-it-yourself-Hobbys, aktiv betriebenem Sport, Gourmetkochkunst, Rucksackreisen nach Katmandu usw.

betrachtet, mit einem Wort: von dyadischen Ereignissen (siehe Abbildung 14).

Das problematische Selbst entdeckt wie der junge Einstein, der die Trostlosigkeit des Alltagslebens nicht ausstehen konnte, die Wissenschaft und transzendiert die Welt. Es geht in Orbit und tritt einer erlesenen, wenn auch noch so kleinen Gemeinschaft anderer Wissenschaftler bei, zu denen es Sätze über die Welt sagen kann.

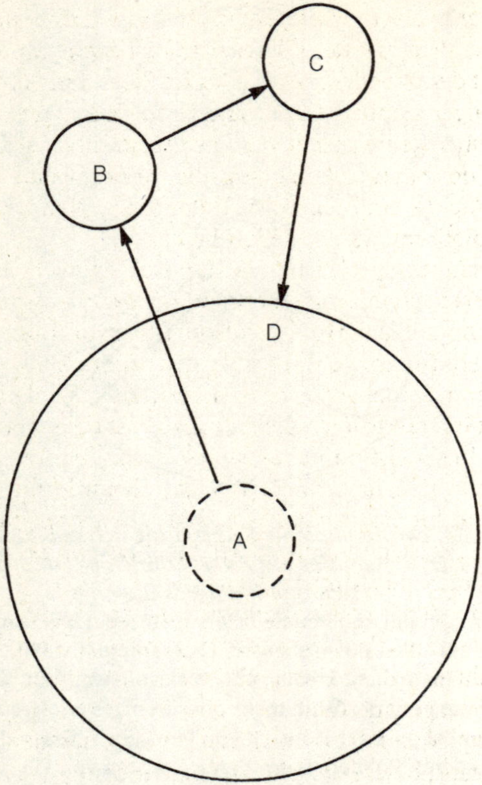

Abbildung 14: *Wie das problematische Selbst durch die Wissenschaft seinem Dilemma entrinnen kann.*

AB = Da es sich in einer enttäuschenden Welt und in allen möglichen schwierigen Beziehungen stecken sieht, flieht das problematische Selbst durch den Anschluß an die wissenschaftliche Gemeinschaft, entweder indem es ein Wissenschaftler wird oder indem es die Wissenschaft versteht.

BC = Die transzendierende Gemeinschaft der Wissenschaftler.

CD = Aus dem Blickwinkel von BC kann die Welt jetzt von A triumphierend als ein dyadisches System gesehen werden.

Wenn er auch transzendent ist und »im Orbit« um die gewöhnliche Welt, hat der Wissenschaftler doch minimale Probleme mit dem Wiedereintritt. Das heißt, er kann einen mehr oder weniger stabilen Orbit halten, so daß er im normalen Verkehr im allgemeinen höchstens »zerstreut« erscheint, wie Einstein, der zwanzig Jahre lang über seine allgemeine Theorie nachdachte, und von Frisch, der vierzig Jahre lang über Bienenkommunikation nachgrübelte.

Wiedereintrittsprobleme machen sich bei weniger begnadeten Wissenschaftlern bemerkbar. Die geschiedene Frau eines Astronomen am Mount-Wilson-Observatorium beschuldigte ihren Mann der »engelhaften Bestialität«. Er ging dermaßen in seiner Arbeit auf, der Suche nach dem Quasar mit der stärksten Rotverschiebung, daß er beim Nachhausekommen in sein gemütliches Reihenhaus seinen Spaß daran zu haben schien, wie ein Gott vom Olymp in die Welt der Sterblichen hinabzusteigen, herzhaft aß, seine Frau häufig beschlief, Fernsehen guckte, Mickey Spillane las und kein Wort zu Frau oder Kindern sagte.

Doch in den Gipfelzeiten wissenschaftlicher Transzendenz wird er, der Wissenschaftler, zum weltlichen Heiligen des Zeitalters: von Einstein wird immer noch wie von einem gütigen Gott gesprochen.

Mit dem Nachlassen der Transzendenz nehmen die Wiedereintrittsprobleme zu. Ein Anzeichen dafür, das Laien immer wieder in Erstaunen setzt, sind der Konkurrenzneid und die Skrupellosigkeit von Wissenschaftlern. Ihr Bestreben, Glauben geschenkt zu bekommen, scheint oft eher Gebrauchtwagenhändlern anzustehen als Mitgliedern einer transzendierenden Gemeinschaft.

Andere Beispiele für mißglückten Wiedereintritt: die allgemeine Einfältigkeit von Wissenschaftlern in politischen Dingen, ihre Naivität und Leichtgläubigkeit gegenüber Schwindlern. Der Zauberer Randi meint, daß Wissenschaftler leichter hinters Licht zu führen sind als Kinder – etwa durch Uri Geller.

Zu betrüblicheren Folgen kommt es, wenn der Eifer und die Erregung einer wissenschaftlichen Gemeinschaft gegen die Interessen der Weltgemeinschaft stehen, zum Beispiel, als die Wissenschaftler in Los Alamos sich dem Abwurf der Bombe über Hiroshima und Nagasaki nicht widersetzten. Wie Freeman Dyson es ausdrückte, die »Sünde« der Wissenschaftler von Los Alamos bestand nicht darin, daß sie die Bombe bauten, sondern darin, daß sie so viel Spaß daran hatten.

bb) Verflachte Transzendenzorbits. Der Laie kann in manchen Fällen an der transzendenten Gemeinschaft der Wissenschaft teilhaben, aber das hat oft seinen Preis.

Nehmen Sie ein bekanntes Beispiel, den Laienfreudianer, das heißt, den leidenschaftlichen Leser und Anhänger Freuds, der bis zu einem gewissen Grade die Erregung mit verspürt, die von Freuds Erkenntnissen ausgeht, aber dessen Erregung allzuoft nicht von einer mitvollzogenen Entdekkung herrührt, sondern von dem Gefühl der Zugehörigkeit zu einem auserlesenen Zirkel, von dessen hoher Warte aus man mit gewöhnlichen Sterblichen ein Besserwisserspiel treiben kann: »Was Sie sagen, ist nicht das, was Sie wirklich meinen. In Wirklichkeit, ob Sie es wissen oder nicht, meinen Sie nämlich –«

Die Verarmung dieser Laienwissenschaftler muß sowohl in einer Theorieinflation als auch in einer Abwertung der Welt, über die theoretisiert wird, festgemacht werden. Sie sind freudianischer als Freud, ohne seine Skrupel zu haben.

Und doch können sie, die sich der Gemeinschaft der Wissenschaftler zugehörig und der gewöhnlichen Welt ein Stück entrückt wähnen, besser dran sein als diejenigen, welche ein immanentes Leben als Nutznießer von Wissenschaft und Technik führen, aber von den Wissenschaftlern nur einen Schimmer haben, den Schimmer, daß es Wissenschaftler gibt und daß »die« sich mit jedem Bereich der Welt auskennen, das eigene Selbst eingeschlossen. »Die« kennen sich nicht nur mit dem Kosmos aus, sie kennen sich auch mit mir aus, mit meinem Ach und Weh, meinen Gehirnfunktionen, sogar meinen Neurosen. Ein bemerkenswerter Zug der Afterkenntnis wissenschaftlicher Transzendenz ist, daß man »denen« Allwissenheit zuschreibt. »Die« kennen sich aus.

Man verlangt von ihnen, daß sie sich auskennen. Ein Beispiel: eine Donahue Show neulich, in der Querschnittsgelähmte über ihre Probleme diskutierten. Ergebnis: Haut die Ärzte! »Die« könnten uns heilen, wenn sie wollten, sich die Zeit nähmen, richtig forschten. Die Kräfte, die man »denen«, den Wissenschaftlern zuschreibt – die Kräfte, die sie, die Wissenschaftler, niemals für sich in Anspruch genommen haben –, sind so magisch wie die der alten Götter.

Dennoch traut der Laie, verblüfft von den außerordentlichen Errungenschaften von Wissenschaft und Technik, der Wissenschaft viel zuviel zu. Wo der echte Wissenschaftler im allgemeinen über die Dürftigkeit der Erkenntnis auf seinem eigenen Gebiet staunt, neigt der Laie dazu, Allwissenheit als vermeintliche Eigenschaft wissenschaftlicher Transzendenz zu behaupten.

bc) Transzendenz durch Kunst. Ist der Wissenschaftler der Fürst des postreligiösen Zeitalters, Beherrscher und Souverän des Kosmos durch dessen Transzendenz, so ist der Künstler der leidende Diener des Zeitalters, der durch seine eigene Transzendenz und seine Benennung der Dilemmata des Selbst zum Retter und Erlöser nicht nur der anderen Künstler wird, sondern überhaupt aller anderen Leidenden. Wie der Wissenschaftler transzendiert er, indem er Zeichen gebraucht. Anders als der Wissenschaftler spricht er nicht bloß zu einer kleinen Gemeinschaft anderer Künstler, sondern zur Welt aller Menschen, die ihn verstehen.

Es ist kein Zufall, daß der Künstler (Dichter, Romancier, Maler, Dramatiker) in den letzten hundert Jahren etwa zum Anzeiger eines Dissenses von der modernen These, das Los des Menschen werde sich direkt proportional zum Fortschritt von Wissenschaft und Technik verbessern, geworden ist. Die Entfremdung des Künstlers erstaunt viele, sowohl die Wissenschaftler und Techniker, die glücklich und fleißig sind,

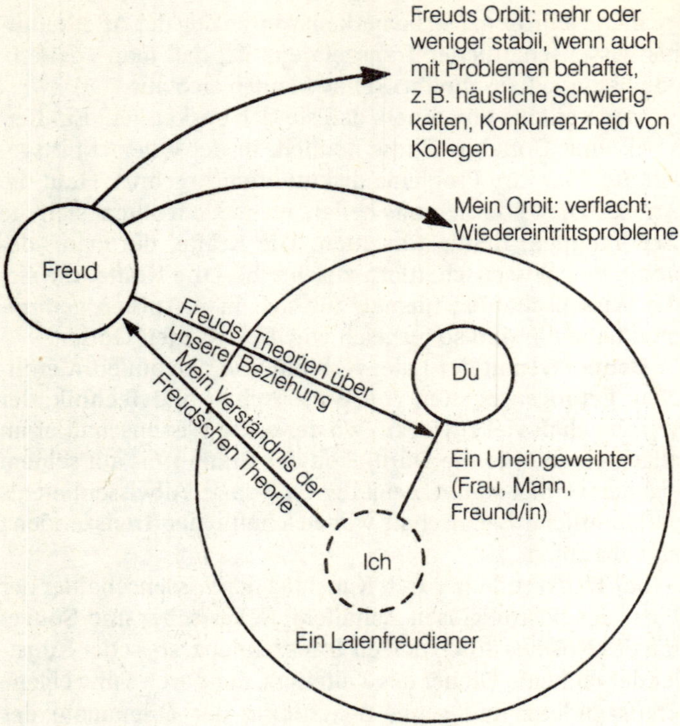

Abbildung 15: *Der verflachte Orbit des Laienfreudianers* – oder Inwiefern es eine Sache ist, Freud zu sein und sein Leben damit zuzubringen, aus der endlos komplexen Vielfalt menschlicher Phänomene eine bemerkenswerte Theorie zu induzieren, und Inwiefern es eine andere ist, ein bißchen Freud zu lesen, sich ein paar Grundlagen anzueignen, in die normale Welt und die normalen zwischenmenschlichen Beziehungen mit dem Gefühl zurückzugehen, man wäre ganz allein in die verborgenen Mechanismen dieser Beziehungen eingeweiht. Solche Wiedereintritte können für beide Seiten, Freudianer wie Nicht-Freudianer, verheerend sein.

als auch die Laien und Nutznießer, die in der Immanenz des Konsums glücklich sind. Die meisten Dänen und Japaner machen keinen entfremdeten Eindruck – wenn auch manche sagen, ihre Blindheit für ihre Immanenz sei die allerschlimmste Entfremdung. Die meisten der glücklichen von Frischs und Rutherfords und das zufriedene Völkchen von Silicon Valley muten die düsteren Blicke auf das moderne Leben, die die meisten ernstzunehmenden Romanciers seit Tolstoi, die meisten Dichter seit Tennyson, die meisten Maler seit Millet, die meisten Dramatiker seit Schiller geworfen haben, als neurotische Mäkeligkeit an. Es ist jedoch möglich, daß der Künstler gleichermaßen dünnhäutig wie prophetisch ist und wie der Kanarienvogel, der in den Bergwerksschacht hinabgelassen wird, um die Luft zu erproben, eine Witterung von etwas Tödlichem in die Nase bekommen hat. In der Tat, je länger dieses gräßliche Jahrhundert sich hinschleppt, bekommt auch noch der immanenteste Däne und der rührigste IBM-Computeringenieur mit, daß nicht alles zum besten steht, daß das Selbst in der Transzendenz der Theorie genauso hoffnungslos gestrandet sein kann wie in der Immanenz des Konsums.

Der im Dilemma des Selbst gefangene Künstler ist diesem Dilemma schutzloser ausgesetzt als der Nichtkünstler, genießt aber zugleich das Privileg, ihm durch die Transzendenz seiner Kunst entkommen zu können. Er dient anderen, die sein Dilemma teilen, indem er es benennt.

Der Unterschied zwischen Einstein und Kafka, beide Söhne aus mitteleuropäischen Mittelschichtsfamilien, die beide das Leben in der normalen Welt unerträglich trostlos fanden:

Einstein entkam der Welt durch die Wissenschaft, das heißt, indem er nicht nur die Welt, sondern den Kosmos selbst transzendierte.

Kafka entkam seinem Dilemma – gelegentlich – auch, aber nicht durch die Wissenschaft, sondern durch die Kunst, das heißt, indem er *sah* und benannte, was bis dahin unsagbar gewesen war: das Dilemma des Selbst in der modernen Welt.

Die Erlösungswirkung der Kunst kommt in der Neuzeit im besten Fall daher, daß sie den Triumph des autonomen Selbst feiert – wie in Beethovens Neunter Symphonie –, und im schlechtesten Fall daher, daß sie das Unsagbare benennt: die seltsamen und zwecklosen Bewegungen des Selbst, das sich selbst zu entkommen versucht.

Das Nennen des Unnennbaren und das Hören der Nennung haben eine mitreißende Wirkung.

Wenn Kafkas Erzählung »Die Verwandlung« heute eine präzisere Darstellung des Selbst ist als Beethovens Neunte Symphonie, macht sie das um so mitreißender.

Die Nennung des Dilemmas des Selbst durch die Kunst ist seine Aufhebung. Daher die erlösende Wirkung der Kunst. Die Kunst macht das Dilemma des Selbst nicht nur sagbar, sondern auch belachbar. Helen Keller und jedes zweijährige Kind und Kafkas Freunde lachten, als das Unnennbare benannt wurde. Kafka und seine Freunde lachten, als er ihnen seine Geschichten vorlas.

Die Gemeinschaft der Kunst ist nicht die auserlesene Gemeinschaft der Wissenschaft, sondern die Gemeinschaft des Künstlers mit allen, die sein Dilemma teilen und die seine Zeichen verstehen können.

Die Verarmung? Sie kommt von der Vergänglichkeit der Erlösung durch die Kunst, sowohl für den Schöpfer des Zeichens (den Künstler) als auch für seinen Empfänger.

Das Selbst in seinem Dilemma wird sowohl beim Schöpfen als auch beim Empfangen eines Zeichens mitgerissen – eine Zeitlang.

Nach einer Weile stecken beide, der Künstler und das Selbst, das das Zeichen empfängt, wieder in der gleichen Klemme oder einer noch schlimmeren – weil beide von der Transzendenz und der Gemeinschaft gekostet haben.

Wenn Dichter oft Selbstmord begehen, dann nicht, weil ihre Gedichte schlecht wären, sondern weil sie gut sind. Wer hätte je davon gehört, daß ein schlechter Dichter Selbstmord verübte? Der Leser ist nur wenig besser dran. Die mitreißende

Wirkung eines guten Gedichts hält zwanzig Minuten an, höchstens eine Stunde.

Anders als der Wissenschaftler hat der Künstler Wiedereintrittsprobleme, und zwar häufig und mit katastrophalen Folgen.

Tatsächlich wäre ein Katalog der spektakulären Wiedereintritte und Flammabrisse des Künstlers nichts anderes als eine Pathologie des Selbst im zwanzigsten Jahrhundert, ganz ähnlich wie die Anfälle und Ekstasen des Veitstanzes Zeichen für die Leiden eines früheren Zeitalters waren.

Welche Darstellung kann demnach ein Semiotiker von den paradoxen Verarmungen und Bereicherungen des Selbst im gegenwärtigen Zeitalter geben?

Warum fühlen die Menschen sich oft in einer guten Umwelt schlecht und in einer schlechten Umwelt gut? Warum meinte Mutter Teresa, daß wohlhabende Amerikaner und Europäer oft ärmer wirken als die Armen von Kalkutta, die Ärmsten der Armen?

Das Paradox kommt zustande, weil die Verarmungen und Bereicherungen eines *Selbst* in einer *Welt* nicht unbedingt die gleichen sind wie die Verarmungen und Bereicherungen eines *Organismus* in einer *Umwelt*.

Der Organismus ist in dem Maße bedürftig oder nicht, als die Bedürfnisse von seiner Umwelt befriedigt werden oder nicht.

Das Selbst in einer Welt ist in dem Maße reich oder arm, als es ihm seiner Unsagbarkeit zum Trotz gelingt, sich zu identifizieren, z. B. mythisch mit einem Weltzeichen, etwa einem Totem, oder religiös als ein Geschöpf Gottes.

Doch der Totemismus wirkt in einem wissenschaftlichen Zeitalter nicht, weil niemand, und mag er es noch so sehr versuchen, glaubt, daß er ein Tiger oder ein Sittich »werden« kann. Daher die Depression eines Princeton-Tigers oder einer Yale-Bulldogge eine Stunde nach dem Football-Spiel.

In einem postreligiösen Zeitalter sind Transzendenz und Immanenz die einzigen Zufluchtmöglichkeiten des Selbst.

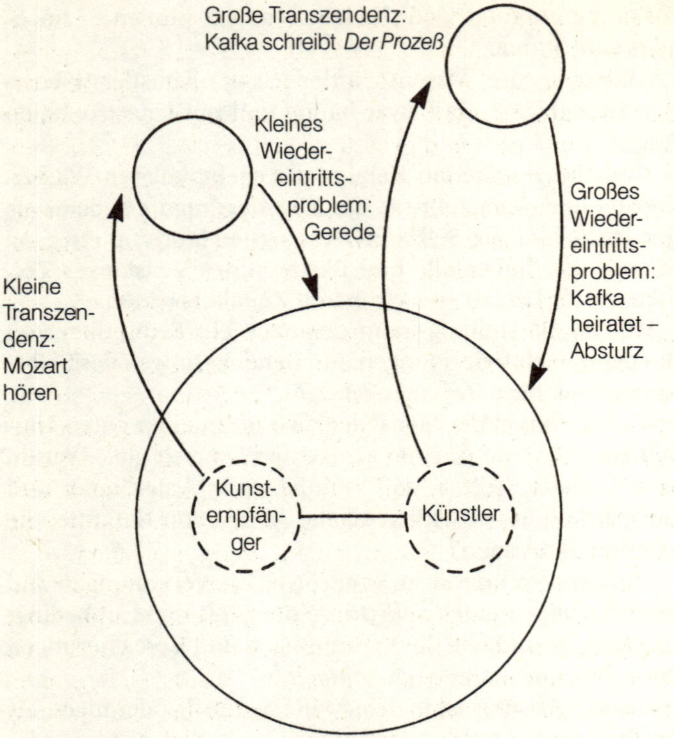

Abbildung 16: *Unterschiedliche Wiedereintrittsprobleme von Künstler und Kunstempfänger: größtenteils quantitativ.*

Es ist eine Sache, *Schall und Wahn* zu schreiben, die künstlerische Transzendenz zu erreichen, im Wahnsinn des zwanzigsten Jahrhunderts einen Sinn auszumachen, und dann, wenn das Buch beendet ist, am nächsten Morgen in Reeds Drugstore zu stehen. Ein großes Wiedereintrittsproblem, nicht gelöst, sondern betäubt durch Alkohol.

Es ist eine andere, sich eine vorzügliche Aufführung von Mozarts 21. Klavierkonzert anzuhören, und dann, wenn es vorbei ist, am Columbus Circle ins Freie zu treten. Bestenfalls eine etwas längere mitreißende Wirkung, schlimmstenfalls ein leichter Durchhänger.

Die Verarmung des immanenten Selbst rührt her von einem wahrgenommenen Abtritt von Souveränität an »die«, die transzendierenden Wissenschaftler und Experten der Gesellschaft. Infolgedessen sieht das Selbst seine einzige Zuflucht in einem endlosen Kreislauf von Arbeit, Zerstreuung und Konsum von Gütern und Dienstleistungen. Scheitert es damit und hat es eine leise Ahnung von seiner Misere, so sieht es keinen Ausweg, weil es sich ja als einen Organismus in einer Umwelt begreift, deshalb nicht verstehen kann, wieso es sich in der besten aller möglichen Umwelten – einer guten Familie und einem guten Zuhause in einer guten Wohngegend in East Orange an einem schönen Mittwochnachmittag etwa – so schlecht fühlt, und auf einmal merkt, daß es sich insgeheim an schlechten Meldungen ergötzt, Attentaten, Flugzeugabstürzen und dem Unglück der Nachbarn, ja sogar heimlich auf Katastrophen, Erdbeben, Hurrikane, Kriege, Apokalypsen hofft – alles, was ihm nur irgend hilft, dem eisernen Griff der Immanenz auszubrechen.

Die Bereicherung in einem solchen Zeitalter erscheint entweder als eine Bereicherung in der Immanenz, das heißt, im »besonderen« Konsum der gesellschaftlichen Güter und Dienstleistungen, etwa von Kursen zur Persönlichkeitsbereicherung, zu kreativem Spielen und Selbst-Entwicklung durch Gruppeninteraktion usw., oder als eine durch die erhabensten Freuden des Zeitalters: Selbst-Transzendenz durch Wissenschaft und Kunst.

Das Vergnügen so einer Transzendenz kommt nicht von der Wiedergewinnung des Selbst, sondern vom Verlust des Selbst. Wissenschaftliche und künstlerische Transzendenz ist eine teilweise Wiedergewinnung des Paradieses, des semiotischen Gartens Eden, in dem das Selbst die Welt durch Zeichen erforschte, bevor es in Selbst-Bewußtsein verfiel. Von Frisch mit seinen Bienen, der Maler von Lascaux mit seinem Wisent, sie waren so glücklich wie Adam, als er seine Tiere benannte.

Ich sage »teilweise Wiedergewinnung des Paradieses«,

weil auch der beste Wissenschaftler und Künstler wieder in die Welt eintreten muß, die er transzendiert hat, und da steckt der Haken: in den spektakulären Nöten des Wiedereintritts – vor allem, wenn die Transzendenz in ihrem Höhenflug nicht nur adamgleich, sondern gottgleich ist.

Es ist schwer für Götter, auf Erden zu wandeln, ohne die Form von Tieren anzunehmen.

Es ist noch schwerer für einen Gott, mit einem anderen Gott auszukommen. Freud war nicht nur unfähig, mit dem jüdischen Gott auszukommen, sondern schäumte und haderte, als ein Mittranszendierer wie C. G. Jung ihm Konkurrenz machte.

Zwei Götter im Kosmos sind einer zuviel.

So hat die Transzendenz genau wie die Immanenz ihre eigene Skala von Reichtum und Armut.

Frage: Im Lichte der obigen Beschreibung des semiotischen Dilemmas des Selbst – seiner Unsagbarkeit in einer Welt der Zeichen – und im Lichte des Bedürfnisses des Selbst, ein Selbst zu werden, und zwar, unter der Nötigung zur Wahrheit, das eigene Selbst, das und kein anderes, und im Lichte der verarmenden und bereichernden wie auch der selbstbetrügerischen Einflüsse – welche der folgenden Selbst-Identitäten erschiene Ihnen da als 1. die ärmste, 2. die reichste?

(a) Ein Ekel-Alfred-Typ, der in Queens wohnt.

(b) Ein mathematischer Physiker, der als Fellow im Institute for Advanced Study in Princeton arbeitet.

(c) Ein Baptist in Alabama.

(d) Ein New Yorker Romanschriftsteller, der in ein vorrevolutionäres Bauernhaus in Connecticut gezogen ist und dort mit seiner fünften Frau lebt.

(e) Ein japanischer Zen-Meister, der kürzlich von Kyoto nach La Jolla umgezogen ist.

(f) Ein amerikanischer Zen-Postulant, der kürzlich von Chicago nach Kyoto umgezogen ist.

(g) Ein Katholik in Dublin.

(h) Ein Protestant in Belfast.

(i) Eine Hausfrau, die fünf Stunden am Tag Fernsehserien guckt.

(j) Eine Hausfrau, die eine gut geleitete Selbsthilfegruppe mitmacht.

(k) Ein Stammesangehöriger der Tasaday auf den Philippinen vor ihrer Entdeckung durch den weißen Mann.

(l) Ein Episkopale in Virginia.

(m) Ein orthodoxer Jude.

(n) Ein nichtgläubiger Jude, der sich rein ethisch und kulturell als solcher fühlt.

(o) Ein Südstaatendichter, der mit seinen Studentinnen schläft.

(p) Ein homosexueller Dichter, der sich selbst eine »scharfe Schwuchtel« nennt.

(q) Ein homosexueller Buchhalter, der es auf der Klappe treibt.

(r) Ein vierjähriges Kind.

(s) Ein siebenjähriges Kind.

(t) Ein zwölfjähriges Kind.

(u) Ein Jungmanager in Atlanta, der sich einbildet, er sehe aus wie Tom Selleck, Western Style trägt und sich in Singles-Bars herumdrückt.

(v) Eine Hausfrau, die es satt kriegt, die Koffer packt und sich völlig der Frauenbewegung verschreibt.

(w) Eine Hausfrau, die eine schlechte Ehe durchsteht.

(x) Ein Pendler aus New Rochelle, der aussteigt, sich eine Ketsch kauft und zu den Inseln unter dem Winde segelt.

(y) Eine New Yorker Romanschriftstellerin, die schmutzige Bücher schreibt, aber sich ganz konventionell benimmt.

(z) Eine Romanschriftstellerin aus den Südstaaten, die konventionelle Gesellschaftsromane schreibt und bei jeder Gelegenheit die Beine breit macht.

(aa) Ein Texaner.

(bb) Ein KGB-Apparatschik.

(cc) Ein weißer Plantagenbesitzer in Mississippi.

(dd) Ein schwarzer Sharecropper in Mississippi.

(ee) Ein Kolumbusritter vierten Grades.

(ff) Keine der oben genannten, denn, die verarmenden und bereichernden Einflüsse mögen sein, wie sie wollen, es ist unmöglich, ein individuelles Selbst derart zu kategorisieren – ausgenommen höchstens (r) und (bb), und selbst da kann man nicht sicher sein. Wie jeder weiß, kann ein beliebiger Jemand aus den obigen Kategorien gegen alle Erwartungen sich entweder menschlich als totaler Reinfall herausstellen oder als das bemerkenswerteste aller Phänomene, ein intaktes menschliches Selbst.

WÄHLEN SIE
(MEHRERE MÖGLICHKEITEN ZUGELASSEN)

13. Das transzendierende Selbst

Wie das Selbst sich in charakteristischer Weise einen Platz gegenüber der Welt zuweist, insbesondere durch Transzendenz- und Immanenzmodi

SZENE: Ein Maistanz im Taos-Pueblo in den vierziger Jahren. Seit langem schon herrscht Trockenheit. Die Tänzer rufen die Kachinas (göttlichen Ahnen) des Westens, die zur Wintersonnwende kommen und zur Sommersonnwende gehen. Die Tänzer beschwören die Kachinas, indem sie mit den nackten Füßen monoton und rhythmisch auf die harte Erde stampfen.

Es ist kein besonderes Fest. Man hat sich nicht groß maskiert oder Gesicht und Körper angemalt, und auch von dem prächtig herausgeputzten Büffel- und Hirschtotemismus der Jagdtänze ist nichts zu sehen. Die Kostüme sind dunkle, schmucklose Schurze. Der Tanz selbst ist oberflächlich, schnellfüßiger und synkopischer als die meisten Pueblotänze.

Doch es ist ein magischer Ort.

Dort drüben steht die gedrungene Adobekirche von San Francisco de Rancho de Taos. Hier aber auf der großen offenen Plaza ahnt man auch etwas von den in der alten Großen Kiva durchgeführten Mysterien, von denen kaum eine Spur zurückbleibt.

Die untergehende Sonne färbt schon die höheren Lagen der Sangre de Cristo Mountains rot. Nicht weit entfernt findet sich im Schutz der Kiefern eben dieser Blut-Christi-Berge ein kleiner Schrein zum Gedenken an D. H. Lawrence mit einer Monstranz, die angeblich seine Asche enthält. Auf diesem Schrein sitzt ein komischer zwittriger Adler mit Brüsten: Lawrence als aus der Asche steigender Phönix.

Alle möglichen Künstler und Schriftsteller, Mystiker, Aussteiger und Peyotefresser leben in den Ausläufern der Berge. Aber ein Stück weiter südlich, in Los Alamos, führt eine Elitetruppe von Wissenschaftlern ein Experiment durch, das dem ganzen Lauf der menschlichen Geschichte eine verhängnisvolle Wendung geben wird.

Es ist, als ob sämtliche Kräfte des Kosmos sich hier überschnitten hätten. Die alten kosmologischen Götter sind auch nach Ankunft des neuen Gottes weiter dageblieben. Der neue Gott bleibt nach Ankunft des transzendierenden Geistes von Wissenschaft und Kunst weiter da. Selbst Brahman, der alte Selbst-Gott des Ostens, ist kürzlich dazugekommen.

Es ist ein magischer Ort, an dem alte Götter herumgeistern und jetzt neue Menschen, die von ihren ureigenen Geistern besessen sind. Jungianer zieht es von weit und breit unwiderstehlich hierher wie Fliegen zu Pheromonen, denn sie wissen, daß sie in diesem verzauberten Himmelsland die Inkarnationen ihrer Archetypen und Dämonen finden können.

MITWIRKENDE: Unter den Anwesenden beim Maistanz befinden sich ein Atomphysiker, seine Assistentin, ein alter Pueblotänzer, ein junger Pueblotänzer, ein englischer Schriftsteller, eine frisch geschiedene Frau, ein Tourist aus Moline, Illinois, ein katholischer Priester, ein Rundfunkmechaniker, ein marxistischer Techniker.

Einige der zehn haben das Gefühl, die anderen zu transzendieren. Das heißt, er oder sie meint, dank einer bestimmten Ausbildung, eines bestimmten Wissens, eines bestimmten Talents, einer bestimmten Gnosis zu den anderen in einem solchen Verhältnis zu stehen, daß er oder sie diese verstehen könne, diese aber ihn oder sie nicht.

Beispielsweise könnte man vielleicht von dem englischen Schriftsteller behaupten, er transzendiere den Touristen aus Illinois, verstehe ihn und seine Kamera – schließlich hat er sogar über ihn geschrieben – in einer Weise, in der der Tourist den Schriftsteller nicht versteht.

Der Physiker und seine Assistentin, beide Amateuranthropologen, geben sich den Anschein, ein Verständnis sowohl der indianischen Tänzer als auch des katholischen Priesters zu haben, wie weder der Priester noch die Tänzer es von dem Physiker und seiner Assistentin zu haben sich den Anschein geben.

Der junge indianische Tänzer glaubt, er transzendiere den alten indianischen Tänzer, weil er, der junge Indianer, Mythen und Aberglauben zugunsten einer Welt der Wissenschaft und des Fortschritts hinter sich gelassen hat.

Der alte indianische Tänzer glaubt, er transzendiere den jungen Tänzer, weil er, der alte Indianer, die kosmologischen Mythen bewahrt hat, durch welche die Welt, das Leben und die Zeit zu einem sinnvollen Ganzen gefügt werden, während die kaputte westliche Gesellschaft in Albuquerque vor die Hunde geht.

Ein ähnliches symmetrisches Verhältnis der Transzendenz besteht zwischen dem Physiker und dem Schriftsteller. Der Physiker glaubt, die Wissenschaft – d. h. die Psychologie – könne wenigstens im Prinzip erklären, was den Schriftsteller treibt, indem sie seine frühkindlichen Verdrängungen, seine späteren Sublimierungen usw. in Betracht zieht. Während der Schriftsteller, berühmt für sein scharfes Auge und seine Gabe, Leute zu taxieren und mit ein paar leicht hingeworfenen Strichen zu charakterisieren, den amerikanischen Wissenschaftler schon längst »eingeordnet« hat, genau wie den Touristen und die Indianer.

Bei der folgenden Zusammenfassung der verschiedenen Transzendenz- und Immanenzmodi der zehn Figuren sollten Sie als Leser drei Fragen im Kopf behalten.

Frage I: Kann in irgendeinem Sinne zu Recht davon die Rede sein, daß dieser oder jener Mitwirkende irgendeinen anderen Mitwirkenden tatsächlich transzendiert? Oder machen die zehn nicht mehr und nicht weniger als ihre Rolle ausfüllen, wie beschrieben, so daß sich ein Urteil über transzendierende Überlegenheit oder immanente Unterlegenheit objektiv gar nicht abgeben läßt?

Frage II: Aber in einem Stück kann man manchmal zu Recht sagen, eine Figur sei besser oder schlechter als eine andere. Es gibt schließlich gute Menschen und schlechte Menschen. Können Sie also sagen, einige der zehn seien besser oder schlechter als die anderen? Wenn ja, sind die besten auch die transzendentesten?

Frage III: Mit welcher Figur würden Sie sich am ehesten identifizieren? Welche Figur wären Sie gern?

(a) Ein Atomphysiker: ein jüngerer Wissenschaftler, emsig tätig am Manhattan Project in Los Alamos. Für ihn ist es, wie Freeman Dyson es ausgedrückt hat, die beste Zeit seines Lebens, jetzt, da er sich mit der Elite einer Elite, den besten wissenschaftlichen Gehirnen in der westlichen Welt, auf ein Top-secret-Projekt mitten in der Wüste eingelassen hat, obwohl er weiß, daß er eine Waffe baut, die fast mit Sicherheit Tausende von Menschen töten wird und durchaus die endgültige Selbstvernichtung des Menschen bedeuten kann. Dennoch ist er kein einseitig gebildeter Naturwissenschaftler. Seine Interessen sind weitreichend. Er ist nebenbei Amateurethnologe, ein Kenner orientalischer Philosophie und Mitglied in einem durchaus ordentlichen, wenn auch nicht professionellen Streichquartett. Er kann so geläufig über Ramakrishna und Beethovens letzte Quartette reden wie über Planck und Fermi.

Während er dem Maistanz zuschaut, führt er ein angeregtes Gespräch mit seiner Assistentin, einer gutaussehenden Blondine. Es ist fast eine Vorlesung, der sie mit verzückter Aufmerksamkeit lauscht. Er vergleicht die Feste und Zeremonien der verschiedenen Pueblos. Taos ist nichts Besonderes. Du solltest mal den Maistanz in Santo Domingo sehen! Am Festtag des Heiligen gehen die katholische Religion und die Stammesreligion in einer sehr netten Art zusammen, wie sie für die toleranten Pueblos typisch ist. Das Standbild des hl. Dominikus wird aus der Kirche geholt, zur Begleitung von Schnarrtrommeln und Gewehrschüssen im Umzug durch die Straßen getragen, dann auf einen Pappelast gestellt, um sich an der Zeremonie der Eingeborenen mitzufreuen. Mit seiner leisen, ernsten Stimme erzählt er ihr vom Pueblo-Gegenstück zur Jungfrau Maria: »Sie nennen sie Großmutter Spinne oder Gedankenfrau, die alle Dinge dadurch erschuf, daß sie sie ins Dasein dachte. Sehr nett, meinst du nicht?«

»O ja! O ja!« murmelt seine Assistentin und lehnt sich näher zu ihm hin.

(b) Seine Assistentin, eine hochgewachsene, auffallende Blondine, Berkeley-Absolventin, die sämtliche Interessen mit dem Wissenschaftler gemeinsam hat bis auf eines: Sie ist unsterblich und rasend in ihn verliebt und daher sowohl krank vor Angst, er könne sie seinerseits nicht lieben, als auch ekstatisch transzendent gegenüber der Horde von Touristen, die ihr nicht nur deshalb leid tun, weil sie transzendiert worden sind, sondern auch, weil sie nicht verliebt sind.

(c) Ein alter Pueblotänzer, der noch nie aus dem Pueblo herausgekommen ist, der an die kosmologischen Mythen des Pueblos glaubt und der außerdem glaubt, der Maistanz werde die Kachinas des Westens herbeirufen, und dadurch werde es auf den ausgedörrten Feldern regnen.

(d) Ein junger Pueblotänzer, Zweitsemester an der University of New Mexico in Albuquerque mit Hauptfach Betriebswirtschaft, ein vielversprechender Basketballstürmer, für den es gar keine Frage ist, daß die kosmologischen Mythen seines Stammes nichts weiter sind als das, Mythen, und nicht ernster genommen werden können als das, was er für die jüdisch-christlichen Mythen der katholischen Kirche hält, in der er getauft wurde. Er ist dem katholischen Newman Club an der U. of N. M. der Mädchen wegen beigetreten, und es hat sich gelohnt. Wenn er sich den Körper bemalt, das Kostüm anzieht und sich in den Maistanz einreiht, dann mit einer komplexen gutmütigen Ironie, die sich zusammensetzt aus einer milden Nachsicht gegenüber seinen Altvorderen und einer sardonischen Verachtung für die knipsenden Anglos und Touristen. Außerdem kann er das Geld gebrauchen, das er an den Fotogebühren verdient.

Der junge Tänzer meint, den alten Tänzer zu transzendieren. Er durchschaut die Leichtgläubigkeit des Alten und die abergläubische Absurdität von Mythos und Riten des Regengottes.

Der alte Tänzer ist sich nicht minder sicher, den jungen Tänzer zu transzendieren, weil der junge Indianer eine intakte Gesellschaft, in der Leben und Zeit und Ort durch den Glauben Sinn erhalten, verlassen und für die kaputte Welt der später gekommenen Amerikaner eingetauscht hat, die eindeutig nicht wissen, wer sie sind oder was sie treiben.

Der Wissenschaftler versteht beide und denkt, daß jeder auf seine Weise recht hat. Er sieht die psychologische »Wahrheit« der kosmologischen Mythen des alten Tänzers. Er sieht den Wert der Skepsis des jungen Tänzers. Also versucht er, der Wissenschaftler, das schwierige Kunststück, beiden Seiten gerecht zu werden – nicht wirklich an die Kachinas des Westens zu glauben, aber dennoch aus dem Ritus den psychologischen Wert herauszuziehen.

(e) Der englische Schriftsteller, der sich nach Aufenthalten in Italien und Mexiko hier in Taos niedergelassen hat. Mit seiner Blässe und Kränklichkeit – er sieht in jeder Hinsicht aus wie ein Dissidentenpfarrer aus seinen heimischen Midlands – sticht er von seinen Schriften ab, in denen er urwüchsige Gesundheit, Sexualität und die dunklen Götter des Blutes feiert. Ob widersprüchlich oder nicht, er besitzt eine phantastische Gabe, Leute zu durchschauen, ihnen auf die Schliche zu kommen, sich ein Bild von ihnen machen zu können. Es kostet ihn nicht mehr als einen Blick, um jedermann hier abzuschätzen: den jungen indianischen Tänzer, dem eine ganz bewußte Ironie breit über sein Orientalen-Pueblo-Gesicht geschrieben steht wie auch eine tiefere, dunklere Unergründlichkeit, über die er, der Tänzer, sich nicht einmal im klaren ist. Er durchschaut den Wissenschaftler und seine Freundin und ihre ein wenig naive, geradezu stumpfe amerikanische Großmächtigkeit – sie meinen, sie wären der Gott und die Göttin einer neuen Welt mit ihrer geheimen Wissenschaft und ihren heimlichen Seitenblicken aufeinander, beide die Arme verschränkt, so daß seine Finger ihre berühren können.

(f) Eine frisch geschiedene Frau aus Westchester. Noch jung, im Gesicht gezeichnet von etwas anderem als den Jahren, ist sie aus dem trüben, trostlosen Osten und einer trostlosen Ehe in die helle, saubere, sonnige Reinheit der Wüste geflohen. Ihr kommt es so vor, als wäre sogar ihr Selbst verwandelt worden von der kristallklaren Luft, dem rosigen Licht des Sonnenuntergangs auf der Sangre-de-Cristo-Bergkette, dem scharfen Geruch von Piñonrauch am Abend. Kein Zweifel, sie hat den richtigen Ort gefunden! Sie malt, ist dem Einfluß von Georgia O'Keeffe verfallen und rechnet zum erstenmal in ihrem Leben damit, zu sich selbst zu kommen, sich wiederzugewinnen, an diesem Ort ein neues Leben zu bauen. Sie hat Talent, nimmt Malunterricht in Öl, lebt auf einer Ranch, reitet täglich und wird zusehends braun und kräftig. Sie denkt daran, ein Verhältnis mit einem Cowboy anzufangen.

(g) Ein katholischer Priester, der Adobekirche im Pueblo zugeteilt, ein alternder Hispano-Ire, der dem Tanz mit einer Gleichgültigkeit zuschaut, die an Langeweile grenzt. Er denkt an seine zusätzlichen Arbeiten für den morgigen Tag – ein Montag und daher eigentlich ein freier Tag, aber dieses Jahr ein Feiertag, Mariä Himmelfahrt, was bedeutet: drei Messen, Homilien und Beichten – und an seine Rückenschmerzen und sein kaputtes Radio, eine alte Philco-Musiktruhe. Wenn der Mechaniker nicht aufkreuzt, wird er heute abend nicht *Lux Radio Theater* hören können.

(h) Ein Rundfunkmechaniker aus Santa Fe, der in der Menge nach dem Priester sucht. Er hat das Radio repariert. Der Pueblo, der Maistanz, das Spektakel sind für ihn olle

Kamellen. Er will nichts weiter als den Priester finden, die Philco abliefern, kassieren und rechtzeitig für ein kaltes Bier oder zwei vor dem Abendessen nach Hause kommen.

(i) Ein Techniker aus dem Metallurgielabor in Los Alamos, ein blasser, feister, jüngerer Mann mit Schnurrbart, gebürtig aus Camden, New Jersey, angestellt beim Manhattan Project, aber auch von einem Attaché der sowjetischen Botschaft in Washington. Einziger Sohn nicht verarmter, aber nichtsdestotrotz öder Mittelschichtseltern, wohnhaft im ödesten Doppelhaus in der ödesten Straße von Camden. Für ihn brach die Offenbarung wie ein Sonnenstrahl durch den Jersey-Winter, als er Marx entdeckte und ihn verschlang, in der Leihbücherei sitzend wie Marx selbst, verstopft und allein und hingerissen unter Fremden, während ihm ringsum das Licht aufging. Urplötzlich sah er, wie alles funktionierte, sah sogar den Mechanismus seiner Traurigkeit und damit das Mittel, sich darüber zu erheben. Nun stand er darüber und über dem allen, den Menschen, die er jetzt begriff, den Indianern, den Touristen, sogar über dem Wissenschaftler, den er dem Namen nach kannte. Sie, nicht er, waren Marionetten an Fäden, die sie nicht sehen konnten. Aber er wußte Bescheid, konnte die Fäden sehen und, was am besten war, sie selbst ziehen – zum Wohle der Sowjetunion und daher des Weltfriedens.

(j) Ein Tourist aus Moline, Illinois, der zu sehr beschäftigt ist, mit seiner vorzüglichen Leica Aufnahmen zu machen, um auch nur einmal selbst hinzuschauen. Seine einzigen Sorgen sind Belichtung, Bildschärfe, Bildaufbau, und im Geiste ist er schon bei der Diavorführung, die er im Rotary-Club geben wird, und dann wird er sich vielleicht die Zeit nehmen, sich anzuschauen, was er da aufgenommen hat – oder wird er lieber die Gesichter der Zuschauer mustern, um aus ihrer Zustimmung seinen Wert abzulesen, so wie ein Witzeerzähler das Gesicht seines Zuhörers mustert? Dennoch ist er keineswegs ein unzufriedener oder unnützer Mensch, ist er doch ein guter Ehemann und Vater, immerhin Leiter einer erfolgreichen Kette chemischer Reinigungen in Nordwest-Illinois und sogar in Davenport und nicht nur gern daheim im Kreise seiner Familie, sondern auch in seinem Bowlingverein und seiner Freimaurerloge. Er ist Mitglied des Frontkämpferbundes, ein mit Orden ausgezeichneter Veteran des Ersten Weltkrieges, Träger des Kriegsverdienstkreuzes, ein echter Held, der sein Leben riskierte, um einen Kameraden zu retten, und seither nicht mehr groß darüber nachgedacht hat.

WÄHLEN SIE

Gedankenexperiment: Zeichnen Sie ein existential-semiotisches Selbst-Profil oder Diagramm, das das Verhältnis des Selbst zu seiner Welt angibt (transzendierend? immanent? intaktes Selbst unter anderen Selbsten?), die Identität des Selbst (Erfolg oder Mißerfolg dabei, sich selbst als Selbst wahrzunehmen?), Verhältnis des Selbst zu anderen Selbsten (Weltgemeinschaft? elitäre Gemeinschaft? Verlust der Gemeinschaft?), Bewegung des Selbst in bezug auf die Welt (welche Orbits? Wiedereintrittsschwierigkeiten?), Platz des Selbst in der Welt, wie er sich durch Stimmung und Äußerungen bekundet.

Auf diese Weise kann man jede Figur in ein System von Selbst-Koordinaten eintragen und ein grob umrissenes Profil des jeweiligen Selbst bekommen. Ein solches Profil ließe sich als ein »existential-semiotischer Graph« des Selbst bezeichnen. Mittels solcher Graphen kann man Selbste problemlos in ihren hervorstechenden Eigenschaften vergleichen und unterscheiden – und das eigene Selbst leichter identifizieren.

Zum Beispiel vier der zehn Figuren in Taos:

1. Der Atomphysiker
   Verhältnis des Selbst zur Welt: Transzendierend.
   Verhältnis des Selbst zu anderen Selbsten: Begrenzte Gemeinschaft einer transzendierenden Elite (wissenschaftlicher, politischer, philosophischer, musikalischer Art); zu-

dem eine modifizierte transzendent-immanente Zeus-Europa-Gemeinschaft wie seine Beziehung zu der blonden Assistentin, z. B.: Sie ist vielleicht als Gesprächspartnerin über die *Bhagavadgita* oder die Planckschen Gleichungen keine große Nummer, aber als Bettgefährtin ganz entschieden.

Identität des Selbst: Ein hohes Maß an Übereinstimmung zwischen dem gewohnten transzendierenden Daseinsmodus des Selbst und dem praktischen Leben hier und jetzt, z. B.: wissenschaftliches Projekt an geheimem Standort in den Bergen, kleine elitäre Gemeinschaft inmitten einer immanenten Welt – Pueblo, Indianer, Maistanz, Touristen, Priester –, deren Zuschauer er ist.

Bewegung des Selbst in bezug auf die Welt: Reisen, umherschweifen, einen Orbit beschreiben; für ein transzendierendes Selbst ist ein Ort so gut wie der andere, insoweit er die immanenten Rohstoffe liefert (Klima, Plutonium, Indianer, Frauen, Eingeborenenkultur von Puebloindianern oder Katholiken), anhand deren das Selbst sowohl wissenschaftliche Prinzipien aufzeigen als auch seine eigenen immanenten Bedürfnisse befriedigen kann.

Platzbestimmung (Stimmung) des Selbst: Äußerlich apokalyptisch, innerlich frohlockend, letzteres daraus erwachsend, daß das transzendierende Selbst sich zeitweilig Göttlichkeit anmaßt, z. B.: »Ich bin Shiva, Zerstörer der Welten ...«, »Wir haben die Sünde kennengelernt« usw.

2. Der Rundfunkmechaniker

Verhältnis des Selbst zur Welt: Immanent, mit intakten Elementen.

Verhältnis des Selbst zu anderen Selbsten: Konzentrische soziale Gemeinschaften – Familie, Geschäft, Bekanntenkreis, Öffentlichkeit, Kirche (Presbyterianer), Politik (Republikaner), Amerika.

Identität des Selbst: Unreflektiert, konsumorientiert, zum Teil bestimmt durch die Gegnerschaft zu *denen da*

(Hispanos, Indianern, Katholiken), aber auch zu *denen da oben*, den Transzendierern (Wissenschaftlern, Kommunisten, Professoren, Liberalen); aber auch zu einem gewissen Grad bestimmt als intaktes Selbst durch religiöse Transzendenz, z. B. würde er, danach gefragt, sagen, daß er an Gott glaube, daß er nicht Gott sei, sondern ein Sohn und Geschöpf Gottes, daß andere Menschen auch Söhne Gottes seien und daher seine Brüder.
Bewegung des Selbst in bezug auf die Welt: Ortsfest, früher in Texas, jetzt in Santa Fe, New Mexico, aber nicht so ortsfest wie der alte Puebloindianer im Zentrum und Nabel des Kosmos. Grundstimmung: oft bedrückt und frustriert, aber manchmal bricht eine tiefinnere Freundlichkeit, Zuverlässigkeit und Gefälligkeit durch: »Wie geht's denn so, Kumpel? Na, geht so. Gut siehste aus. Wart mal, ich helf' dir mit dem Ding da.« Usw.

3. Die frisch geschiedene Frau aus Westchester
Verhältnis des Selbst zur Welt: Problematisch, mit Elementen von Transzendenz und Immanenz. Sie ist aus einer ihres Erachtens immanenten Welt einer gescheiterten Ehe und eines langweiligen Hausfrauendaseins fortgegangen und sucht jetzt eine neue Welt mit ein paar vage transzendierenden Komponenten wie etwa »Kunst«.
Verhältnis des Selbst zu anderen Selbsten: Verlust des alten Gemeinschaftszusammenhangs; isoliert, aber mit Aussichten auf eine neue Gemeinschaft. Sie malt sich immanente wie auch transzendente Beziehungen aus, sexuelle Abenteuer vielleicht, aber, was wichtiger ist, eine geistige Begegnung mit einem bestimmten Menschen in solchen Dingen wie Büchern, Gedanken und gemeinsamem Genießen immanenter Lokalereignisse, z. B. des Maistanzes. Außerdem hat sie mit einer teuren Sammlung primitiver Kachinapuppen angefangen und besucht regelmäßig alle Feste in den Pueblos. Sie hat sich auch für einen Kurs angemeldet, um Flamencogitarre zu lernen.

Identität des Selbst: Unsicher und problematisch. Wie sie sich selbst wahrnimmt, hängt sehr davon ab, wie andere sie wahrnehmen. Beispielsweise ist sie sich just in diesem Moment beim Maistanz bewußt, daß der Wissenschaftler und seine Freundin sie bemerkt haben, und daher ist sie sehr darauf bedacht, auf sie nicht den Eindruck einer Touristin oder eines vertrockneten, lederhäutigen Anglo-Mannweibs aus der Gegend zu machen. Ganz salopp trägt sie Jeans (lange vor der großen Welle) und eine östliche Bluse. Ihr Silber- und Türkisschmuck ist alt, schwer und oxydiert, nicht der neue Touristentinnef. Selbst ihr Gesichtsausdruck, die Art, wie sie den Tänzern zuschaut, ist ebenso reserviert wie kalkuliert: Ich kenne das, klar, und manches davon ist Verstellung und Mache für die Touristen, aber dennoch ist es ein faszinierendes Schauspiel, nicht?
Bewegung des Selbst in bezug auf die Welt: In der Fremde. Sie hat ihr altes Zuhause für immer verlassen, frohen Herzens, und ist eben in ihrem neuen Zuhause angekommen, wo sie bleiben will. Sie hat ihr neues Leben begonnen, aber den völligen Wiedereintritt in ihre neue Welt hat sie noch nicht ganz geschafft.

4. Der katholische Priester
Verhältnis des Selbst zur Welt: Bestimmt durch das Verhältnis zu Gott, das heißt, Selbst, Welt und andere Selbste erscheinen als von Gott erschaffen, Selbste sind der Welt verhaftet und doch fähig, durch die Liebe zu anderen Selbsten und zu Gott die Welt zu transzendieren. Allerdings ist dieses Verhältnis für ihn mit den Jahren oberflächlich und alltäglich geworden, und an seiner Stelle haben sich Einsamkeit, Abneigung gegen den Bischof und Angst vor ihm breit gemacht – und Konsum, z. B. *Lux Radio Theater,* Daumendrücken für die Brooklyn Dodgers, ein Schlückchen Bushmills Whiskey vor dem Abendessen, oder zwei, oder drei. Bescheiden und mittelmäßig, wie er

ist, ist er doch in Wirklichkeit ein besserer Priester, als er ahnt, mit weichem Herzen für Bettler und Säufer und aufopfernd in der Erfüllung seiner Priesterpflicht.
Verhältnis des Selbst zu anderen Selbsten: Gutmütig und pflichtbewußt, mit Tendenzen, sich beides gefallen zu lassen: die seiner sozialen Rolle als Priester erwiesene Ehrerbietung und die Zwiespältigkeiten seines Priesteramtes in den Augen der Indianer, die ihn – wie auch die Kachinas des Westens –, mit unterschiedlichen Dosierungen von Gleichgültigkeit, Glauben oder Unglauben beigemischt, akzeptieren.
Identität des Selbst: Intakt und sicher in seinem Verhältnis zu Gott, aber schwerlich in Liebe zu Gott und den Mitmenschen entbrannt. Sicher auch in seiner Identität als Mitglied einer besonderen Gattung von Selbsten, der Priesterschaft, mit ihrem versprochenen Lohn im Himmel, aber auch seiner Unzulänglichkeiten bewußt und daher sehr nachhaltig auf die Gnade Gottes bauend. Unterscheidet sich von der transzendierenden Gemeinschaft der Wissenschaftler und Künstler darin, daß er seine Kreatürlichkeit und seine Grenzen erkennt. Sein großer semiotischer Selbstbetrug ist, daß er sich still dem *Zeichen* und der Rolle fügt, womit die Welt ihn bekleidet: ein Priester zu sein mit passendem Gebaren und Kostüm, statt das *Bezeichnete,* ein Mann, der eine Berufung hat und danach handelt.
Bewegung des Selbst in bezug auf die Welt: Zwiespältig heimisch, das heißt, er ist insofern in seiner Heimatlosigkeit heimisch, als er dem Satz zustimmen würde, daß er, wie alle Menschen, ein Pilger und Wanderer ist, in dieser Welt nicht heimisch und unterwegs zu seiner wahren Heimat andernorts; aber im weltlichen Sinne von heimisch sein ist er auch heimisch, z. B. genießt er, ganz wie der Rundfunkmechaniker, die Bequemlichkeit seiner Pfarrei, seine gute indianische Köchin, die Gesellschaft zweier guter Freunde, drei Bushmills vor dem Abendessen und

vor allen Dingen die Aussicht auf ein Baseball-Meisterschaftsduell zwischen Dodgers und Yankees. Obwohl er seine Identität als Pilger, Wanderer, Priester und Diener Gottes akzeptiert, graut ihm vor der Wahrscheinlichkeit, in die Hopi-Reservation versetzt zu werden, an den wirklichen Arsch der Welt.

Jetzt stellen Sie sich vor, Sie selbst wohnen dem Maistanz in Taos bei, wo die alten Götter noch gegenwärtig sind, plus der neue Gott, plus die rivalisierenden Transzendenzgeister der modernen Zeit – etwas Neues im Kosmos –, plus die Einwilligung in die Herabwürdigung auf den reinen Geist der Immanenz – auch etwas Neues.

Zeichnen Sie Ihr eigenes semiotisches Profil.

14. Das Selbst im Orbit

Wiedereintrittsprobleme des transzendierenden Selbst oder wie es kommt, daß Künstler und Schriftsteller, manche Techniker und überhaupt die meisten Leute sich so schwer damit tun, in der gewöhnlichen Welt zu leben

Im Zeitalter der Wissenschaft sind die Wissenschaftler die Fürsten. Die Künstler nicht. Deswegen, obwohl beiden, Wissenschaftlern wie Künstlern, die transzendierende Erhebung über die gewöhnliche Welt in ihrer Wissenschaft und Kunst gelingt, wird nur der Wissenschaftler in seiner Transzendenz vom Hochgefühl des triumphierenden Wissenschaftsgeistes und von der Gemeinschaft der Wissenschaftler getragen.

Es ist vielleicht kein Zufall, daß auf dem Höhepunkt der Physik im neunzehnten und frühen zwanzigsten Jahrhundert die großen revolutionären Physiker – z. B. Faraday, Maxwell, Bohr, Einstein – auch Männer von bemerkenswerter Integrität und hochgemuter charakterlicher Ganzheit, von Großzügigkeit und Güte waren. Man vergleiche Leben und Charakter der vergleichbaren Großen in der Literatur zur gleichen Zeit: Dostojewski, Baudelaire, Kafka, Joyce, Lawrence, Hemingway.

Mit dem Verschwinden der alten kosmologischen Mythen und dem Niedergang des Judentums/Christentums und dem Aufstieg des autonomen Selbst wurden Wissenschaft und Kunst – die eine die Erforschung sekundärer Ursachen, die andere die schmückende Dienerin von Ritus und Religion – ergriffen und zu selbständigen Königswegen der Transzendenz erhoben. Eine solche Transzendenz stand nicht nur den Wissenschaftlern und Künstlern selbst zu Gebote, sondern auch einer Gemeinschaft von mitforschenden Kollegen sowie den Lesern, Zuhörern und Betrachtern, an welche die »Aussagen« von Kunst, Musik und Literatur adressiert waren.

Was aber nicht allgemein erkannt wird, ist, daß der geglückte Abschuß des Selbst in den Transzendenzorbit notwendig von Wiedereintrittsproblemen begleitet ist. What goes up must come down. Der beste Film des Jahres endet um neun. Was macht man um zehn? Was machte Faulkner, nachdem er den letzten Satz von *Licht im August* geschrieben hatte? Sich eine Woche lang betrinken. Was machte Dostojewski, als er *Der Idiot* fertig hatte? Drei Tage und Nächte am Roulettetisch sitzen. Was macht der Leser, wenn er mit diesem Buch fertig ist? Wie lange hält sein Hochgefühl an?

Die einzige Ausnahme von diesem psychischen Schwerkraftgesetz sind, wie es scheint, nicht nur die großen Physiker auf dem Höhepunkt der modernen Physik, sondern ist jeder in seiner Wissenschaft aufgehende Wissenschaftler, wenn ihn das Hochgefühl der Wissenschaft auf einem mehr oder weniger stabilen Transzendenzorbit hält – oder vielleicht ein Sonderfall wie Schubert, der noch beim Essen Lieder aufs Tischtuch schrieb, oder wie Picasso, der in einem Restaurant aus dem Brot Figürchen knetete, statt es zu essen.

Aber die spektakulärsten Wiedereintrittsprobleme scheinen Künstler und Schriftsteller zu haben. Sie, vor allem letztere, scheinen mehr als die meisten Menschen anfällig für Entfremdung von der sie umgebenden Gesellschaft zu sein, für Neurosen, Psychosen, Alkoholismus, Drogensucht, Epilepsie, exaltiertes Sexualverhalten, Einsamkeit, Depression, Gewalt und Selbstmord.

Frage: Ist dies der Fall:

(a) Weil Genie und Wahnsinn nicht weit auseinanderliegen (Platon)?

(b) Weil die moderne Gesellschaft, besonders die amerikanische, vulgär, materialistisch, geldgierig und statusgeil ist, ein Volk von Yahoos und Babbitts, und der Künstler, der nach Wahrheit und Schönheit strebt, mit Fug und Recht entfremdet ist (Gauguin, Flaubert, Lewis u. a.)?

(c) Weil Kunst ein Ausdruck sublimierter libidinöser Energien ist (Freud)? Da der Künstler der gängigen Meinung nach entweder einen Überschuß an solchen Energien hat oder sie übermäßig verdrängt, ist ja damit zu rechnen, daß er auch mit den diversen Gebrechen behaftet ist, die verdrängte Sexualität zur Folge hat.

(d) Weil Kunst, anders als Wissenschaft, eine Art Spiel ist (Dewey)? Daher erwartet man von Künstlern, daß sie sich wie Kinder benehmen.

(e) Weil sowohl Wissenschaft als auch Kunst Erkenntnisweisen sind und als solche die größten Genüsse, zu denen der Mensch imstande ist (Aristoteles, Thomas von Aquin)? So groß in der Tat, daß sie einem im Vergleich die gewöhnlichen Bestrebungen des Lebens vergällen, weshalb der Künstler heroische Anstrengungen unternehmen muß, um sich das Leben außerhalb seiner Kunst erträglich zu machen. Was Einstein von der Wissenschaft sagte, ließe sich auch von der Kunst sagen: Ich habe mich auf die Wissenschaft verlegt, um der unerträglichen Öde des Alltagslebens zu entfliehen.

WÄHLEN SIE

Wie die Wissenschaft bringt auch die Kunst eine gewisse Abgehobenheit von ihrem Gegenstand mit sich, wenn auch eine Abgehobenheit anderer Art. Und je besser der Künstler, um so größer die Distanz der Abgehobenheit. Schriftsteller wie Sidney Sheldon und Harold Robbins tummeln sich auf dem Markt wie jeder andere Erzeuger oder Verkäufer. Aber Schriftsteller wie Joyce, Faulkner, Proust können nur in dem Maße über den Markt und die Gesellschaft schreiben, als sie davon Abstand nehmen – ob durch Exil, Alkohol oder Rückzug in ein mit Korkeiche ausgekleidetes Zimmer.

Wie Wissenschaftler treffen auch Künstler allgemeine Aussagen über die Welt, nicht über Formen des Energieaustauschs, sondern darüber, was es heißt, in der Welt zu leben – Aussagen, die der Leser oder Betrachter durch seine Zustimmung und seinen Genuß bestätigt (wo sonst sollte der Genuß des Lesers herkommen als von seiner Anerkennung des Werks des Künstlers und seiner Identifikation damit?), genau wie der Wissenschaftler wissenschaftliche Aussagen durch Tests und Meßwerte bestätigt.

Obwohl man Wissenschaft und Kunst im allgemeinen nicht bloß für voneinander verschieden, sondern für polare Gegensätze hält – die eine logisch, die linke Gehirnhälfte beanspruchend, gefühlskalt, apollinisch, analytisch, diskursiv, abstrakt, die andere intuitiv, spielerisch, konkret, dionysisch, emotional –, Tatsache ist, daß beide in einer gewissen Abgehobenheit erfolgen, beide Transaktionen mit Symbolen und Aussagen über die Welt beinhalten, beide auf Bestätigung oder Widerlegung angewiesen sind. Der Genuß, Dostojewski zu lesen, kommt von einer Anerkennung und Bestätigung. Die Verärgerung beim Betrachten eines schlechten Gemäldes oder Lesen eines schlechten Gedichts ist eine Widerlegung.

Wieder in die Welt einzutreten, über die er geschrieben hat, ist für einen Schriftsteller keine kleine Leistung. Im günstigsten Fall ist es eine absonderlich, ja unheimliche Übung – etwa wenn Kierkegaard während der Arbeit stündlich auf die Straße ging und den Krämern zuzwinkerte. Im schlimmsten Fall erweist es sich als unmöglich und endet in den bekannten Katastrophen, denen Schriftsteller zum Opfer fallen.

Gedankenexperiment: Eine deduktiv-empirische Übung, ähnlich wie Mendelejew sie machte, als er das Periodensystem der Elemente deduzierte und sich dann umsah, ob es wirkliche Elemente gab, die in das System paßten.

Diese vergnügliche Übung ist die Deduktion der verschiedenen denkbaren Wiedereintrittsmodi des Künstlers/Schriftstellers oder Lesers/Betrachters aus den semiotischen Wahlmöglichkeiten, die jeder derart von der Welt abgehobenen Person theoretisch offenstehen.

Das Experiment: Beginnen Sie mit der *Welt,* das heißt, eben jenem irgendwie kaputten Ort, den jeder mehr oder weniger in gleichem Maße erlebt. Die Welt ist das durch Zeichen chiffrierte Aggregat Ihrer wahrgenommenen Umwelt: andere Menschen, Familie, Haus, Öffentlichkeit, Kultur, Mythos, Fernsehen, Vergangenheit, Zukunft und ein mehr oder weniger wirklicher Gott, je nachdem, ob Sie gläubig sind oder nicht, und wenn ersteres, dann ein mehr oder weniger problematischer Gott.

Als nächstes kommt das *Selbst*, das individuelle bewußte Selbst des Künstlers/Schriftstellers oder Lesers/Betrachters, das bewegliche Stück in der Welt, ähnlich eine Stein in einem Monopolyspiel.

Das Problem für das bewegliche Stück: Wie bewerkstelligen Sie es, in der Welt zu leben, wenn Sie nicht an Ihrer Kunst arbeiten, aber trotzdem irgendwie einen Mittwochnachmittag rumkriegen müssen?

Anmerkung: Dieses Spiel kann von Künstlern und Schriftstellern oder von Nichtkünstlern und Nichtschriftstellern gespielt werden, im Grunde von jedem wahren Kind der Zeit, das heißt, jedem Menschen in der Kultur, der sich im Orbit um die Welt weiß, versetzt aus dem Hier und Jetzt, aus dem Leben an einem Ort und in einer Zeit, und der Schwierigkeiten mit dem Wiedereintritt in ein solches Leben hat.

Um den Zweck der Übung zu verstehen und von ihr etwas zu haben, wollen wir folgende Annahmen machen, die wahrscheinlich eher richtig sind als falsch, aber die zu verteidigen ich mir jedenfalls nicht die Mühe machen werde: daß die heutige Welt in irgendeinem Sinne kaputt ist, daß die Mitte nicht hält, daß die Not des Künstler-/Schriftstellerselbst wenigstens zum Teil ein historisches Phänomen ist und kein Wesensmerkmal des Künstler-/Schriftstellerseins; daß Menschen zu anderen Zeiten und an anderen Orten, ob man nun von einem Zeitalter des Glaubens oder einem Zeitalter des Mythos sprechen möchte, eine rettende Beziehung zu Gott, dem Kosmos, der Welt und einander wahrgenommen haben. In solchen Zeiten hatte das Selbst nicht das Gefühl, keinen Platz zu haben, oder wenn, dann verstand es seine Ortlosigkeit. Der Künstler/Schriftsteller verspürte vermutlich nicht den gleichen Drang, sein individuelles geniales Selbst zu behaupten, wie es der Künstler heute gern täte. Dem Bildhauer von Chartres kam es vermutlich nicht in den Sinn, die Zehen eines Apostels, den er am Westportal fertiggestellt hatte, mit seinem Namen zu signieren. (Dem Höhlenmaler von Lascaux ebensowenig.) Obwohl er ein sündiger Mensch wie alle anderen war und anfällig für bestimmte Grillen und Possen, hätte er vermutlich den englischen Dichter des neunzehnten Jahrhunderts nicht verstanden, der den Schrei ausstößt: »O Welt! O Leben! O Zeit!« und in die Bucht von Neapel hinaussegelt, um sich zu ertränken. Oder den amerikanischen Schriftsteller des zwanzigsten Jahrhunderts, der mit dem Zug durch die gottverlassenen Nester Amerikas fährt und schreibt: »O du, verloren und vom Winde weh, Geist, komm wieder!«

Der Wiedereintritt in eine solche Welt kann folgendermaßen aussehen: 1. Wiedereintritt ereignislos, intakt überstanden, 2. Wiedereintritt durch Betäubung, 3. Wiedereintritt durch Reisen (Ortsveränderung), 4. Wiedereintritt durch Reisen (sexuelle Veränderung), 5. Wiedereintritt durch Rückkehr, 6. Wiedereintritt durch Verkleidung, 7. Wiedereintritt durch das Ostfenster, 8. Wiedereintritt verweigert, Exitus in die Tiefen des Raums (Selbstmord), 9. Wiedereintritt aufgeschoben, 10. Wiedereintritt durch höheren Beistand, 11. Wiedereintritt durch Angriff.

Ziel des Experiments: herauszufinden 1., welche Möglichkeit Ihnen lieber ist, und 2., welche Möglichkeit Sie wirklich haben.

Erläuterung der Möglichkeiten:

1. Gelungener und ereignisloser Wiedereintritt, Selbst intakt. Theoretisch ist es möglich, daß das abgehobene Selbst so umstandslos wieder in die Welt eintritt wie ein Arzt, der am Mittwochnachmittag seine Praxis verläßt und zum Golf geht, oder wie der Bildhauer von Chartres zum Abendessen mit seiner Familie nach Hause ging.

War das nicht im Grunde der Fall bei William Faulkner, der am Vormittag arbeitete und dann auf den Marktplatz schlenderte, um sich mit den Farmern zu unterhalten und in Reed's Drugstore eine Coke zu trinken? Nicht ganz. Obwohl Faulkner sich alle Mühe gab, als Farmer unter Farmern durchzugehen, war er eben doch keiner. Es war eine Maskerade.

War das nicht der Fall bei Sören Kierkegaard, der stündlich von seinem Schreibtisch aufsprang, auf die Straßen Kopenhagens hinauseilte und mit den Krämern herumstand? Nein, weil er, wie er selbst zugab, das Spiel trieb, für einen Müßiggänger gehalten zu werden, während er gerade zu der Zeit zehn Bücher im Jahr schrieb.

Nur ein Beispiel fällt mir ein von einer Schriftstellerin, die sich mit ihrem Werk in der Kunst des zwanzigsten Jahrhunderts auf einem sehr hohen Niveau bewegt und es dennoch fertigbringt, auf einer der wenigen übriggebliebenen Inseln einer mehr oder weniger intakten Kultur zu leben, in ihrem Geburtshaus, mit der Gesellschaft um sie herum so zwanglos zu verkehren wie der Bildhauer von Chartres, den Eindruck zu machen, daß sie sie selbst ist, ihr Selbst, dasselbe Selbst für ihre Schriftstellerkollegen wie für ihre Mitbürger: Eudora Welty. Vielleicht noch William Carlos Williams.

Wenn Sie das nicht für bemerkenswert halten, stellen Sie sich vor, Sie hätten Ihr ganzes Leben in Ihrem Geburtshaus verbracht. Für einen Amerikaner eine unheimliche, geradezu bestürzende Phantasie.

2. Wiedereintritt durch Betäubung. Das Unerträgliche kann einfach durch einen chemischen Anschlag auf die Hirnrinde erträglich gemacht werden, im allgemeinen durch Alkohol, und im allgemeinen von Schriftstellern. Es ist festgestellt worden, daß Künstler länger leben und weniger trinken als Schriftsteller. Vielleicht retten die Dinge und Handgriffe ihrer Kunst sie vor der Gespenstigkeit des Selbst. Der Maler und der Bildhauer sind die Katholiken der Kunst, der Schriftsteller ist der Protestant. Jene haben die Sakramente, die kon-

kreten Mittler zwischen ihnen und der Schöpfung – die Farbe, die Pinsel, das Obst, die Schale, den Tisch, das Modell, den Berg, das körperliche Formen des Tons. Der Schriftsteller ist der Protestant. Er arbeitet allein in einem Zimmer, das so kahl ist wie ein Versammlungshaus der Quäker, nichts zwischen ihm und seiner Kunst als ein Drehbleistift, wie Gottes Finger, als er Adam berührte. Es zehrt mehr an den Nerven.

WARUM SCHRIFTSTELLER TRINKEN

Er ist in seiner Hirnrinde abgeschnitten. Deshalb ist es seine Hirnrinde, die er attackieren muß. Schlimmer noch. Er, sein Selbst, ist in seiner linken Hirnrinde abgeschnitten, dem Sitz des Bewußtseins laut Eccles. Aber sein Werk kommt, wenn er gut ist, vom Hören auf seine rechte Gehirnhälfte, den Sitz des unbewußten Wissens um die Stimmigkeit der Dinge. Anders als der Künstler, der seine rechte Gehirnhälfte überlisten und drankriegen kann und sie auf Trab bringt, indem er mit Farben und Ton und Stein hantiert, dem natürlichen Spielfeld des träumenden Kindselbst, sitzt der arme Schriftsteller mit gezücktem Stift stocksteif da und hat keine andere Wahl, als zitternd und zagend zu warten, bis der Funke durch die Kommissur überspringt. Daher der notorische Hang zum Aberglauben[15] und zu kleinen Zwangshandlungen, wie das Papier genau parallel zu den Schreibtischkanten legen. Dann, wenn diese krampfhaften Beschwörungen nichts ausrichten und die rechte Gehirnhälfte stumm wird wie die Sphinx – was soll sie sonst machen? –, bleibt, da die rechte nicht reden will, nichts anderes übrig, als die linke mit Alkohol zu attackieren, einem Sedativum, das natürlich den schrecklichen Engel, der das Paradiestor bewacht, k. o. schlägt und den armen gehirnhalbierten Schriftsteller einläßt und noch eine ganze Menge außerdem. Inzwischen aber ist der Schriftsteller betrunken, sein regierendes linksseitiges Handwerksbewußtsein flachgelegt, niedergewalzt von der wilden Bilderflut von rechts und einer Horde reptilienhafter Dämonen von unten.

3. Wiedereintritt durch Reisen (Ortsveränderung). Das Selbst geht von zu Hause fort, weil das Zuhause evakuiert worden ist, nicht ausgebombt, sondern entleert vom Selbst selbst. Das heißt, Haus, Familie, Nachbarschaft und Stadt sind von der Vakuole des Selbst verschlungen, verspeist und in Exkremente verwandelt worden. Welcher Schriftsteller könnte in Oak Park, Illinois, bleiben? Man begibt sich an einen anderen Ort, aber bald ist auch der verspeist und verdaut. Man bleibt auf Achse: von Illinois nach Minnesota nach Paris nach Italien nach Paris nach Spanien nach Paris nach Afrika nach Paris nach Key West nach Kuba nach Idaho. Von Nottinghamshire nach Australien nach Mexiko nach Taos nach Italien. Wenn man auf Achse bleiben kann und wenn die Orte sich ausreichend Form und Flair bewahren, kann es sein, daß einem die Orte nicht eher ausgehen als das Leben. Hemingway gingen die Orte aus. Lawrence nicht.

Ein Extremfall eines verzweifelten und gescheiterten Versuchs, in eine bewohnbare Welt einzutreten, nur um sie zu verbrauchen und weiterzuziehen, ist Kerouac in *Unterwegs*. Im Laufe eines Buches taumelt er sechsmal zwischen New York und Kalifornien hin und her – mit einem Abstecher nach Mexiko.

Die Straße ist besser als das Wirtshaus, sagte Cervantes. Stimmt, aber er rechnete nicht mit gespenstischen Reisenden wie dem Fliegenden Holländer.

Man beachte jedoch, daß der Wiedereintritt durch Reisen und auch durch Exil sich fast immer in einer Bewegung von einem Ort im Norden zu einem Ort im Süden, meistens am Mittelmeer oder in Hispano-Amerika, vollzieht, von einem protestantischen oder postprotestantischen Ort, von der Religion alles Sakramentalen und vom Selbst alles anderen beraubt, zu einem katholischen oder katholisch-heidnischen Ort, einer exotischen, aber nicht zu exotischen Kultur (Bali ginge nicht), der Riten, Fiestas, Zeremonien, merkwürdige

Sitten und Gebräuche und dergleichen einen Inhalt prallen Lebens geben. Dies ist keineswegs ein Sieg der Gegenreformation, denn was hier anzieht, ist nicht der katholische Glaube – der wäre absolut das letzte, was das autonome Selbst wollte –, sondern das Flair und der Prunk des katholischen Glaubens: das Fest von Pamplona, die Kathedrale von Taxco, Mardi Gras und so fort.

Die Anziehung zwischen dem genichteten Selbst und der Fiesta (buchstäblich ein Fest für die ausgehungerte Vakuole des Selbst) erstreckt sich über ein Kontinuum von Affinitäten: an einem Ende etwa die ernste und doch letztlich hoffnungslose Nostalgie von Henry Adams in Mont-Saint-Michel, am andern Ende das seichtere Genießertum etwa von Oppenheimer und Lawrence bei einem Pueblofest in New Mexico, das mit seiner barbarischen Beimischung katholischer und heidnischer Riten dem Selbst, meint es, von beiden Welten das Beste gewährt: Abstand zu halten und sich zugleich am ästhetischen Genuß des Schauspiels zu laben.[16]

4. Wiedereintritt durch Reisen (sexuelle Veränderung). Man hat nacheinander verschiedene Liebhaber des anderen Geschlechts, des gleichen Geschlechts oder beider. Man kann sich das Selbst des autonomen Künstlers in seiner einzigartigen und gottgleichen Abgehobenheit von der gewöhnlichen Menschenwelt nur schwer im häuslichen Frieden mit Weib und Kindern vorstellen, so wenig wie Jupiter im häuslichen Frieden mit Juno. Juno – igitt! Frau, Kinder, trautes Heim, Kaminfeuer, Fernsehen, Atrium, zur Kur nach Florida, zusammen alt werden – igitt! Besser allein in der Wüste alt werden, auf einem Felsen sitzen wie ein Navajo. Doch wie schön sind die Töchter der Menschen! In der Tat, der heterosexuelle Geschlechtsverkehr ist *das* Paradigma für den Wiedereintritt des gespenstischen Selbst in die Welt des Fleisches, von wannen es kam. Nicht *cogito ergo sum* – herrje, wie hat das Selbst diese dreihundertjährige cogitatio satt, eine ganz miese französische Kupplung –, sondern: Wenn ich in dich eintrete, bin ich lebendig, bin ich Mensch.

Weitere Übungen: Weshalb sind so viele Künstler/Schriftsteller homosexuell? Weil die Entfremdung des Selbst so extrem sein kann, daß nicht einmal das lockende Weib als Pforte des Wiedereintritts genommen werden kann – im Gegenteil, die Frau wird zur gefräßigen Vagina, der reinen Negativität, die, ohne etwas zu riskieren, einem hämisch Leistung abverlangt und dadurch die eigene Nichtigkeit bloßzustellen droht. Wenn das stimmt, dann ist es besser, man sucht sein Glück bei der eigenen Art, dem eigenen Geschlecht.

Und weshalb sind Künstler/Schriftsteller promiskuöser als Wissenschaftler? Weil die Wissenschaft besser funktioniert, dies ist das Zeitalter der Wissenschaft, die Wissenschaftler sind die Fürsten der Zeit, während die Künstler/Schriftsteller die tollen Lazarusse beim Festschmaus sind, die wie die Hunde nach den Krümeln gieren und indessen unter dem Tisch herumbalgen und -bumsen.

5. Wiedereintritt durch Rückkehr. Die Möglichkeiten Reise und Exil können erschöpft sein, doch anstatt zu verzweifeln, kann sich dem Reisenden eine letzte Alternative eröffnen: die Rückkehr. Warum nicht dorthin zurückgehen, wo man hergekommen ist, als eine Art bewußte Freiheitsausübung? Nein, es ist nicht nur nicht so, daß man nicht wieder heimgehen kann, man könnte heim müssen – zurück an den evakuierten, ausgebombten Heimatort, eine Ruine, die, gerade weil man sich einst von ihr abwandte, in der langen Zwischenzeit der Abwesenheit auf magische Weise eine gewisse eigene Festigkeit und Unversehrtheit gewonnen hat. Der Südstaaten-Schriftsteller, der Valdosta so schnell und weit hinter sich ließ wie Doc Holliday und von Martha's Vineyard bis Cuernavaca in der Welt umherschweifte, kriegt jetzt zu guter Letzt Heimweh. Und geht heim – für ein Weilchen. Es ist eine Sache, eine Sehnsucht nach der Heimat zu bekommen, während man auf Martha's Vineyard mit Yankee-Schriftstellern säuft oder in Pamplona von den Stieren herumgescheucht wird. Es ist etwas anderes, nach Hause zu fahren und sich in Reed's Drugstore am Marktplatz unters

Volk zu mischen und den Leuten tatsächlich zuzuhören. Man kann nicht deshalb nicht wieder heimgehen, weil die Leutchen daheim auf einen sauer wären – sind sie gar nicht, bilde dir bloß nichts ein, du bist ihnen völlig schnuppe –, sondern weil man, einmal im Orbit und dann wieder zurück in Reed's Drugstore am Marktplatz, das Gerede nicht länger als eine Viertelstunde aushält, bis man wieder fliehen muß: in den Wald, in die Spirituosenhandlung oder zurück nach Martha's Vineyard, wo man wenigstens einen erträglichen und rettenden Abstand zwischen sich und daheim halten kann. Die Heimat mag sein, wo das Herz ist, aber den Mittwochnachmittag verbringt man lieber woanders.

6. Wiedereintritt durch Verkleidung. Der Schriftsteller/Künstler bemäntelt sein genichtetes Selbst, nicht indem er sich in Binden wickelt wie H. G. Wells' unsichtbarer Mann, sondern indem er die Persona-plus-Kostüme anzieht, wie sie Menschen tragen, die auf ihn den Eindruck machen, höchst erfolgreich in die Welt eingetreten zu sein – oder sie nie verlassen zu haben. Ein respektablerer Ausdruck für eine solche Verkleidung ist, eine Rolle spielen. Vor hundert Jahren trugen Künstler, Möchtegern-Künstler und Schriftstellertypen aus der Bohème Arbeiterkittel und Baskenmützen. In neuerer Zeit sind es Jeans, Bärte, Banditenschnauzer, Jeansjacken, Trägerhemden, Longhorn-Gürtelschnallen und dergleichen. Aber was tun, wenn die vulgärsten Typen auf dem Markt, der Autoverkäufer, der Kontensachbearbeiter, auf Cowboy machen? Will sagen, was tun, wenn der Wiedereintrittsmodus, den man sich ausgesucht hat, von eben den Leuten vereinnahmt worden ist, die einen ursprünglich in den Weltraum hinausgetrieben hatten?

Die Verkleidung kann ebenso eine Sache des Verhaltens wie des Schneiders sein. In der Vergangenheit nicht eben für ihre Kampfeslust oder ihren Frauenverbrauch berühmt, haben die amerikanischen Schriftsteller sich zu echten Protzen gemausert, wobei die südliche Subspezies oft die altmodische Form des randalierenden, besoffen im Bordell umgekippten good ol' boy annimmt, während die nördliche sich eher in die politische Pose wirft: die Nase-an-Nase-Cocktailparty-Konfrontation »Tief im Innersten sind Sie ein drekkiges Faschistenschwein«, oder ein wohlgezielter Schwinger auf den Kritiker, der einen in *Time* verrissen hat – wenn auch meistens ohne große Folgen –, oder die Frau in der Küche verprügeln. Dichter weit und breit fühlen sich zu einem exaltierteren Sexualverhalten verpflichtet. Heterodichter auf Vortragsreise tauschen ein Schwarzbuch aus, in dem für die Universitäten, an denen sie lesen, die besten Nummern verzeichnet stehen. Andere Dichter (männlichen Geschlechts) sind für Fingerübungen im Hosenschlitz männlicher Studenten bekannt. Keine schüchternen Swinburnes oder blassen Dante Gabriel Rossettis oder versteckten Housmans mehr.

Der Hauptunterschied zwischen heutigen Südstaaten-Schriftstellern und heutigen Nordstaaten-Schriftstellern: Beide sind sich über die Notwendigkeit im klaren, den Leser aus seiner Bewußtlosigkeit aufzurütteln und mit der Nase auf die hochgradige Kaputtheit der Welt zu stoßen, jedoch der Südstaaten-Schriftsteller macht das, indem er eine Figur gegen ein zerrüttetes, aber noch geltendes Ethos verstoßen läßt – ein doppeltes Ethos, die biblische Tradition und den Ehrenkodex. Das heißt, er *sündigt,* meist sexuell, oder begeht vor dem Hintergrund eines verblaßten Jeffersonschen Glanzes eine barbarische Greueltat – und manchmal beides gleichzeitig, etwa wenn Temple Drake in Faulkners *Die Freistatt* in dem Alten Franzosenhaus von Popeye mit einem Maiskolben vergewaltigt wird. Der heutige Nordstaaten-Schriftsteller, dem beide Traditionen nichts sagen und der nichts hat, gegen das er verstoßen könnte, muß zu einem Akt grundloser und komödiantischer Gewalt Zuflucht nehmen – etwa wenn Michael Milton in Irvings *Garp und wie er die Welt sah* von Helen Garp den Penis abgebissen bekommt.

Eine Bemerkung über Verkleidungen: Das French Quarter in New Orleans zieht seit langem schon Künstler und

Schriftsteller und Homosexuelle an, aus den oben genannten guten und verständlichen Gründen: Latinität, malerisches Äußeres, gemäßigtes exotisches Flair, Mardi Gras, die übliche parakatholische Aura – und der einfachste Weg, aus Mississippi zu türmen oder Ohio. Aber es hat auch eine parakreative Aura. Wie die Bewohner des Vieux Carré im Halbschatten der Kathedrale leben, so leben sie auch im Halbschatten der Kunst. Überraschend wenig erstklassige Kunst ist aus dem French Quarter gekommen, obwohl es ziemlich gewollt das Flair der Pariser Rive Gauche imitiert, Wohnort vieler großer Künstler vor langen Jahren. Dieser Lebensstil, wie man das nennt, erinnert einen an den Stadtcowboy, der insgeheim glaubt, wenn er sich wie ein Cowboy anzieht und wie einer geht, könne er auch einer sein. Faulkner, der nie halbe Sachen machte, schöpfte die Standardmodi des Wiedereintritts in New Orleans überreichlich aus, nicht bloß Ortsveränderung und vielleicht sexuelle, nicht bloß Alkohol, sondern auch ein regelrechtes Repertoire von Verkleidungen. Im Vieux Carré hatte er Auftritte als verwundeter Veteran mit Offiziersstöckchen und falscher Stahlplatte im Kopf, als trinkfreudiger, vagabundierender Bohèmetyp, eine Art Urhippie – und schrieb *Moskitos*, einen nicht besonders guten Roman. Der letzte Wiedereintritt war nötig, die Rückkehr – er mußte heimkehren –, um *Schall und Wahn* zu schreiben. Selbst da mußte er nebenbei ein Farmer »sein«. Später machte er den allergrößten Südstaaten-Wiedereintritt, als Virginia-Gentleman zu Pferde.

Eine Prophezeiung: Da es offensichtlich ist, daß Künstlertypen und Schriftstellertypen und Homosexuelle (denen man zu ihrem guten Geschmack in puncto Städten gratulieren muß: New Orleans, San Francisco, Key West) sich solche Stätten wie das French Quarter unter den Nagel reißen und daß Geschäftstypen und Juristentypen auf Cowboy machen, sage ich voraus, daß arbeitende Künstler und Schriftsteller zu den verlassenen Stätten zurückkehren werden. Ja, sie tauchen bereits in gewöhnlichen Häusern und gewöhnlichen

Straßen auf, denen die Hemingways und Agees schon vor langer Zeit den Rücken gekehrt hatten. Bald werden sie gewöhnliche Hemden und Hosen und Thom-McAn-Schuhe tragen, nicht völlig bewußtlos, sondern als eine Art Einübung des Gewöhnlichen. Was sonst? Wo wären Sie lieber, wenn Sie heute James Agee und am Leben und wohlauf wären: voll bis zum Stehkragen in Greenwich Village herumtorkelnd oder an einem Sommerabend auf der Veranda eines Hauses in Knoxville sitzend?

7. Wiedereintritt durchs Ostfenster. Wiedereintrittswinkel zu flach, Rückprall in den Raum, aus dem singulären Selbst an einem singulären Ort zurück ins kosmische Selbst und aus der linearen Zeit hinein in die Kreisläufe der Reinkarnation und die ewige Wiederkehr. Kometenorbit.

Das Selbst entkommt der Last seiner selbst und erlangt Satori durch die Aufhebung des Selbst, des Atman, im kosmischen Selbst, dem Brahman des Hinduismus.

Eine solche Übereignung des Selbst war schon immer eine attraktive Möglichkeit in Anbetracht der ewigen Unfähigkeit des Selbst, sich selbst wahrzunehmen, aber in diesem Zeitalter ist sie infolge des neuzeitlichen historischen Dilemmas des Selbst attraktiver denn je. Die Bewegung der Wissenschaft geht dahin, das Selbst von der Welt abzuheben, den Wissenschaftler ebenso wie den Laien, der durch den triumphierenden Geist der Wissenschaft ohne große Umstände mit abgehoben wird, ohne jedoch durch die Lust an der Ausübung der Wissenschaft entschädigt zu werden. Die Bewegung der Kunst geht zur Isolierung und Vereinsamung des Künstlers als eines Kunst treibenden Individuums.

Daher die Offenheit des Ostfensters, vor allem in Kalifornien, wo die Wiedereintrittsmöglichkeiten sich oft zuerst bieten.

Es gibt charakteristische Affinitäten zwischen dem Modus des Wiedereintritts durchs Ostfenster und gewissen anderen Wiedereintrittsmodi, z. B. Reisen und Exil, oft mit einem Spritzer Wissenschaft als Würze.

Beispiele: englische Schriftsteller in Hollywood – Huxley, Isherwood u. a. Wiedereintritt durch Reisen (Ortsveränderung) plus Reisen (homosexuelle Veränderung) plus Ostfenster, wobei der Modus des multiplen Wiedereintritts von der Wissenschaft abgesichert wird (bewußtseinsverändernde Drogen, die die Pforten der Wahrnehmung öffnen und das Selbst in seiner Flucht vor sich selbst unterstützen).

Es ist kein Zufall, daß die postprotestantischen Engländer als Vorreiter der wissenschaftlichen und industriellen Revolution über zwei Jahrhunderte auch die Entdecker und Meister charakteristischer Wiedereintrittsmodi waren, besonders Reisen (Orts- und sexuelle Veränderung) und Verkleidungen. Es kommt nicht von ungefähr, daß die Engländer nicht nur die besten Schauspieler der Welt sind, sondern auch die besten Spione. Der moderne Engländer kann jedermann werden. Der prototypische Engländer des zwanzigsten Jahrhunderts ist nicht John Bull oder Colonel Blimp, sondern Lawrence in Arabien, Olivier in *Der Komödiant*, Maugham im Secret Service.

Meinen Sie, es sei ein Zufall, daß die besten Verfasser von Agententhrillern alle Engländer sind?

8. Verweigerung des Wiedereintritts und ein für allemal Exitus in die Tiefen des Raums, was bedeutet: Selbstmord. Seltsamerweise ist der Selbstmord, obwohl die schrecklichste aller Möglichkeiten, oft die ehrlichste, insofern als dem Selbstmörder die anderen Möglichkeiten ausgegangen sind und sie ihm nicht genügten. Selbstmord, heißt das, könnte eine logischere Möglichkeit darstellen als ein ständig wiederholtes Durchlaufen früherer Möglichkeiten – vom Suff nach Spanien zu Weibern und zurück, vom Suff nach Spanien usw.; Lustwandeln im Buena Vista Park, der fünfhundertsten Fellatio entgegen.

9. Wiedereintritt aufgeschoben: Selbst für unbegrenzte Zeit fest im Orbit. Das bedeutet den Rückzug des Künstlers. Siehe Salinger im Wald, Proust im mit Korkeiche ausgekleideten Zimmer. Schließlich gibt es keinen semiotischen

Grund a priori, weshalb das Selbst wieder in die Welt eintreten müßte. Es kann ganz einfach die Künstlerpose den ganzen Tag lang durchhalten, auch um vier Uhr nachmittags, und nicht mehr mit der Welt zu schaffen haben als ein Kartäusermönch, der sein Essen per Durchreiche bekommt.

10. Wiedereintritt durch direkten Beistand Gottes. Es ist theoretisch möglich, wenn auch praktisch außerordentlich schwierig, wieder in die Welt einzutreten und ein intaktes Selbst zu werden, indem man den Wiedereintrittsmodus wählt, den Kierkegaard meinte, als er schrieb: »indem es es selbst sein will, gründet sich das Selbst durchsichtig in Gott.«[17] Dies ist in der Tat, laut Kierkegaard wie auch Pascal, der einzige tunliche Wiedereintrittsmodus, die anderen seien nur Fallen und Täuschungen.

Es gibt wenigstens zwei Gründe – und sie haben mit dem Wesen des Zeitalters zu tun –, weshalb diese Möglichkeit so schwerfällt.

Einer ist, daß vom abgehobenen Standpunkt der Natur- und Geisteswissenschaften aus – mit einer Haltung sich selbst ausklammernder Objektivität, die durch den spektakulären Triumph der Wissenschaft die natürliche Einstellung des gebildeten Menschen geworden ist – Gott, sofern überhaupt für existent gehalten, notgedrungen begriffen wird als bloß eines von vielen Bestandstücken in der Welt, das man pflichtschuldigst beachtet, zur Kenntnis nimmt und sich gegenübergestellt sieht.

Der andere Grund ist, daß die Anhänger der Gottpartei, wenigstens diejenigen, welche am häufigsten »Herrgott, Herrgott!« sagen, so unwissend und peinlich sind, daß die meisten gebildeten Menschen nichts mit ihnen gemein haben möchten. Wenn die dafür sind, dann kann ich nicht völlig falsch liegen, wenn ich dagegen bin.

Es stimmt, daß sowohl von Paulus als auch von Gott geschrieben steht, sie hätten einfache Leute den überschlauen vorgezogen, vor allem den Philosophen. Aber Fernsehprediger haben wenig Anlaß, sich damit zu trösten.

Ungebildet sein ist noch keine Gewähr dafür, nicht peinlich zu sein.

Frage: Wer ist am peinlichsten, Protestanten, Katholiken oder Juden?

Antwort: Das hängt davon ab, wo man steht und mit wem man redet – wenn es auch nur schwer vorstellbar ist, daß eine Gruppe die anderen beiden unentwegt an Peinlichkeit übertrifft. Dennoch, so peinlich alle drei sind, keine ist so mörderisch wie das autonome Selbst, das, da es an nichts glaubt, einer Ideologie verfallen und Millionen Menschen umbringen kann – Unerwünschte, Alte, Kranke, Unnütze, Ungeborene, Staatsfeinde –, und das ganz vernünftig, leidenschaftslos, sogar ordentlich, sicherlich ohne die geringste Peinlichkeit.

Die Religion jedenfalls hat in letzter Zeit schlecht abgeschnitten, vielleicht aus gutem und zureichendem Grund. Im großen und ganzen haben Wissenschaftler und Künstler und das autonome Selbst Gott abgeschüttelt, ob aus gutem Grund oder nicht, ob mit katastrophalen Folgen oder nicht, bleibt abzuwarten.

Jedenfalls ist der Wiedereintritt aus den befremdlichen Abgehobenheiten des zwanzigsten Jahrhunderts in das gewöhnliche Leben, an einen konkreten Ort und in eine konkrete Zeit, der mit direktem Beistand Gottes unternommene Wiedereintritt, eine schwierige, wenn nicht fast unmögliche Aufgabe. Und doch hat es, wie ich höre, selbst in dieser unserer Zeit ein paar Schriftsteller gegeben, die, durchsichtig in Gott gegründet, sie selbst geworden sind und es fertiggebracht haben, schwierige Leben intakt zu bestehen, z. B. Simone Weil, Martin Buber, Dietrich Bonhoeffer. Manche haben sogar Kierkegaard übertroffen und beides, Schöpfung und Kunst, so gesehen wie der Bildhauer von Chartres: als dicht und geheimnisvoll, gnadenreich, anagogisch und sakramental, z. B. Flannery O'Connor.

11. Wiedereintritt durch Angriff. Der Schriftsteller/Künstler vergewissert sich, daß er in der Welt ist und daß er wirk-

lich ist, indem er sich gegen die Welt stellt, meistens in Form politischer – und in der Regel revolutionärer – Aktivitäten. Selbst wenn man vom Staat eingesperrt wird – besonders wenn man eingesperrt wird –, kann man die Gewißheit haben, ein Mensch zu sein. Gespenster kann man nicht einsperren. Dieser Schachzug bietet sich für europäische Schriftsteller eher an, denn sie werden ernster genommen als amerikanische. Von amerikanischen Schriftstellern heimlich beneidet: Alexander Solschenizyn. Trotz heftiger Angriffe auf den Staat und das Establishment schenkt niemand den amerikanischen Schriftstellern viel Aufmerksamkeit, am allerwenigsten der Staat. Sich gegen den Staat gestellt und ihn besiegt zu haben wie Solschenizyn, das übersteigt die kühnsten Träume des amerikanischen Schriftstellers. Weil es dem Staat egal ist. Diese Gleichgültigkeit führt zu immer krampfhafteren Bemühungen, Aufmerksamkeit zu erregen, wie bei einem nicht beachteten Kind, ja, man geht so weit, Präsident Johnson und Lady Bird dabei darzustellen, wie sie das Attentat auf Kennedy planen (in Barbara Garsons *MacBird!*), oder Präsident Nixon, wie er mit Ethel Rosenberg schläft und von Uncle Sam auf dem Times Square hinterwärts gevögelt wird (in Robert Coovers *Die öffentliche Verbrennung*).

Und trotzdem, niemand schert sich drum.

Ein Paradigma dieses zumeist scheiternden Wiedereintrittsversuches: ein einsamer »radikaler« amerikanischer Schriftsteller steht vor dem Eingang des Weißen Hauses, schreit Unflätigkeiten über diesen faschistischen Staat, Diktatur, Ausbeutung der Minderheiten, Beschneidung der Redefreiheit und so weiter und so fort – und Präsident, Polizei und Passanten kümmern sich gar nicht drum.

Es gibt Schlimmeres als den Gulag.

Gedankenexperiment: Das Wiedereintritts-Ouiz.
Ziel: Es soll Sie in die Lage versetzen, Ihr eigenes Transzendenz-Apogäum und Ihr dementsprechendes Wiedereintrittsbedürfnis zu ermitteln.

Methode: Kreuzen Sie diejenigen Wiedereintrittsschneisen an, die Sie auf eigentümliche, ja zwingende Art attraktiv finden, und zählen Sie Ihre Punkte zusammen.

Wiedereintritt durch

(1) – Betäubung (Alkohol, Hasch, Kokain usw.).

(2) – Reisen (Ortsveränderung, z. B. Appalachian Trail, griechische Inseln usw.).

(3) – Reisen (sexuelle Veränderung).

(4) – Rückkehr (zurück nach Valdosta, zurück nach Philadelphia-Mitte usw.).

(5) – Verkleidung (z. B. Südstaaten-Schriftsteller als good ol' boy, Nordstaaten-Schriftsteller als Brooklyner Stadtpflanze, die zum Connecticut-Yankee mit L. L. Bean Boots wird).

(6) – das Ostfenster (Pilgerfahrt nach Katmandu oder zu Trungpas Kommune in Colorado).

(7) – die Tiefen des Raums (Selbstmord).

(8) – Wiedereintritt aufgeschoben, permanenter Orbit (Salinger im Wald, Boo Radley vierzig Jahre in einem Haus in Alabama verkrochen).

(9) – höheren Beistand (Bekehrung).

(10) – Angriff (mörderischer politischer Haß, Phantasien über ein Attentat oder ersatzweise Freude über eines).

WÄHLEN SIE, WAS AUF SIE ZUTRIFFT.
ADDIEREN SIE DIE PUNKTE.

ANMERKUNG: Eine hohe Punktzahl zeigt das Apogäum Ihres Orbits an, ist aber nicht unbedingt schlecht. Faulkner hätte vielleicht 5 Punkte erzielt (siehe Wiedereintrittsmöglichkeiten 1, 2, 3, 4, 5), Malcolm Lowry 6, William Burroughs 7 und Erle Stanley Gardner, soweit ich das ermessen kann, 0.

Eine hohe Punktzahl zeigt lediglich vorurteilsfrei das Apogäum eines Transzendenzorbits mit all seinen Höhen und Tiefen an.

15. Das ausgeblendete Selbst

Inwiefern Wissenschaftler sich selbst und andere Selbste in ihrer Wissenschaft nicht berücksichtigen müssen, und ein paar Schwierigkeiten, die auftreten, wenn sie doch müssen

Warum hören Wissenschaftler ungern, was offensichtlich der Fall ist: daß Homo sapiens sapiens vor sehr kurzer und in sehr kurzer Zeit auf den Plan trat, binnen einiger hunderttausend Jahre des oberen Pleistozäns zirka, vielleicht sogar weniger – mit einem Wort, in weniger Zeit, kosmologisch gesprochen, als man braucht, um die biblische Schöpfungsgeschichte zu erzählen; daß die besonderen Kennzeichen des Menschen, das explosive Wachstum der Hirnrinde und die sechzigprozentige Zunahme des Gehirnvolumens, Sprache, Bewußtsein, Selbst, Kunst, Religion, Wissenschaft, für kosmische Zeitbegriffe Null Komma nichts entstanden; daß, obwohl die Evolutionstheorie Darwin, nicht Wallace, zugute gehalten wird, es Wallace war, nicht Darwin, der anscheinend mit seiner Behauptung recht behalten hat, alle Menschen, auch die primitivsten, seien voll mit dem gleichen Neokortex ausgestattet und alle Menschen hätten den gleichen beispiellosen Übergang zu Sprache und Kultur vollzogen; daß das Gehirn des »primitivsten« Menschen sich nicht erkennbar von dem Beethovens unterscheidet und daher durch die Darwinsche Theorie allmählicher Anpassung einer Art an seine Umwelt vermittels natürlicher Auslese der überlebensgünstigsten Merkmale nicht erklärt werden kann?

Zwei Dogmen:

Erstens die neodarwinistische Theorie: Der Mensch ist entstanden durch das zufällige Zusammentreffen von Molekülen und das Überleben derjenigen Molekülverbindungen, d. h. Organismen, die durch die zufällige Häufung kleiner Mutationen am besten dafür gerüstet sind, in einer veränderlichen Umwelt zu leben. Wenn Darwin recht hat, fragte Wallace, warum besitzt dann der Feuerländer ein Gehirn, das von dem eines Einstein oder Beethoven nicht erkennbar verschieden ist, obwohl er deren Gehirn gar nicht braucht?

Zweitens die sogenannte wissenschaftliche Schöpfungslehre (scientific creationism): Der Ursprung der Arten erfolgte nicht durch Evolution über Millionen von Jahren, sondern durch einzelne Akte Gottes.

Beide sind unwahrscheinlich.

Darwin hatte recht mit der Tatsache der Evolution, und der Beitrag, den er leistete, war beispiellos. Die Evolution ist keine Theorie, sondern eine Tatsache. Es ist eine Tatsache, daß die Dinosaurier vor 75 Millionen Jahren hier waren und nach ihnen die Säugetiere kamen. Es ist eine Tatsache, daß der Mensch sich aus primitiveren Hominiden entwickelt hat.

Die gegenwärtige Evolutionstheorie jedoch tut sich schwer, die Tatsachen der Evolution zu erklären. Der Neodarwinismus ist derart unbefriedigend, daß einige Wissenschaftler auf der Suche nach Erklärungen weit in die Ferne geschweift sind. Francis Crick, als einer der Entdecker der DNS-Struktur mit dem Nobelpreis ausgezeichnet, glaubt, die DNS könne nur aus dem Weltraum gekommen sein, höher entwickelte Kulturen hätten sie uns in Form von Bakterien geschickt. Sir Fred Hoyle meint, die Bakterien könnten beim Durchgang von Kometenschweifen gekommen sein. So phantastisch solche Vorstellungen sind, scheinen sie diesen Wissenschaftlern doch weniger unzulänglich vorzukommen als die gegenwärtige Evolutionstheorie.

Schwierigkeiten treten auf, wenn triadische Wesen (Wissenschaftler) versuchen, die Evolution durch rein dyadische Ereignisse zu erklären. Die neodarwinistische Theorie tut sich schwer, Gründe zu liefern für das merkwürdige, plötzliche und späte Erscheinen des Menschen, des bewußten Selbst, das spricht, lügt, sich täuscht und auch die Wahrheit sagt. Sie gibt eine bewundernswerte Begründung für die unterschiedlichen Schnabelformen bei den Darwin-Finken, aber was hat sie über Darwin selbst zu sagen, wie er in Kent am Kaminfeuer sitzt und auf eine Theorie kommt, die alles Leben in einer Sphäre der Interaktion und Immanenz verweist, während er sich selbst klammheimlich in die Sphäre der Transzendenz erhebt, und wie er bei dem Gedanken zittert, wer wohl als erster mit seiner Theorie an die Öffentlichkeit treten werde, er oder Wallace?

Die gegenwärtige hitzige Kontroverse zwischen Evolutionisten und Vertretern der »wissenschaftlichen Schöpfungslehre« ist eine der sonderbarsten in der Wissenschaftsgeschichte, sonderbar in der Art, wie von beiden Seiten Dogmen versteckt und eingeschmuggelt werden.

Wissenschaftliche Schöpfungslehre: Es gibt wissenschaftliche Belege für eine historische große Überschwemmung, die biblische Sintflut, und für die Getrenntheit der Arten, aber wenig oder gar keine Belege für Zwischenformen. (Verstecktes Dogma: Als fundamentalistischer Christ glaube ich wortwörtlich an den Schöpfungsbericht im Buch Genesis und fordere, daß die wissenschaftliche Theorie damit in Einklang gebracht werde.)

Neodarwinismus: Die überwältigende Mehrheit der Tatsachen spricht dafür, daß die Evolution durch die natürliche Auslese derjenigen Organismen vonstatten ging, die durch die zufällige Häufung kleiner Mutationen sich am besten an eine veränderte Umwelt anpaßten. (Verstecktes Dogma: Ich, der Wissenschaftler, ein triadisches Wesen mit einem transzendierenden objektiven Bewußtsein und dem Wunsch, Aufsätze zu schreiben, die von meinen Kollegen bestätigt oder widerlegt werden, fordere dennoch, daß meine Daten den dyadischen Interaktionsgesetzen gehorchen, die in der Physik, der Chemie und der Biologie niederer Organismen gelten.)

So unbefriedigend die Schlachtlinien in ihrem derzeitigen Verlauf sein mögen, muß man sich dennoch auf die Seite des modernen Evolutionisten schlagen, und sei es nur aus dem Grund, daß seine Position, wenn auch falsch, sich letztlich selbst korrigieren kann, die der wissenschaftlichen Schöpfungslehre aber nicht.

Der Kampf ist in der Tat eine unglaubliche Energieverschwendung.

Die Christen hätten sich nicht so ins Zeug zu legen brauchen. Die Evolutionstatsachen über die Entstehung des Menschen, z. B. das plötzliche Auftreten von Homo sapiens sapiens (Cromagnonmensch) vor nicht mehr als 35 000 Jahren, sind genauso spektakulär wie der Bericht im Buch Genesis und lassen der Theologie schwerlich weniger Raum.

Die Wissenschaftler sollten sich weniger Gedanken machen über offene Übergriffe der Religion auf die Wissenschaft, die niemals glücken, und mehr Gedanken über versteckte wissenschaftliche Dogmen, z. B. daß wir triadischen Wissenschaftler fordern, nur dyadische Ereignisse sollten in wissenschaftlichen Theorien Eingang finden dürfen. Beispielsweise haben die Naturwissenschaftler sich niemals ernsthaft mit dem Problem der Sprache beschäftigt, *Sprache betrachtet als ein natürliches Phänomen und nicht als eine formale Struktur,* jener herausragenden triadischen Eigenschaft des Menschen. Erst wenn die Wissenschaft bereit ist, das ins Auge zu fassen, was Sebeok »die Schnittstelle von Natur und Kultur« nennt, kann das volle Gewicht, das dem Auftreten des Menschen im Evolutionsablauf zukommt, ermessen werden.

Frage I: Warum werden Wissenschaftler durch das verunsichert, was doch eine Tatsache zu sein scheint, nämlich daß Homo sapiens sapiens, ein bewußtes, sprachbegabtes Wesen, plötzlich und spät erschien – wenn Wissenschaftler doch vorgeben, an den Tatsachen interessiert zu sein?

(a) Weil es Wissenschaftler verständlicherweise graust vor der Theorie einer besonderen Schöpfung des Menschen durch Gott zu einem biblischen Zeitpunkt, sagen wir im Jahre 6004 v. Chr. an einem Mittwochvormittag um elf.

(b) Weil Wissenschaftler es natürlich finden, sich mit Materie in Interaktion und mit Energieaustauschprozessen zu beschäftigen, und nicht wissen, was sie mit solchen Sachen wie Bewußtsein, Selbst und Symbolen anfangen sollen, und mitunter sogar leugnen, daß es solche Sachen gibt, obwohl sie, die Wissenschaftler, sich in jeder Beziehung so verhalten, als ob sie bewußte Selbste wären, und ihr Leben mit Transaktionen von Symbolen zubringen.

(c) Weil Wissenschaftler durch Diskontinuitäten verunsichert werden, selbst wenn das Auftreten des Menschen in seiner ganzen Widersprüchlichkeit solche Diskontinuitäten belegt. Die offenbarte Religion hat ihre Dogmen, z. B.: Du sollst nicht töten. Aber die Wissenschaft genauso: Du sollst keine Diskontinuitäten dulden. Die Frage ist, wer mehr im Recht ist.

(d) Weil Wissenschaftler in der Anwendung der wissenschaftlichen Methode, einer nicht auf den Grund gehenden Erkenntnis von Materie in Interaktion, oft nicht damit zufrieden sind, daß die wissenschaftliche Methode nicht auf den Grund geht, und daher eine Haltung heimlicher Transzendenz ihren Daten gegenüber einnehmen, die in derselben Bewegung in die Sphäre der Immanenz verwiesen werden. Demnach operieren Wissenschaftler in genau der Sphäre der Transzendenz, die in ihrer Wissenschaft gar nicht eingeräumt wird. Bei so einer Geisteshaltung findet man es nicht allein anstößig, wenn eine Diskontinuität in der Sphäre der Immanenz, den Daten, auftaucht, sondern vor allem nimmt man Anstoß, wenn die Diskontinuität das Eingreifen Gottes zuzulassen scheint. Ein Gott ist ja schon da. Ein Wissenschaftler steht zu seinen Daten als ein Gott. Und wenn es für ihn etwas Anstößigeres gibt als den Gedanken der Existenz Gottes, dann ist es die Existenz zweier Götter.

WÄHLEN SIE

Wie kann eine immanente Theorie der Evolution, aufgestellt aus der transzendierenden Geisteshaltung der Wissenschaft heraus, erklären, daß ein triumphierender, gottgleicher, mörderischer Fremdkörper im Kosmos erscheint, der einzige Fremdkörper im Kosmos, Homo sapiens sapiens, z. B. der Wissenschaftler selbst?

Was lediglich besagt, daß Darwin ein sehr großer Wissenschaftler war, daß Wallace ein bißchen plemplem war, manchmal peinlich okkult, aber am Ende der Wahrheit über den Menschen nähergekommen sein könnte.

Gedankenexperiment: Sie gehen auf die High School. In der Schule besuchen Sie den Biologieunterricht, wo Sie die moderne Evolutionstheorie lernen. Sonntags gehen Sie zur Kirche, wo Sie von einem fundamentalistischen Prediger die Schöpfungsgeschichte zu hören bekommen. Dann gehen Sie aufs College und hören einen liberalen Theologieprofessor, der ein Seminar über »Die Wissenschaft und die großen Weltreligionen« hält. Sie erzählen dem Theologieprofessor von der Kontroverse zwischen dem Prediger und dem Biologielehrer. Der Theologieprofessor schmunzelt und sagt: Beide haben recht. Das Buch Genesis ist ein mythischer Bericht über den Ursprung des Kosmos, den Ursprung des Lebens und den Ursprung des Menschen. In diesem Mythos steckt eine gewisse Wahrheit. Es gibt andere kosmologische Mythen, jeder auf seine Art gültig. Es gibt so etwas wie mythische Wahrheit. Ja, die neodarwinistische Theorie der Evolution durch Mutationen und natürliche Auslese ist eigentlich ein eindrucksvolleres Zeugnis für die Majestät Gottes als die Vorstellung, Gott hätte die Millionen von Arten durch einzelne und eigenmächtige Schöpfungsakte geschaffen, so wie ein Kind sich aus Ton eine Menagerie knetet.

Der Student sagt: Keiner von Ihnen befriedigt mich. Sie alle können mich nicht überzeugen – und Sie, Herr Theologieprofessor, sind vielleicht der schlimmste von allen, denn Sie stellen niemanden zufrieden und übertünchen alles im Namen von Nichts. Wie kann ein Mythos, von dem Sie sagen, er sei im wissenschaftlichen Sinne unwahr, in einem anderen Sinne wahr sein? Was ist Wahrheit? Was ich gerne wissen möchte, ist folgendes, und es scheint mir nicht zuviel verlangt zu sein: Wann und wo der Mensch nun erstmals aufgetreten ist, ob im oberen Pleistozän oder im Jungpaläolithikum, ob in den Höhlen der Dordogne oder im Neandertal, bitte sagen Sie mir, und lassen Sie Gott beiseite, Darwin und Wallace auch, bitte sagen Sie mir, nicht in allen Einzelheiten, sondern bloß in der allgemeinsten und schematischsten Weise – bitte sagen Sie mir, wie Materie in Interaktion, eine Abfolge von Energieaustauschprozessen, ein »Feuern« von einem Neuron zum andern wie bei einem binären Computer, zur Folge haben kann, daß ich bewußt bin, ein Selbst habe, Sätze sprechen kann, die mehr oder weniger wahr sind und die Sie verstehen können. Bitte entschuldigen Sie meine Dummheit, aber könnte mir jemand eine Skizze zeichnen? Oder mir nur einfach *im Prinzip* erzählen, wie das geschehen konnte? Oder, wenn es eine Seele gibt, sagen Sie mir bitte, welche Belege es dafür gibt, daß sie existiert, und wenn sie existiert, wie sie mit dieser kompakten Masse von Milliarden Neuronen zusammenhängt, die mein Gehirn ist.

Was meinen Sie, wie seine drei Lehrer, der Wissenschaftler, der Prediger und der Theologieprofessor, von denen jeder Anspruch auf die Erkenntnis einer bestimmten Art von Wahrheit erhebt, ihm antworten würden?

Wie würden Sie ihm antworten?

(a) Halten Sie sich an die derzeitige wissenschaftliche Theorie. Sie ist zuverlässiger als die Religion. Es könnte durchaus sein, daß es so etwas wie Seele, Selbst, Bewußtsein und alles übrige gar nicht gibt.

(b) Gott kommt zuerst, steht über allem anderen, daher auch über der Wissenschaft. Glauben Sie an die Bibel, und alles andere ergibt sich von selbst.

(c) Ich weiß die Antwort nicht. Warum hören Sie nicht auf zu jammern, werden ein Anthropologe, ein Psycholinguist oder ein Neurobiologe und versuchen, es selbst herauszufinden?

WÄHLEN SIE

Frage II: Die Anomalie des Objektivismus. Angesichts der lauthals verkündeten Objektivität der wissenschaftlichen Methode in bezug auf Gott und ihrer Offenheit für Tatsachenbeweise, wie erklären Sie sich da den Widerwillen des Objektivisten gegen Gott, selbst wenn die Möglichkeit einer Existenz Gottes von einem Wissenschaftler, der höchstes Ansehen genießt, thematisiert wird?

Der folgende Vorfall ereignete sich an der Harvard University, angeblich eine Hochburg objektiver Erkenntnis. Ich zitiere aus einem Artikel von Charles Krauthammer (*The New Republic*, 25. Juli 1981): »Vor einigen Jahren schloß Sir John Eccles, der große australische Neurobiologe, einen Harvard-Vortrag über die Organisation des Gehirns mit dem Eingeständnis, daß man mit der Evolution zwar das Gehirn erklären könne, seines Erachtens aber nicht den Geist mit seiner geheimnisvollen Anlage zu Bewußtsein und Denken: der ließe sich nur mit etwas Transzendentem erklären. Das Publikum fing an zu zischen.«

Die Anomalie liegt in der Tatsache, daß man vom Harvard-Publikum, ausgestattet mit Geist, Bewußtsein und Denken und mit mehr intellektueller Neugier als die meisten – sollte man jedenfalls meinen –, hätte erwarten können, daß es die Ansichten eines berühmten Neurobiologen über das Thema wohlwollend aufnimmt – zumal die akademische Psychologie es versäumt hat, diese Fragen auch nur zu stellen.

Warum zischte das Harvard-Publikum Sir John Eccles aus und nicht, sagen wir, Jane Fonda?

(a) Weil Gott und die Religion einen schlechten Ruf haben, und das durchaus verdient, wenn man die Exzesse der »moralischen Mehrheit«, den fundamentalistischen Angriff auf die Wissenschaft und besonders die Absurdität der »wissenschaftlichen Schöpfungslehre« bedenkt.

(b) Weil zwar die wissenschaftliche Methode offiziell neutral zu Gott stehen mag, aber der Szientismus, eine Einstellung, die aus der Objektivität der wissenschaftlichen Methode einen alles abdeckenden transzendierenden

Objektivismus extrapoliert, nicht neutral sein kann. Es gibt im Kosmos keinen Platz für einen absolut transzendierenden objektiven Geist und einen absolut transzendierenden Gott.

WÄHLEN SIE

16. Das einsame Selbst I

Wieso das autonome Selbst sich im Kosmos dermaßen allein fühlt, daß es keine Mühe scheut, um mit Schimpansen, Delphinen und Buckelwalen zu reden

In den letzten Jahren sind von der Regierung und Primatologen gewaltige Anstrengungen und Geldsummen für den Versuch aufgewandt worden, zu demonstrieren, daß Schimpansen und andere Menschenaffen die menschliche Sprache erlernen können. Schimpansen wurden adoptiert wie Kinder und mußten sich, anders als Kinder, jahrelang konzentrierten Sprachlehrgängen unterziehen. Als die Versuche, Schimpansen das Sprechen beizubringen, fehlschlugen, probierte man es statt dessen mit der Zeichensprache. Glänzende Erfolge wurden gemeldet. Einige Schimpansen wurden berühmt.

Dennoch besagen die neuesten Beurteilungen maßgeblicher Wissenschaftler, daß die Primatologen sich entweder getäuscht oder zumindest übertriebene Behauptungen aufgestellt haben. Es stellt sich jetzt heraus, daß Schimpansen gar keine Sprache benutzen, sondern vielmehr Zeichen und Reaktionen, um Belohnungen (z. B. Bananen) zu bekommen. Die Grundelemente der Sprache fehlen: Symbole, Sätze, Produktivität, kulturelle Übertragung. Inzwischen haben sogar einige der missionarischsten Primatologen ihre Behauptungen modifiziert.

Kurzum, Schimpansen, scheint's, können nicht sprechen, weder mit der Stimme noch mit den Händen. Oder, wie Sebeok es ausdrückt, Tiere verfügen über Kommunikation, aber nicht über Sprache.

Dennoch besteht in der Öffentlichkeit der Eindruck, daß Schimpansen, und vielleicht Delphine und der Buckelwal, die Sprachschranke überschritten hätten. Es gibt Spekulationen über das mathematische und metaphysische Wissen von Delphinen. So hat zum Beispiel, laut einem Zeitungsbericht vor einiger Zeit, das Lied eines Buckelwals zehnmal so viele Phoneme wie die menschliche Rede.

Frage: Warum wollen die Menschen im allgemeinen gern glauben, daß Schimpansen und Delphine und Wale sprechen können, und warum wollen im besonderen Wissenschaftler so unbedingt an das Sprachvermögen von Schimpansen glauben, daß sie dafür ihre eigene Wissenschaft kompromittieren?

(a) Weil jeder, der in ein Experiment seinen Ruf, eine große Menge Mühe, Zeit und Geld investiert hat, will, daß es Erfolg hat.

(b) Weil sich in den letzten dreihundert Jahren die Verstoßung des Menschen aus seiner vermeintlichen zentralen Position im Kosmos auf einen unbedeutenden Planeten vollzogen hat (Kopernikus, Galilei), aus seiner Einmaligkeit unter den Arten als des einzigen beseelten Wesens und als von Gott nach seinem Bilde erschaffen (Darwin) und sogar aus der Souveränität seines eigenen Bewußtseins (Freud). Allein die Sprache und anderes symbolisches Verhalten (Kunst, Musik) scheint dem Menschen als unbestreitbar einzigartiges Attribut zu bleiben. Wenn gezeigt werden kann, daß die Sprache innerhalb des Vermögens von Menschenaffen, Delphinen und Buckelwalen liegt, wird die Entthronung des Menschen perfekt sein.

(c) Weil der Mensch eine einsame und sorgengeplagte Spezies ist, nicht weiß, wer er ist oder was er mit sich anfangen soll, und sich irgendwie anders fühlt als die übrigen Wesen, überlegen und unterlegen zugleich: überlegen, weil er immerhin andere Tiere erforscht und wissenschaftliche Aufsätze über sie schreibt, während andere Tiere ihn nicht erforschen; unterlegen, weil er kein sehr gutes Tier ist, oftmals dumm, irrational und selbstzerstörerisch – und einsam im Kosmos wie Robinson Crusoe, von der Außenwelt abgeschnitten auf einer von Ziegen bevölkerten Insel. Deshalb möchte er gern seinen Platz im Kosmos entdecken, einen Freitag finden oder, wenn daraus nichts wird, wenigstens den Ziegen das Sprechen beibringen. Etliche waren in der Tat so versessen darauf, mit Washoe, dem berühmtesten Schimpansen, zu kommunizieren, daß drei Psychologen bei dem Versuch, Washoe Zeichen zu machen, für ihre Mühen den Finger abgebissen bekamen. Der arme Mensch: schon wieder abgeblitzt.

(d) Weil ein Primatologe mit anderen Primatologen konkurriert und sich daher selbst unter seinen Kollegen einsam fühlt. Wenn er sich mit seinem Schimpansen unterhalten könnte, würde er von beiden Welten das Beste haben: 1. andere Wissenschaftler ausstechen und 2. jemanden zur Unterhaltung haben.

Wenn der Mensch nicht mit anderen Wesen kommunizieren kann, ist er mit sich allein. Nachdem er Delphinen alles mögliche mystische und philosophische Wissen nachgesagt und Jahre mit dem Versuch zugebracht hatte, mit ihnen zu kommunizieren, wechselte Dr. John Lilly den Beruf und begann, die Auswirkung bewußtseinsverändernder Drogen auf das individuelle menschliche Bewußtsein zu untersuchen. Er sprang aus dem Delphinbecken in den Isolationstank des Selbst.

Gedankenexperiment: Stellen Sie sich vor, Sie seien der Wissenschaftler, der dem letzten der aufgeblasenen Ansprüche des Menschen auf Einzigartigkeit im Kosmos endlich die Luft rausgelassen hat. Jetzt ist zweifelsfrei bewiesen, daß der Mensch ein Organismus unter anderen Organismen ist, eine Spezies in Kontinuität mit anderen Spezies, ein Wesen, das in Interaktion mit einem immanenten Kosmos existiert wie alle anderen Wesen, wie alle Elemente, Moleküle, Gaswolken, Novae, Galaxien.

Nachdem Sie jetzt dem Menschen als Forschungsobjekt einen wenn auch noch so unbedeutenden Platz im Kosmos zugewiesen haben, wie gedenken *Sie,* der Wissenschaftler, das Selbst, das auf diese Theorie gekommen ist, wie gedenken Sie wieder in diesen Kosmos einzutreten, in dem Sie die Spezies, zu der Sie gehören, so sicher plaziert haben? Wer sind Sie, der Sie den Kosmos erklärt haben, und wie passen Sie in den von Ihnen erklärten Kosmos hinein?

Nachdem Sie Ihre Hypothese bewiesen haben, was machen Sie als nächstes? (1) Einen Aufsatz in *Science* publizieren? (2) Sich für den Nobelpreis ins Gespräch bringen? (3) Sich wegen drei anderer Wissenschaftler sorgen, die am gleichen Projekt arbeiten? (4) Sich betrinken? (5) Heimgehen und sich mit Ihrer Frau zanken? (6) Mit einer Freundin in ein Motel gehen und sich im Hausfernsehen *Deep Throat* anschauen?

Wenn Sie sich für das letzte entscheiden, erklären Sie den Zusammenhang zwischen dem Triumph der Wissenschaft als einer Form von Transzendenz der Welt und Pornographie als einer der wenigen verbleibenden Wiedereintrittsschneisen.

17. Das einsame Selbst II

Warum Carl Sagan so versessen darauf ist, mit einer ETI (extraterrestrischen Intelligenz) in Kommunikation zu treten

Carl Sagan hat recht, wenn er die absurden Pseudowissenschaften, die heute so populär sind, lächerlich macht. Es verdient Bewunderung, wie er die exakte Wissenschaft als eine zuverlässige und sich selbst korrigierende Methode der Wahrheitsfindung verteidigt.

Tatsache ist aber, daß heutzutage kein Unsinn zu groß ist, um nicht von manchen geglaubt zu werden, und kein Guru oder Rundfunkprediger so korrupt, daß er nicht Anhänger um sich schart.

Frage: Warum ist den Menschen in dieser Zeit die Wissenschaft im allgemeinen egal, während sie andererseits bereit sind, jeder absurden Behauptung und jeder Kanaille, die sie aufstellt, Glauben zu schenken?

(a) Weil in den Menschen das Bedürfnis nach Mythen besteht, nach Symbolen, um sich damit eine verwirrende und feindliche Umwelt deuten und ordnen zu können – genau wie ein Bedürfnis nach Nahrung, Wasser, Wohnung und Liebe besteht –, und die abstrakten Wahrheiten der Wissenschaft diese Mythen nicht liefern.

(b) Weil der Mensch, wie Chesterton sagte, wenn er aufhört, an Gott zu glauben, an alles glauben wird, was sich nur irgend bietet.

WÄHLEN SIE

Sagan hat recht, wenn er sagt, daß trotz aller Behauptungen von Leuten, die UFOs gesichtet, Begegnungen der dritten Art gehabt, außerirdische Wesen gesehen haben wollen und dergleichen, man keinen einzigen Artefakt geborgen hat, z. B. ein Stück Metall, ein Kleidungsstück eines Besuchers, ein Stück Stoff, einen Fingernagel.

Dennoch hat Sagan Buch um Buch geschrieben, in denen er die Wahrscheinlichkeit der Existenz intelligenten Lebens auf den Milliarden von Planeten vertritt, die ihre Bahn um die Milliarden und Abermilliarden von Sternen in unserer Galaxis ziehen, ganz zu schweigen von den Milliarden anderer Galaxien – und dies, obwohl es keinerlei Beleg dafür gibt, daß irgendwo anders im Kosmos Leben existiert, von intelligentem Leben gar nicht zu reden. Von all den Milliarden elektromagnetischer Wellen aus dem Kosmos, die hier auf Erden empfangen werden, läßt sich keine einzige einer ETI zuschreiben.

Daher könnte man an Sagan die gleiche Frage richten, die er den UFO-Guckern stellt: Warum hat man unter all den zahllosen Daten aus dem fernen Weltraum, den Beobachtungen der Astronomen, den Millionen von Objekten, die von Radioteleskopen erfaßt wurden, nicht eine einzige Information aufgefangen, die nicht dem Hintergrundrauschen des Kosmos zugeschrieben werden konnte?

Frage: Warum ist Carl Sagan so einsam?

(a) Sagan ist einsam, weil er als wahrer Jünger der Wissenschaft, einer gediegenen und zuverlässigen Erkenntnismethode, sich zunehmend isoliert fühlt in einer Welt, in der, wie Bronowski sagte, es an Wagemut mangelt und die Menschen anscheinend alles andere lieber auf sich nehmen als die Strenge der Wissenschaft und an alles glauben, was sich nur irgend bietet: an Velikovsky, an von Däniken, sogar an Mr. und Mrs. Barney Hill, die nach eigenen Aussagen in Vermont gefangengenommen und an Bord eines Raumschiffs gebracht wurden.

(b) Sagan ist einsam, weil er nach anfänglichen großen Erwartungen keine ETIs im Kosmos entdeckt hat, weil Schimpansen nicht reden können, Delphine nicht reden können,

Buckelwale nur anderen Buckelwalen vorsingen und er aus dem Kosmos nichts als Hintergrundrauschen gehört hat und weil Viking 1 und 2 in den Böden des Mars keine Anzeichen für auch nur das rudimentärste organische Leben entdeckt haben.

(c) Sagan ist einsam, weil, wenn erst einmal alles im Kosmos einschließlich des Menschen auf die Sphäre der Immanenz, Materie in Interaktion, reduziert ist, niemand übrigbleibt, mit dem man sich unterhalten könnte, bis auf andere transzendierende Intelligenzen aus anderen Welten.

Gedankenexperiment: Sie sind Sagan, und Sie überwachen das Radioteleskop der Cornell University in Arecibo auf Puerto Rico. Da, nachdem Sie jahrelang nichts als Hintergrundrauschen empfangen haben, fangen Sie ein Signal auf, das nur die Primzahlen bedeuten kann: 1, 2, 3, 5, 7, 11, 13, 17, 19, 23 ... Die Kommunikation ist hergestellt! Die Sendequelle muß Alpha Centauri sein, wegen der Richtung und der Sendezeit: vier Jahre. Jahre vergehen. Man verständigt sich auf einen Code. Aber die Zeit wird knapp. Sie werden alt. Mit den ganzen Schwierigkeiten der Kodierung und Dekodierung und der Sendedauer bleibt nur noch Zeit für fünf einfache Fragen. Welche Fragen würden Sie stellen, und wie würden Sie diese fünf Fragen von Alpha Centauri beantworten?

1. Befindet ihr euch in Kontinuität mit anderen Organismen auf P-3, S-G2V (dritter Planet = Erde, Stern G2V = unsere Sonne)?
2. Wenn nicht, welcher Art ist die Diskontinuität?
3. Habt ihr Probleme?
4. Wenn ja, welche?
5. Welche Informationen braucht ihr? (Z. B., was können wir für euch tun?)

18. Das dämonische Selbst

Warum das autonome Selbst zusehends vom Geist des Erotischen und der geheimen Liebe zur Gewalt besessen ist und wie unselig es ist, daß dies gerade im Atomzeitalter passiert

Sören Kierkegaard stellte eine sehr seltsame Behauptung auf. Er sagte, das Christentum habe den erotischen Geist in die Welt gebracht. In seinem wunderlichen Stil, der oft darauf abgestellt zu sein scheint, den Leser ebensosehr im Dunkel zu lassen, wie ihm Klarheit zu schaffen, schreibt er: »Unter der Bestimmung von Geist ist die Sinnlichkeit erst durch das Christentum gesetzt worden.« Was nicht sagen will, die Sinnlichkeit wäre zuvor im Heidentum, vielleicht in ihrem vollkommensten Ausdruck in Griechenland, nicht in der Welt gewesen, sie war es wohl, »aber nicht als bestimmt vom Geiste her.«[18] Es gab sie vielmehr als Ausdruck von Harmonie und Einklang. »Im Griechentum ist die Sinnlichkeit in der schönen Individualität beherrscht gewesen, oder richtiger gesagt, sie ist nicht beherrscht gewesen; denn sie war ja kein Feind, der niedergezwungen, kein gefährlicher Empörer, der in Zaum gehalten werden sollte.« In der christlichen Ära jedoch wird das Sinnlich-Erotische ein Prinzip, »bestimmt vom Geist, das heißt, derart bestimmt, daß der Geist es ausschließt, denke ich mir weiter dieses in einem einzigen Individuum konzentriert, so hab' ich den Begriff sinnlich-erotischer Genialität. Dies ist eine Idee, welche das Griechentum nicht hatte, welche erst das Christentum in die Welt gebracht hat, wenn auch nur in mittelbarem Sinne.«

Der höchste Ausdruck der sinnlich-erotischen Genialität war in Kierkegaards Augen Mozarts *Don Juan,* weshalb er dafür hielt, »daß Mozart der Größte unter allen Urhebern klassischer Kunstwerke ist, daß sein Don Juan den ersten Platz unter allen klassischen Hervorbringungen verdient«.[18]

Was hier verblüfft, ist Kierkegaards Ansicht, der Don dürfe nicht als ein bloßer Wüstling, als schmutziger alter Mann, der in seine tierischen Lüste zurückgefallen ist, als Sünder oder selbst als guter Heide, als griechischer Hedonist, sondern müsse verstanden werden als »die Begeisterung des Fleisches aus des Fleisches eignem Geist«.

Ebensowenig darf das »Sinnlich-Erotische« modern biologisch als Geschlechtstrieb und Bedürfnisbefriedigung, sondern muß verstanden werden als der sinnliche »Geist« und daher, mit Kierkegaards Worten, als das »Dämonische«.

Es ist dieser »dämonische« Geist des Erotischen, der durch das Christentum »gesetzt« wird.

Man darf annehmen, daß es Kierkegaard keine Schwierigkeit bereiten würde, jene nationale Besonderheit zu erklären, die so viele ausländische Besucher dieses Landes in Staunen gesetzt hat: daß die Vereinigten Staaten die christlichste aller Nationen (wenigstens den Kirchgängerzahlen nach) und zugleich die erotisierteste Gesellschaft der ganzen Weltgeschichte sind.

Für uns hier, die wir uns viel bescheidener und dialektisch weniger ausgefuchst an diese Fragen heranwagen, ist in Kierkegaards Begriff vom »Geist des Sinnlich-Erotischen« zweierlei von Wert, und ich bekenne die Dankesschuld, wohl wissend, daß Kierkegaard diese Ausführungen unter einem seiner Pseudonyme und im »ästhetischen Lebensstadium« schrieb und sie folglich in seinem »religiösen Stadium« nicht mehr unbedingt gutgeheißen haben muß.

Von Wert für uns ist zum einen, daß Kierkegaard das »Sinnlich-Erotische« als eine Kategorie abhebt, die es gesondert zu untersuchen gilt, eine Kategorie, die nicht nur nicht als schlicht sündhaft abgetan werden darf, sondern die in der Tat Werke von höchster Genialität hervorbringen kann, von der, wie Kierkegaard es ausdrückt, »musikalisch-erotischen Genialität« des *Don Juan.* Damit sind wir der Notwendigkeit enthoben, die üblichen Anprangerungen der heutigen Zeit abzulassen, wie wir sie aus christlichen wie nichtchristlichen

Mündern gut kennen, und die üblichen Statistiken über den Anstieg der Schwangerschaften bei Minderjährigen, Pornographie, Sex in den Medien, Kindesmißbrauch, Vergewaltigung usw. anzuführen. Enthoben auch der üblichen Phrasen über die »sexuelle Revolution« – der Don hätte eine ideale Figur für ein *Playboy*-Interview oder ein *Playgirl*-Ausklappbild abgegeben (Hugh Hefner ließe sich in der Tat als später, ziemlich verwaschener Don bezeichnen; wollte man ihn vertonen, dann nicht zu Mozart, sondern zu Mantovani) –, die so weit gehen, daß sie der Unterdrückung der Sexualität durch das Christentum die Schuld für alles Weh und Ach des Abendlandes geben. Solche Beschuldigungen und Verteidigungen zeichnen sich in erster Linie durch ihre Sterilität aus. Die gegenwärtige Animosität zwischen »sexueller Revolution« und christlichen Konterrevolutionären ist öde, und das nicht nur ein bißchen. Meistens läuft es darauf hinaus, daß Reverend Jerry Falwell in einer Talk-Show Bob Guccione, dem Herausgeber von *Penthouse*, gegenübertritt. Beide Männer ziehen ihren Striemen durch, der Zuschauer ergreift Partei, und das war's.

Aber Kierkegaard gestattet uns, beide, Jerry Falwell und Bob Guccione, aus einem anderen Blickwinkel zu sehen, als ob die Fernsehkamera im Bühnenhintergrund operierte und wir von dieser Warte aus Guccione und Falwell ebenso sehen könnten wie den Gastgeber der Talk-Show plus das Studiopublikum und uns ein Bild davon machen könnten, was mit ihnen allen los ist.

Noch wertvoller ist, wie Kierkegaard den »Geist des Sinnlich-Erotischen« charakterisiert und daß er dazu das Wort »dämonisch« gebraucht.

»Dämonisch« impliziert, daß die Seele von einem übelwollenden Geist besessen ist. Eine solche Vorstellung verträgt sich gut mit unserer viel bescheideneren semiotischen Beschreibung des Selbst, nicht unbedingt als Seele oder Geist, sondern, aufs Minimum beschränkt, als jene semiotische Größe, die einzigartig ist in ihrer Fähigkeit, die Welt zu verstehen, aber nicht sich selbst. Die Wissenschaft des Wissenschaftlers kann alles im Kosmos verstehen, nur nicht das Selbst des Wissenschaftlers. Es, das Selbst, ist daher eine »geistige« Größe, wenn Sie wollen, aber jedenfalls eine Größe, die ihre eigenen Daseinsmodi hat, ihre Siege und Niederlagen und, in dieser Zeit, ihre eigenen besonderen Dilemmata. Nicht der geringste Nutzen, den wir von der Semiotik und von Kierkegaard haben, ist, daß wir von den entnervenden Verengungen der modernen Psychologie erlöst werden, die außerstande ist, irgend etwas über das Selbst zu sagen, ganz zu schweigen vom Geist.

Sowohl Kierkegaard als auch die moderne Semiotik gestatten uns, davon zu sprechen, daß das Selbst in bestimmten historischen Phasen des Glaubens und Unglaubens inhaltlich von etwas erfüllt ist – »besessen«, wenn Sie wollen. Es wird möglich, ob man an Gott glaubt oder nicht, an die Seele oder nicht, sich darauf zu verständigen, daß in einer Zeit, in der das Selbst seinen Inhalt nicht von kosmologischen Mythen, vom Totemismus, vom Glauben an Gott – ob an den Gott des Christentums, des Judentums oder des Islam – bekommt, es ihn zwangsläufig und aufgrund seiner eigenen semiotischen Beschaffenheit von etwas anderem bekommen muß.

Kierkegaard schrieb über den Zusammenhang zwischen Christentum und dem »Geist des Erotischen«. Ich frage mich, was er vom Einfluß der technischen Revolution auf den Geist des Erotischen gehalten hätte und ob es Zufall ist, daß dieses Land nicht nur die christlichste und erotisierteste aller Gesellschaften ist, sondern auch die technisierteste und die gewalttätigste. Besteht ein Zusammenhang zwischen dem »Geist des Erotischen«, Technik und Gewalt?

Auf jeden Fall kann man die Tatsache mit Kierkegaard sagen, ohne sich anzumaßen, das Rätsel des Zusammenhangs zu lösen:

Tatsache ist, daß das autonome Selbst in einer modernen technisierten Gesellschaft kraft seiner eigentümlichen Beziehung zur Welt, zu anderen und zu seinem eigenen Organismus besessen ist. Es ist besessen vom Geist des Erotischen und der heimlichen Liebe zur Gewalt.

Das eigentümliche Dilemma des heutigen Selbst riß sicherlich infolge der Enttäuschung ein, die die hohen Erwartungen des Selbst beim Eintritt in das Zeitalter der Wissenschaft und Technik erlitten. Geblendet von den überwältigenden Erfolgsbeweisen der Wissenschaft, der Schönheit und Eleganz der wissenschaftlichen Methode, dem Triumph der modernen Medizin über körperliche Gebrechen und der Technisierung der ganzen Welt, sieht sich das Selbst am Ende vom Versagen von Wissenschaft und Technik in gerade den Lebensbereichen enttäuscht, die in früheren Zeiten seine hauptsächlichen Bezugsquellen normaler Befriedigung gewesen waren.

Wie John Cheever sagte, ist das vorherrschende Gefühl des erwachsenen Nordostamerikaners, der alle Vorzüge von Reichtum, Ausbildung und Kultur genossen hat, Enttäuschung.

Die Arbeit ist enttäuschend. Trotz des ganzen Geredes über eine kreativere und erfüllendere Arbeitsplatzgestaltung hassen die meisten Leute ihre Stellung, und das aus gutem Grund. Die Arbeit in modernen technisierten Gesellschaften ist zum größten Teil ein unerträglich langweiliges Einerlei.

Ehe und Familienleben sind enttäuschend. Selbst bei den Verteidigern der traditionellen Familienwerte, z. B. Christen und Juden, muß man eine gewisse Verödung unterstellen, und sei es nur aufgrund der durchschnittlich vor dem Fernseher verbrachten Zeit. Wie öde das Fernsehen sein mag, offensichtlich ist es nicht so öde wie der Gesprächsstoff, den Mama und Papa miteinander haben oder die Kinder mit einem von beiden.

Die Schule ist enttäuschend. So aufregend die Wissenschaft ist und so mitreißend die Kunst, die Schulen und Universitäten haben dennoch die nicht unerhebliche Leistung vollbracht, beide langweilig zu machen. Wie jeder Wissenschaftler und Dichter weiß, erlebt man beide Berufungen trotz der Schule, nicht wegen ihr. Man braucht Jahre, bis man sich von dem Stumpfsinn erholt hat, in den man verfiel, weil man in Englisch Shakespeare und in Physik die Wheatstone-Brücke lernen mußte.

Die Politik ist enttäuschend. Die meisten jungen Leute drehen der Politik den Rücken zu, nicht weil Politik in der Praxis nicht aufregend genug wäre, sondern wegen ihrer Seichtheit, Korruptheit und Imageschinderei, wie man sie in den Medien erlebt – eine der größten Errungenschaften der Technik.

Die Kirchen sind enttäuschend, sogar für die meisten Gläubigen. Wenn Christus uns neues Leben bringt, dann ist es um so bemerkenswerter, daß die Kirche, die Überbringerin dieser frohen Botschaft, zu den lustlosesten Institutionen der Zeit zählt. Die Alternativen zu den institutionellen Kirchen sind noch viel enttäuschender, von den TV-Evangelisten mit ihren zurechtgefönten Frisuren bis zu kalifornischen Kulten unter der Führung gut verdienender Gurus, die in Indien keiner beachtet, aber die man in La Jolla feiert.

Geselligkeiten sind enttäuschend. Die Krampfhaftigkeit aller Versuche, durch Partys, durch Gruppen, durch Clubs, durch einen touristischen Mardi Gras die Gemeinschaft und das Fest wieder zu Ehren zu bringen, ist der beste Beweis für den Verlust echter Gemeinschaft und des wirklichen Festes und für die Einsamkeit des Selbst, gestrandet als unsagbares Bewußtsein in einer Welt, der es sich irgendwie entfremdet fühlt, gestrandet sogar in seinem eigenen Körper, mit dem es keinen deutlichen Zusammenhang sieht.

Aber es bleibt noch die eine unbestrittene Segnung der Wissenschaft: das durch die moderne Medizin ermöglichte längere und gesündere Leben, die durch die Technik ermöglichte kürzere Arbeitszeit, also das, was als die einzige sichere Belohnung des öden Lebens daheim und im Beruf begriffen wird: Freizeit.

Freizeit und körperliche Gesundheit scheinen die einzigen unzweideutigen Segnungen der technologischen Revolution zu sein.

Fünf Freizeitmodi ließen sich im Anschluß an die Einordnung eines autonomen unsagbaren Selbst in seine Welt aus der Semiotik ableiten. Die Freizeitmodi des autonomen Selbst lassen sich begreifen als die ihm offenstehenden semiotischen Möglichkeiten, das heißt, diejenigen Transaktionen mit seiner Welt, sich selbst und anderen Selbsten, die ihm durch die eigene Einordnung in seine Weit und durch die Wahrnehmung seiner selbst als unsagbar vorgegeben sind.

Es sind dies:

Reisen: die wirkliche Bewegung des Selbst in seiner Welt.

Sport: das selbstvergessene Aufgehen in Wettkampf- und Mannschaftssportarten, die Schaffung einer Quasigemeinschaft und eines Quasiterritoriums und die daraus folgende Gruppenidentifikation des Selbst: *wir* gegen *die.*

Medien: diejenigen Transaktionen, in denen das Selbst von anderen Selbsten durch ein Medium Zeichen empfängt. Eine solche Kategorie kann so verschiedenartige Zeichentransaktionen einschließen wie *Krieg und Frieden* lesen, *Dallas* im Fernsehen gucken, sich die Grateful Dead auf Kassette anhören, Dan Rather in den Halbsechsuhrnachrichten hören.

Drogen: die Veränderung des Bewußtseins oder das Vergessenmachen der Unsagbarkeit des Selbst.

Sex: die billigste, am freiesten verfügbare und lustvollste Art des Verkehrs mit anderen Selbsten und die einzige Verkehrsart, in der das Selbst sich seiner Beziehung zu anderen Selbsten sicher sein kann – durch Berühren und Berührtwerden, durch Lust bereiten und bereitet bekommen, durch Penetrieren oder Penetriertwerden.

Polaritäten zwischen dem »Eigentlichen« und dem »Uneigentlichen« sind in den Freizeitmodi leicht erkennbar. Die Kriterien der Eigentlichkeit sind nicht notwendig objektiv, sondern haben vielmehr zu tun mit den Regeln, nach denen sich das Selbst seine eigene Erfahrung gestattet oder verbietet.

Beispielsweise werden beim Reisen, der wirklichen Bewegung des Selbst in der Welt mit dem Ziel, dem ausufernden Nichts des autonomen Selbst daheim zu entkommen, verschiedene Selbste enttäuscht oder befriedigt oder entzückt sein, je nachdem, ob der Trip die Erwartung des Selbst nicht erfüllt, erfüllt oder übertrifft. Aber die Erwartung des Selbst, in seiner Nichtigkeit einen Inhalt verliehen zu bekommen – wenn ich bloß von diesem alten Ort wegkomme und zu dem neuen richtigen Ort hin, kann ich ein neuer Mensch werden –, bürdet der Reise eine schwere Last auf.

Drei Leute machen eine Busfahrt nach Mexiko.

Der Bus hat eine Panne, und die Reisenden müssen außerfahrplanmäßig in einem alten verlassenen Kloster übernachten, das von einer fragwürdigen Besitzerin, etwa wie Ava Gardner in *Die Nacht des Leguan*, in ein fragwürdiges Hotel umgebaut worden ist.

Reisende A ist unglücklich. Sie hat für eine bestimmte Unterbringung bezahlt und erwartet sie auch. Jetzt ist etwas schiefgegangen. Sie geht allen mit ihren Klagen auf die Nerven.

Reisender B ist hocherfreut. Nachdem er sich von dieser Fahrt viel erhofft hatte, war er von ihrer Routinemäßigkeit, den auf spanisch getrimmten Holiday Inns, den Stränden zwischen Betonburgen, seinen langweiligen Mitreisenden enttäuscht. Jetzt passiert das Unerwartete. Er hat das Gefühl, aus dem gewohnten Trott ausgeschert zu sein. Mit Befriedigung begutachtet er seine neue Unterkunft, eine Mönchszelle mit sooo dicken Adobewänden – erzählt er später seinen Freunden – und einem einzigen Fenster mit Blick über den dichten Dschungel. Ein Abenteuer. Wie geht's weiter?

Reisende C ist weder glücklich noch unglücklich. Sie kennt die organisierten Busfahrten nach Mexiko in- und auswendig, und sie kennt das Unglück der Reisenden A in- und auswendig. Aber sie kennt auch das Glück des Reisenden B in- und auswendig und das Syndrom »Bloß raus aus dem gewohnten Trott«. Sie hat sogar von Busfahrten gehört, bei denen »Pannen« und Stellen, wo »falsch abgebogen« wird, vorgeplant sind. Es gibt jede Menge umgebauter Klöster in Mexiko, die diesem neuen geistigen Bedürfnis Abhilfe schaffen. Dennoch will sie die Fahrt mitmachen, und sei es bloß, um rauszukommen und mal ihre Ruhe zu haben, und hat minimale Erwartungen. Ja, es ist gerade der normale Verlauf der Fahrt und der normale Verlauf der Panne, was sie genießt. Sie kultiviert die Routine als solche. Anstatt die malerischen Mexikaner zu studieren, studiert sie sich selbst beim Studieren der Mitreisenden beim Studieren der malerischen Mexikaner. Reisende C wurde von Joan Didion unsterblich verkörpert.

Frage: Identifizieren Sie sich mit einem oder einer Reisenden mehr als mit den anderen? Wenn ja, gibt es objektive Gründe für Ihre Wahl?

(a) Ich könnte mich mit dem einen oder anderen Reisenden identifizieren, aber das ist eine subjektive Entscheidung, die von der eigenen Erfahrung abhängt – wie viele Busfahrten nach Mexiko man mitgemacht hat, die eigene Lebenssituation usw. Man ist vielleicht auf Abenteuer aus, auf Sex, wer weiß? – oder vielleicht hat man einen miesen Job und eine miese Ehe und will deshalb nicht mehr als eine Verschnaufpause ohne viel Nachdenken, so daß es egal ist, ob der Bus nach Fahrplan fährt oder nicht, durch Mexiko oder Irland. Schade, daß A unglücklich ist, schön, daß B glücklich ist, und einerlei, daß C weder noch ist. Aber was soll man sonst sagen?

(b) Nein, ein gewisses objektives Urteil läßt sich durchaus abgeben. Reisende A ist eine Zimtzicke, die typische untergewöhnliche gedankenlose amerikanische Touristin, mit der man sich nicht identifizieren und für die man sich ganz gewiß nicht entscheiden kann. B ist besser, aber nicht viel. C weiß das, und wenn sie vielleicht auch nicht glücklich ist und keine Erwartungen hat, ist sie dennoch A und B vorzuziehen. Denn sie ist wenigstens kurz davor, den Strohhalm loszulassen, an den A und B sich noch klammern, und wird herausfinden, was dann passiert. Besser Bescheid wissen als nicht.

WÄHLEN SIE

Die Erwartung des autonomen Selbst, in seiner Nichtigkeit einen Inhalt verliehen zu bekommen - wenn ich bloß von diesem alten Ort wegkomme und zu dem neuen richtigen Ort hin, kann ich ein neuer Mensch werden –, setzt aufs Reisen (ausgerechnet!) eine quasi-religiöse Hoffnung.

Bemerkenswerterweise macht das Reisen als Freizeitmodus, wenn es ersatzweise durch die Medien erlebt wird, eine Verschiebung zum Erotischen durch. Die alten filmischen Reiseberichte der dreißiger Jahre machen Fernsehserien wie *Love Boat* und *Fantasy Island* Platz, in denen im ersten Fall das Schiff ein Vehikel nicht des Reisens, sondern des Anbändelns ist und im zweiten Fall die Phantasien nicht auf Inseln zielen, sondern auf Sex.

Mit Sport und Medien ist das anders. Auch dort hat eine Verschiebung stattgefunden, von aktiver Teilnahme zur Ersatzteilnahme des Zuschauens. Früher ging man zu viert zum Bowling, aber den Superbowl sehen sich 100 Millionen an. Football, wo knochenhart und härter eingestiegen wird, hat Baseball als Nationalsport verdrängt. Es ist, als müßte der Abstieg vom Teilnehmer zum Zuschauer und vom Live-Zuschauer zum Fernsehzuschauer mit dem Hochschrauben des Gewalteinsatzes wettgemacht werden.

Die Passivität des Fern- und Filmsehens steht im Kontrast zu der Gewalt, mit der sich der Zuschauer identifiziert.

Die beiden populärsten Filmstars der Welt sind Clint Eastwood und Charles Bronson. Beide bringen in jedem Film eine Menge Menschen um, jener eher beiläufig, dieser aus Rache.

Szene aus *Für ein paar Dollars mehr:* Clint Eastwood ist ein Kopfgeldjäger und verfolgt einen steckbrieflich gesuchten Mann, der Belohnung wegen. Als er sein Opfer in einem

Saloon stellt, kommen dem gesuchten Mann drei Freunde zur Hilfe. Clint Eastwood tötet alle vier, ohne die Miene zu verziehen. Dies freut uns, obwohl Eastwood, anders als Odysseus oder John Wayne, bloß des Geldes wegen tötet.

Freizeitdrogen bieten dem enttäuschten Selbst ein sagenhaftes Gegenmittel. Rockstar zu seinem Chauffeur: »Laß dir nichts erzählen – nichts, Sex nicht, Musik nicht, Umjubeltwerden nicht, ist so geil wie auf 'n Schuß Dilaudid abfahren.« Es gibt nur folgende Kontraindikationen: Kosten, Verbrechen, Krankheit, Tod.

Bleibt Sex als das Hauptfreizeitvergnügen, die billigste, am freisten verfügbare und lustvollste Möglichkeit der Freizeitgestaltung. Unter »Sex« wollen wir hier das gesamte Spektrum des Erotischen verstehen, von der »romantischen« Begegnung – Pariser Zufallsbekanntschaft von kühler Audrey Hepburn und muffigem Cary Grant, weil die Leinen ihrer Hunde sich verheddern – bis zum lustwandelnden Homosexuellen, der gerade im Buena Vista Park seinen fünfhundertsten Fremden felliert.

Es macht das Mysterium des Erotischen aus, daß es gegen die Enttäuschungen anderer Lebensbereiche und die Umformung durch die Medien gefeit zu sein scheint. Der Tourismus kann durch die Medien erotisiert werden, aber das Erotische wird niemals touristisiert.

Man vergleiche, wie enttäuschend normale Geselligkeiten, die herkömmliche gesellschaftliche Freizeitgestaltung, gegenüber der erotischen Begegnung sind.

Szene in tausend Filmen: eine Party, förmliche Spießerparty, NYC-Cocktailparty, Country-Club-Party, Silvesterparty, Hippieparty – irgendeine Party –, aber mit dem einen gemeinsamen Nenner eines mißlungenen Festes, einer gescheiterten und zersplitterten Gemeinschaft. Es gibt immer die schmerzlich wahrgenommene Lücke zwischen dem, was ist, und dem, was sein könnte. Wenn es so etwas gäbe wie einen Kontaktanzeiger und die Beziehung Was-ist/Was-könnte-sein ließe sich quantifizieren, würden die meisten Partys unter 5 Prozent liegen. Daher der Alkohol. Im Unterschied zum Genuß geistiger Getränke in der Vergangenheit dient der Alkohol nicht dazu, das Fest zu feiern, sondern dazu, das Mißlingen des Festes vergessen zu machen. Der Ursprung des Mißlingens ist das Selbst. Was demnach betäubt und vergessen gemacht werden muß, ist das Selbst. Richard Pryor: Warum koksen? Weil es das Selbst auslöscht.

Aber da, auf der Party, dem mißlungenen Fest, begegnet man dem Auge von wem sonst als einem/einer Fremden und wo sonst als am andern Ende eines überfüllten Zimmers. Der Augenkontakt. Wie der pathognomonische Ausdruck unserer Zeit lautet, wird eine Zehntelsekunde länger gehalten als gesellschaftlich vorgeschrieben. Das reicht. Man nähert sich an. Ein Gespräch kommt in Gang. Es zeichnet sich hauptsächlich dadurch aus, daß es, einerlei wie banal, ungemein bedeutungsschwanger ist.

Mir ist so, als ob ich Sie kenne.
Ich wüßte nicht.
Ich fühle es. Verstehen Sie, was ich meine?
Ja.

Der Kontaktanzeiger würde auf 95 Prozent hochschnellen.

Der Abgangsspruch in weiteren tausend Filmen: Gehen wir doch woanders hin – ich kenne ein kleines italienisches Restaurant gleich um die Ecke.

Szenenwechsel: von einem mißlungenen Fest zu dem letzten verbleibenden unmißlungenen Fest des zwanzigsten Jahrhunderts: der erotischen Begegnung.

Ein stilles Eckchen. Zwei Gläser Wein. Jetzt feiert der Alkohol das Fest. Die Musik? Vielleicht bloß die Berieselung von der Bar, aber es hört sich an wie Mozarts tanzende Violinen. Arm berührt Arm. Knie streift Knie. Eine Verabredung: Treffen wir uns in – Eine Liaison …

Sex und Gewalt sind im westlichen Leben, vor allem im amerikanischen Leben, alltäglich. Doch die wichtigen Fragen haben keine alltäglichen Antworten: Zum Beispiel: Wie ist das Verhältnis zwischen den beiden? Sind sie lediglich, wie man so oft hört, die paarweise auftretenden Symptome einer verfallenden Gesellschaft wie des Römischen Reichs im fünften Jahrhundert? Oder besteht eine Umkehrbeziehung? Das heißt, ist eine durch und durch erotisierte Gesellschaft weniger gewalttätig und eine durch und durch gewalttätige Gesellschaft weniger erotisiert?

Oder die bedenklichere Frage: Angenommen, das Erotische ist die letzte und beste Zuflucht des gestrandeten Selbst, und angenommen dann, durch die sexuelle Revolution wird Freizeitsex allen Alters- und sonstigen Klassen frei zugänglich. Was ist, wenn dann selbst das Erotische entwertet wird? Was, wenn eintritt, was Paul Ricœur behauptet hat: »In dem Maße, als die Sexualität ihre Bedeutung verliert, wird sie gleichzeitig als Reaktion auf die Enttäuschungen, die man in anderen Bereichen des menschlichen Lebens erfährt, um so zwingender.«

Was dann? Schrumpft das Selbst einfach, versinkt es in Apathie wie ein Labortier, der sensorischen Stimulation beraubt? Oder verwandelt sich der dämonische Geist des Selbst, frustriert vom Versagen des Eros, am Ende in die kalte Wut des Saturn?

Was Cary Grant noch tun konnte, steht Clint Eastwood nicht mehr offen. Eastwoods Figur, Dirty Harry, mag Frauen im Grunde gar nicht. Aber er hat seine 44er Magnum.

Wird auf den Aufklebern der neunziger Jahre stehen *Make Love Not War* oder *Die Liebe geht, der Krieg besteht?*

Langsam, sagt der Leser. Einen Moment mal.

Ja?

Gibt es nicht auch noch jede Menge gute Menschen? Anständige Bürger, die mit dem Geist des Erotischen und dem Geist der Gewalt, wie Sie es nennen, nichts am Hut haben? Millionen von Leuten, wie etwa Charles Kuralt sie unterwegs in Amerika beschrieben hat, die ausnahmslos gute, freundliche, hilfsbereite, großzügige, patriotische Mitmenschen sind?

Ich will das gern glauben, aber wo kommen die ganzen Leute her, die sich an Kindern vergehen? Man nehme sich in acht vor menschenfreundlichen Typen wie Charlie Kuralt.

Und gibt es nicht Millionen von normalen amerikanischen Familien mit arbeitsamen, treusorgenden Vätern, liebevollen Müttern, braven Kindern, die ein glückliches Leben führen, es sich ohne promiskuösen Sex, Drogen oder Gewalt gutgehen lassen und aus denen im großen und ganzen etwas Ordentliches wird?

Zweifellos. Wirklich, ich bin überrascht, wie außerordentlich nett die meisten jungen Leute sind, außerordentlich nett und außerordentlich ahnungslos.

Und verliebt sich nicht so mancher in seine Herzallerliebste, heiratet sie und führt mit ihr ein halbwegs glückliches Leben?

Mancher. Eine Zeitlang. Vielleicht. Ich weiß nicht.

Glauben Sie nicht an die Liebe?

Doch, aber das Wort ist verseucht. Man hüte sich vor Leuten, die ständig Worte wie Liebe und Menschlichkeit im Munde führen.

Und gibt es nicht auch noch viele aufrichtig religiöse Menschen, Christen und Juden, deren Leben erfüllt ist von der Freude über die Liebe Gottes und die viel Gutes tun?

Vielleicht. Ein paar, nehme ich an.

Und gibt es nicht nach wie vor fromme Menschen, Frauen, die ihr Leben dem Dienst an Gott und ihren Mitmenschen geweiht haben, allein für Gotteslohn?

Na ja, ein paar – obwohl anscheinend auf jede Mutter Teresa 1800 überdrehte amerikanische Nonnen kommen, weibliche Clint Eastwoods, die die Männer auf dem Kieker haben und dem Papst ans Leder wollen.

Aber was sagen Sie dann anderes als die Binsenweisheit, daß es heute, genau wie eh und je, »gute« Menschen und »schlechte« Menschen gibt oder, wenn Ihnen das lieber ist,

Menschen mit traditionellen Wertesystemen und Menschen mit neuen Lebensstilen?

Ich versuche nur, den Sinn eines eigentümlichen Phänomens zu ergründen, das kaum zu übersehen ist: das plötzliche und beispiellose Auftreten eines exaltierten Sexualverhaltens und die offene und versteckte Ausübung von Gewalt, die so weit geht, daß Städte unbewohnbar werden und nette Menschen wie Europäer und Amerikaner sich zu Millionen gegenseitig umbringen – und nebenbei erstmals in der Geschichte die sehr reale Möglichkeit, daß wir uns in der nahen Zukunft selbst vernichten.

Mit dem Anstand mag es bestellt sein, wie es will, aber anständig oder nicht, das autonome Selbst sinkt offenbar zu einer einfachen und praktischen Auffassung von Sexualität ab. Angesichts ihrer Billigkeit und freien Verfügbarkeit, der leichten Verhütung von Krankheit und Schwangerschaft, was könnte da einleuchtend dagegen sprechen, daß die traditionellen jüdisch-christlichen Anfeindungen der vorehelichen und außerehelichen Sexualität Anachronismen sind – vor allem die erstere, wenn man bedenkt, daß Teenager auf der Höhe ihrer sexuellen Kräfte stehen? Selbst die gute, graue *New York Times* hält das für selbstverständlich. In einem Leitartikel gegen kritische Stimmen, die den freien Verkauf von Verhütungsmitteln an Teenager ohne elterliche Zustimmung beklagten, schrieb der *Times*-Kommentator: »Manchen Amerikanern verschafft es anscheinend emotionale Befriedigung, wenn sie Teenager dazu anhalten, ihre Sexualität zu verleugnen oder zu verschieben. Es ist eine teure Wahnvorstellung, mit der Aufmerksamkeit und Kraft von der wirklichen Welt abgelenkt werden.«

In der Tat, warum die Sexualität von Teenagern verleugnen oder verschieben? Den wahren Sachverhalt zugeben ist sicher ehrlicher, als die christliche Fassade wahren und sich in den sexuellen Gepflogenheiten von *Dallas* oder *Love Boat* ergehen.

Bleibt uns somit nichts anderes übrig, als den Kopf zu

schütteln und uns zu wundern, wie so eine irrige Auffassung von Sexualität zweitausend Jahre lang das gesamte Abendland inhaltlich bestimmen konnte? Sprechen wir offen. Es ist schließlich keine Kleinigkeit, so eine traditionelle Anschauung derart beiläufig und derart rasch abzuschütteln. Und man sollte sich auch nicht über die Konsequenzen täuschen, die es hat, den Fehler zu »korrigieren«.

Die Täuschung kann daher kommen, daß man die Unvermeidlichkeit der Sexualität in einer postchristlichen und technisierten Gesellschaft vor sich selbst verheimlicht, indem man an die Stelle des verlorenen Gottes und der verlorenen Gebote solche Ersatzziele wie »verantwortungsbewußte« Sexualität, »freie Bindung«, »offene Partnerschaft« usw. setzt.

Diese humanen und wahrlich bewundernswerten Gestaltungen einer guten Sexualität im Gegensatz zu einer schlechten mögen durchaus bestehen. Aber man muß vorurteilsfrei festhalten, daß in dem Moment, da sexuelles Verhalten objektiv als eine Wahlmöglichkeit des autonomen Selbst gesehen wird, es zwangsläufig und ganz einleuchtend auch als eine Lustquelle und Bedürfnisbefriedigung gesehen wird und als solche den Techniken der Zeit unterworfen ist, mit denen solche Befriedigungen am besten und mit dem wenigsten Schaden für andere erzielt werden. Und warum auch nicht? Läßt sich Freizeitsex nicht auch verantwortungsbewußt genießen, das heißt, ohne Beeinträchtigung der eigenen Gesundheit oder der Gesundheit anderer, der körperlichen wie der seelischen? Man kann den Kuchen essen und ihn dennoch behalten. Die Worte *Verantwortungsbewußtsein, Gegenseitigkeit, Partnerschaftlichkeit, Fürsorglichkeit* sind schnell als Zuckerguß draufgestrichen.

KURZE GESCHICHTE DES DÄMONISCHEN GEISTES DES EROTISCHEN UND DER GEWALT IN DER CHRISTLICHEN ÄRA, IM ÜBERGANG VON DER CHRISTLICHEN ÄRA ZUR TECHNOLOGISCHEN ÄRA UND SCHLIESSLICH IN EINER REIN TECHNOLOGISCHEN ÄRA

Paulus: Der Sieg des Geistes über das Fleisch, aber noch vergällt von einem »Pfahl im Fleisch« (anders als bei Sokrates, den das nicht gestört hätte).
Augustinus: Der Sieg der Liebe Gottes im Gottesstaat über die Wollust im Menschenstaat, aber – »Gewähre mir die Gabe der Enthaltsamkeit, nur noch nicht gleich.«
Dante: Sünder in sexuellen Dingen im äußersten Höllenkreis mit den leichtesten Strafen, sturmgepeitscht, hin und her geblasen auf dem Wind des Begehrens wie Vögel, aber dennoch zusammen und immer noch verliebt. Dagegen Verräter und Mörder im innersten Kreis, bis zum Hals in kochendem Pech.
Chaucers Müller und Frau von Bath: Das offen Erotische komisch und human harmonisiert als irdische Verfehlungen, begangen und begriffen als Sünden, aber ohne neurotische Schuld und mit Hoffnung auf Vergebung durch den liebenden Herrn und Meister, das Ziel der Canterbury-Wallfahrt.
Don Juan: Der rein dämonische Geist des Erotischen erscheint; die Verführung von 1003 Frauen durch den Don, vertont von Mozart zu heiterer Musik; doch dieser selbe Geist des Erotischen gesetzt durch das Christentum, siehe z. B. die Verdammung des Dons und sein Abstieg in die Feuer der Hölle vor unseren Augen.
Fanny Hill: Der Geist des Erotischen in der englischen Pornographie; der verbotene Reiz heimlichen sexuellen Treibens unter dem Anstrich christlicher Sittsamkeit und Schichten viktorianischer Gewänder; die weiße Haut der Schenkel gegen schwarze Strümpfe.
Erster Weltkrieg: Joyce Kilmers Gedichte, Colleen Moore in *Lilac Time,* »Mademoiselle aus Armentières«; das Erotische

geschrumpft auf die sentimentale und gutmütige Liebschaft zwischen Landser und französischem Bauernmädel; begleitet von einem Abfall der Leidenschaft und des Geistes des Erotischen und mit dem Aufkommen der Technik von einem Anstieg der Gewalt; 20 Millionen Tote.

Zweiter Weltkrieg: Betty Grable, Anne Frank, Adolf Eichmann, Stalin; das Absinken des Erotischen zugunsten einer zunehmenden leidenschaftslosen, abstrakten Gewalt der Ideologie, des Faschismus, Nazismus, Kommunismus; der Krieg immer mehr in den Händen der Techniker; die Anständigkeit von Truman und Oppenheimer gegenüber dem Tod von 100 000 Frauen und Kindern in Hiroshima und Nagasaki; Arendts Banalität des Bösen = immer weiteres Auseinanderklaffen zwischen der ungeheuerlichen Gewalt der Technik und der Kleinheit der Techniker-Täter; Zweiter Weltkrieg als Übergangszeit zwischen dem Untergang der christlichen Ära und dem Aufstieg des Zeitalters der Technik; 50 Millionen Tote.

Zeit zwischen Zweitem Weltkrieg und Drittem Weltkrieg: Das Überhandnehmen des Erotischen; die Erotisierung aller Bereiche der Kultur: Arbeit und Spiel, Film, Fernsehen, Romane, Theater, Werbung, dennoch ist der Geist des Erotischen immer noch vom dahinvegetierenden Christentum gesetzt und bestimmt, siehe z. B. den Reiz des Heimlichen, den Sex unter Kleidern hat, den Reiz von »verbotenem« Sex, Liaisons, Pornographie; Pornographie als »schmutzig« und doch interessant oder vielmehr »schmutzig« und deshalb interessant; die Scheinheiligkeit mancher Kritiker: Kritiker, die erklären, Pornographie sei langweilig, während in Wirklichkeit die Pornographie für viele Leser der letzte Aufhänger des Interesses nach den Enttäuschungen des Zeitalters ist; gerade der Kritiker weiß ganz genau, daß der nichtpornographische Roman im allgemeinen so langweilig ist, daß er auf den »schmutzigen Teil« hofft wie ein Schulbub, der den *Ulysses* nach den »guten Stellen« durchblättert.

Der Geist der Gewalt im Zuschauersport abgelassen, entweder durch ein Massenpublikum am Bildschirm oder durch Ersatzteilnahme, z. B. wenn 100 Millionen sich den Superbowl anschauen; Mamas von Kinderliga-Baseballern verfluchen kreischend die Schiedsrichter, und Papas schlagen andere Papas k. o. und verprügeln später die eigenen Kinder; die endgültige Untauglichkeit des Sicherheitsventils »Zuschauen«: 38 Tote bei einem Fußballkrawall in Buenos Aires; Krieg.

Dritter Weltkrieg: Das Jahr 2000+, der dämonische Geist des Erotischen nicht mehr gesetzt durch das Christentum, sondern aus eigener Kraft triumphierend, perfektioniert als genitale Technik, aber ohne den Reiz des Verbotenen, des Heimlichen, des »Schmutzigen«, »Sündigen«, »Außerehelichen«, der »Unzucht«, der »Unkeuschheit« – selbst das Wort *ficken* hat inzwischen seine homonyme semantische Ladung verloren und ist so neutral geworden wie *fischen, Flügel, Finger;* die Perfektion der Verhütungstechnik; der Sieg über den Virus HSV-2 und alle homosexuellen »Aids«-Krankheiten; die Perfektion visueller und taktiler Hilfsmittel (nicht mehr Pornographie genannt, von *porne,* Hure) als Sexualstimuli; Erotika zu einer großen Literatur- und Kunstform aufgestiegen. Krieg ohne Leidenschaft: eine Milliarde Tote.

Der Geist der Gewalt im kommenden technologischen, sexuell befreiten Zeitalter? Hier liegt die große Problematik.

Frage I (die große Problematik): Was wird die endgültige Herauslösung des Erotischen aus seiner dialektischen Beziehung zum Christentum bringen?

(a) Die Befreiung des erotischen Geistes, so daß Mann und Frau »Liebe statt Krieg« machen können.

(b) Die Trivialisierung des Erotischen, indem es zu bloß einer von vielen Techniken und Bedürfnisbefriedigungen des Organismus degradiert wird, so daß schließlich der dämonische Geist des autonomen Selbst, von allen anderen Lebensbereichen und dem gewöhnlichen Verkehr mit anderen enttäuscht, jetzt sogar vom Erotischen enttäuscht ist, seiner letzten und höchsten Hoffnung, und daher in Gewalt ausbricht – und in Gewalt von einem solchen Umfang, daß sie der orgastischen Gewalt in den besten Zeiten des alten erotischen Zeitalters gleichkommt; d. h. Krieg.

WÄHLEN SIE

Frage II: Wie wird der Dritte Weltkrieg ausbrechen?

(a) Ganz absurd, durch einen Unfall in einem rein technologischen, sexuell befreiten Zeitalter, z. B. durch die Funktionsstörung eines Computers, Fehlinformation, Fehlverhalten eines kleinen Irren vom Schlage Gaddafis.

(b) Aufgrund der unterdrückten Wut des autonomen Selbst, das jetzt sogar vom Erotischen enttäuscht ist, eben jenem dämonischen Geist, der sich nach außen hin zu Frieden und Liebe bekennt, aber insgeheim Krieg und Apokalypse ersehnt und Haß gegen alle anderen Selbste nährt und gegen sein eigenes Selbst vielleicht am allermeisten.

WÄHLEN SIE

DIE BESTIALISCH-SEXUELLE GEWALT

Gedankenexperiment: Die Konfrontation des autonomen wissenschaftlichen Selbst mit dem Ausbruch des Geistes des Erotischen und die dabei frei werdenden zwei Arten von Gewalt, zum einen die bestialisch-sexuelle, zum andern die banal-tödliche.

SZENE I: Offenes Haus im Maison Burgundy, einem Hotel im French Quarter von New Orleans. Es wird eine »Psychiatrische Woche« abgehalten, zu der Heilanstaltspfleger, Psychiater, Psychologen, Sozialarbeiter u. a. die Öffentlichkeit eingeladen haben.

Die populärste Gastgeberin ist »Dr. Betty«, im ganzen Land aus Rundfunksendungen bekannt als Talk-Show-Psychotherapeutin (was man in der Branche eine »Psychoklappe« nennt), eine flotte Mittvierziger-Blondine, nur ganz leicht überblüht und übergewichtig, aber so, daß es attraktiv, geradezu sinnlich wirkt. Eine kleine Menschenansammlung hat sich um sie geschart. Sie kontert Fragen in ihrem besten hintersinnigen, frohbeschwingten Rundfunkstil.

Irgendwer, eine dünne, verbissene junge Frau, hat soeben eine Frage zum Abbau sexueller Hemmungen gestellt: »Ich mag Männer, sie mögen mich, ich hätte gern eine erfüllende sexuelle Beziehung, aber ich steh' mir selbst im Weg« usw.

Einer der Zuhörer in der kleinen Gruppe ist ein junger Stricher, wie man ihn hierzuorten als »Chicken« bezeichnet, das heißt, ein halbwüchsiger männlicher Prostituierter, der sich beiden Geschlechtern verkauft. Mit gewiefter Miene und großspuriger Haltung, obwohl er eigentlich nur still dasteht, sieht er in seiner kurzen Lederjacke aus wie ein muskulöser, rauhbeiniger, leicht verwackelter John Travolta. Während die anderen grinsen und nicken, steht er da, die Daumen durch die Gürtelschlaufen gesteckt, und beobachtet Dr. Betty unter den Augenbrauen hervor.

DR. BETTY: Sagen Sie sich: Du darfst! Sprechen Sie mit sich, seien Sie der Erwachsene – nicht irgendein anderer Erwachsener –, und sagen Sie zu dem Kind in sich: Kind, du darfst. Jeder von uns braucht seine Streicheleinheiten. Wir leben von Streicheleinheiten. Es ist das Kind in uns, das gestreichelt werden will. Mein Kind, Ihr Kind will spielen. Und Sex ist natürlich unsere wichtigste Spiel- und Streichelwiese. Sex ist das allerschönste Spiel. Und Sex ist am besten, wenn zwei reife erwachsene Menschen, die liebevoll und zärtlich zueinander sind, auch liebevoll und zärtlich zu ihrem eigenen Kind-Selbst sind, ihrem eigenen Kind – und die füreinander ihre wichtigste Spielwiese sind. Da haben Sie das allerbeste Rezept für Glück, Wachstum und Kreativität. Es steht auch in meinem Buch, *Dr. Bettys Leib-Rezept.*

Lachen und Nicken ringsumher – nur nicht von dem Chicken, der wartet, bis die anderen fort sind. Er tritt auf

Dr. Betty zu, winkt sie in eine Ecke des Foyers. »Ja?« sagt Dr. Betty strahlend.

CHICKEN: Hör zu, Doc. Ich bin 'n Fan von dir. Ich find' dich toll. Du verstehst dein Geschäft, und du bist gut. Aber ich versteh' mein Geschäft genauso. Ich kann Leute einschätzen. Ich weiß, was sie wollen. Und glaub mir, Doc, alle wollen was. Ich weiß, was du willst. Du bist nett, und du hast es verdient.
DR. BETTY *(in stichelndem Tonfall):* So, und was will ich?
CHICKEN: Du willst genau das, was ich biete. Ich kenne hier den Typ am Empfang. Ich hab' einen Schlüssel und ein Zimmer zur freien Verfügung. Hier. Vier drei sieben. Kostet uns beide keinen Pfennig. Ich geh' jetzt hoch. Du wartest fünf Minuten und nimmst dann den Hinteraufzug.
DR. BETTY: So haben wir nicht gewettet. Das ist reines Ausagieren! Reines Ausagieren von Aggressionen, um Kleine-Jungen-Unsicherheit zu kaschieren. Na schön, was passiert dann?
CHICKEN: Dann passiert folgendes, Doc: Ich werd' dich ficken, wie dich noch nie einer gefickt hat. Ich will dich nicht streicheln. Ich will dich ficken. Ich werd' dich ficken, daß dir nur so die Zähne klappern. Das ist 'ne Einladung, Doc. Bevor ich jetzt geh, mußt du nichts weiter sagen als okay, damit ich nicht meine Zeit verplemper'.
DR. BETTY *(schaut auf ihre Armbanduhr):* Okay.

DIE BANAL-TÖDLICHE GEWALT

SZENE II: Ein Hotelzimmer in Washington. Es ist Krieg. Herein kommt Dr. F., Wissenschaftler und Nobelpreisträger. Er zieht sein Jackett aus, setzt sich müde aufs Bett, reibt sich die Schläfen, legt sich hin und schließt die Augen. Nach einer Weile schaltet er den Fernseher an. Im Hausfernsehen läuft *Behind the Green Door,* ein pornographischer Film. Er masturbiert sofort, fast gleichgültig, aber nicht, bevor er sich die Mühe gemacht hat, einen Spezialbehälter aus seinem Koffer zu holen, um das Ejakulat aufzufangen.

Er schaltet den Fernseher ab, legt sich hin, schließt die Augen.

Das Telefon klingelt. Mit gerunzelter Stirn und einem eigenartigen Stöhnen – ist es Müdigkeit? Genervtheit? Ärger? – nimmt er den Hörer ab. Nach einem Moment schließt er ein Gerät an den Apparat, einen Sprachverzerrer. Wir hören nur seine Seite des Gesprächs.

Ja.

Ja, Herr General.

Ja, es war eine sehr lange Sitzung.

Es ist mir klar, daß man nicht zu einer Entscheidung gelangt ist.

Ich weiß, daß es wichtig ist, Herr General.

Stimmt, ein Antrag auf Schluß der Debatte wurde nicht gestellt.

Ja, mir ist klar, daß die Stimmenzahl gleich war.

Das ist richtig – ich habe dem Generalstab meine Meinung nicht unterbreitet.

Ja, das stimmt. Ich genieße ein gewisses Ansehen in der wissenschaftlichen Gemeinschaft.

Danke, Herr General. Schön zu wissen, daß Ihr Militärs immerhin *einen* Wissenschaftler anerkennt.

Das ist richtig, Herr General. Es ist keine Verletzung der Sicherheitsbestimmungen, es auszusprechen. Die streng vertrauliche Akte haben Sie – und das einzige Geheimnis ist seine Zusammensetzung und seine Einsatzart. Es ist ein Nervengift, in Aerosolform und wasserlöslich. Die andere Seite arbeitet auch daran.

Für *eine* Waffe? Zehn Millionen mehr oder weniger, je nach Bevölkerungsdichte.

Richtig. Es verletzt kein Erstschlagsabkommen, SALT III auch nicht. Es ist eine Waffe, aber kein Sprengkörper.

Ich weiß, die Ziffer ziviler Verluste ist sehr hoch, aber letzten Endes wird es Leben retten.

Eine Demonstration? Eine Demonstration wovon? Wie

man ein paar hundert Rentiere in Sibirien tötet? Ausgeschlossen, Herr General.

Sie machen mir wirklich das Leben schwer, Herr General.

Na schön, ich sage Ihnen was, das wird Sie überraschen. Ich sage Ihnen meine Meinung. Ich denke, wir sollten es machen. Für das letztendliche Wohl der Menschheit. Im Interesse des Friedens, im Grunde genommen. Überhaupt, warum nennen wir es nicht »Friedensprojekt«?

Das gefällt Ihnen? Ja, das stimmt. Vorwärts. Das können Sie ihnen sagen.

Ich sage, vorwärts.

Nachdem er aufgelegt hat, nimmt er den zylindrischen, doppelwandigen Behälter, bringt sorgfältig einen Aufkleber darauf an mit der Adresse eines kalifornischen Labors, das das Sperma von Nobelpreisträgern zu dem Zweck sammelt, Tausende von genetisch überprüften Frauen damit künstlich zu befruchten. Mit dem Behälter in der Hand öffnet er die Tür und geht mit raschen Schritten den Flur hinunter zur Eismaschine.

Frage: Glauben Sie, der amerikanische Genpool und die zukünftige Lebensqualität werden durch die Spende von Dr. F.s Ejakulat gewinnen?

(a) Ja

(b) Nein

WÄHLEN SIE

SZENE III: Das folgende Gespräch findet in einem vorübergehend steckengebliebenen Aufzug im Gebäude der Rockefeller Foundation statt.

WISSENSCHAFTLER A *(ein postdarwinistischer Evolutionist):* Alle Phänomene im Kosmos lassen sich durch die wissenschaftlichen Gesetze erklären, die Materie in Interaktion regieren. Dieses Prinzip gilt für die einfachste chemische Reaktion zwischen Atomen ebenso wie für die komplizierteste, eingeschlossen das Verhalten von Organismen, den Ursprung der Arten und den Aufstieg des Menschen. Wie jeder andere Organismus entwickelte sich der Mensch in dem Moment, als mutationsbedingte Formen und Funktionen wie etwa der für Werkzeuge und Waffen abstellbare Daumen, die Hirnrinde und die Ausbildung von Kehlkopf und Pharynx zu Sprechwerkzeugen ihm bei der Anpassung an die Umwelt einen Vorteil gegenüber anderen Primaten verschafften.

WISSENSCHAFTLER B *(ein postwallaceanischer Evolutionist):* Wie erklären Sie sich dann die Tatsache, daß mit dem Auftreten des Menschen zum erstenmal im Kosmos, soweit wir wissen, auch Sprache, Denken, Selbst und Bewußtsein auftraten und fast unmittelbar anschließend ein Troß von Katastrophen und Triumphen, die doch sehr wenig mit der Anpassung an eine Umwelt zu tun haben – etwa der organisierte Krieg gegen seinesgleichen, das Komponieren des *Don Juan,* Charlie Manson, John Keats, Selbstmord, Freude, Wahnsinn, Mord, Heldentum, die moderne Medizin, Kindesmißbrauch, liebevolle Pflege der genetisch Mißgebildeten – und in neuerer Zeit das Auftauchen des dämonischen Geistes des Erotischen und der Gewalttätigkeit, wie er zum Ausdruck kommt in jeder erdenklichen Spielart eines exaltierten Sexualverhaltens, das nichts mit Fortpflanzung oder Überleben der Art zu tun hat, und daß mit dem Aufstieg der Wissenschaft eben auch der spektakuläre Anstieg technischer Gewalt einhergegangen ist, so daß in diesem Jahrhundert mehr Menschen getötet wurden als in allen vorausgegangenen Jahrhunderten zusammen – und daß es schließlich zum jetzigen Stand der Dinge gekommen ist, der alle Vorstellungen übersteigt, nicht nur insofern, als eben dieser von Ihnen beschworenen »Materie«, die von Demokrit und Darwin und sogar von Dalton und Boyle als friedliche winzige Atombällchen in ständiger Kollision und Verbindung begriffen wurde, tatsächlich eine Energie von einer Größenordnung innewohnt, daß ein Viertelteelöffel voll davon New York samt Außenbezirken zerstören könnte, sondern auch insofern, als

dieses Geheimnis und diese Materie – und hier gerät der Verstand ins Schleudern – sich in den Händen dieses nämlichen dämonischen autonomen Selbst befinden, das selbst ein Geschöpf der Wissenschaft ist?
Wissenschaftler A öffnet den Mund zur Entgegnung, aber endlich gehen die Fahrstuhltüren auf, und herein kommt ein schwermütig dreinblickender chassidischer Rabbi. Die zwei Wissenschaftler wechseln einen Blick und verstummen.

Frage: Welche Antwort, meinen Sie, hätte Wissenschaftler A Wissenschaftler B gegeben?

ODYSSEE IM WELTRAUM

I

19. Das im Kosmos abgeschnittene Selbst I

Was würden Sie sagen, wenn Sie da draußen einen Freitag träfen? Was würde er Ihrer Meinung nach zu Ihnen sagen? Könnten Sie ihn verstehen?

Ein Raumschiff von der Erde fliegt durch die Galaxis, sein Auftrag lautet, mit extraterrestrischen Intelligenzen und Zivilisationen in Kommunikation zu treten.[19]

Jahrelang hat die SETI (Suche nach extraterrestrischer Intelligenz) die 200 Milliarden Sterne der Galaxis durchforstet, riesige Schüsselantennen auf der Suche nach etwas, irgend etwas anderem als dem Hintergrundrauschen des Kosmos. Endlich registrierte der Computer des Spektralgerätes, der die Aufzeichnungen sämtlicher empfangenen Strahlungen auswertet, ein Muster, das heißt, ein wiederholtes Signal, das sich jedoch nicht deuten ließ. War es ein Signal von einer Intelligenz, oder glich es der Coke-Flasche in dem Film *On the Beach*, die auf einer Telegraphentaste im menschenleeren Kalifornien lag und die, wenn hin und wieder ein Windstoß den Vorhang aufblähte, den einen oder anderen Zufallsbrief diktierte?

Das Raumschiff hat eine Sende-/Empfangskapazität für das gesamte elektromagnetische Spektrum, vor allem aber im Bereich der Radiosignale, denn es ist natürlich bekannt, daß der Kosmos mit Emissionen in diesem Teil des Spektrums voll ist, Emissionen von Pulsaren, Quasaren, Strahlungsgürteln usw.

Das Ziel des Raumschiffs ist es, Informationen mit anderen Zivilisationen auszutauschen, die mit der unseren vergleichbar oder ihr überlegen sind. Den Berechnungen nach ist die Wahrscheinlichkeit, daß es solche Zivilisationen gibt, überwältigend. Was sich die Initiatoren des Projekts erhofften, war, den Stand der Technik in anderen Zivilisationen, den Evolutionsgrad, die Biologie, die Art des Stoffwechsels in Erfahrung zu bringen.

Wir schreiben das Jahr 2050 u. Z. (»unserer Zeitrechnung«, so genannt, weil die Ära zwar postchristlich ist, es sich aber als nützlich erwiesen hat, das Jahr der Geburt Christi als Ausgangspunkt beizubehalten). Die Beschleunigung von Flugkörpern auf annähernde Lichtgeschwindigkeit ist möglich, das Älterwerden verlangsamt sich entsprechend, und die Probleme der Kommunikationsverzögerung sind minimal geworden.

Man war von der Annahme ausgegangen, daß Organismen im Zuge ihrer Evolution im Kosmos schließlich die Stufe der Intelligenz erreichen, so daß es möglich wird, Informationen zu senden. Mathematik und exaktes Wissen könnten als Grundlage einer gemeinsamen Sprache genommen werden. Die Mathematik ist überall gleich. Die Primzahlen 1, 2, 3, 5, 7, 11, 13 ... sind überall prim. Die Physik des Kosmos ist gleich. Beispielsweise könnte man, da Wasserstoffatome im Kosmos am häufigsten vorkommen, den Protonen- und Elektronenspin des neutralen Wasserstoffatoms als binäre Zahl 1 nehmen. Mit der Verwendung eines solchen Binärsystems verbanden die Projektplaner die Hoffnung, es könnte möglich sein, ein Vokabular zu erarbeiten und Informationen über die Erde und ihren Stern zu senden, beispielsweise ihre Position im Verhältnis zu den vierzehn wichtigsten Pulsaren der Galaxis, und anderen Intelligenzen ähnliche Fragen zu stellen.

Man stieß auch wirklich auf Organismen, die Signale sendeten. Das Problem lag darin, daß die Reaktionen, die man empfing, nicht einen Informationserhalt bestätigten oder selbst Informationen gaben, sondern Gegensignale der einen oder anderen Art waren, Reaktionen, die etwas wie Aufregung oder Beunruhigung oder Ärger auszudrücken schienen, oft tatsächliche Bewegungen der Organismen selbst. Anstatt Informationen zu erhalten, stieß man also auf verschiedenartige Verhaltensäußerungen – feindliche, abweisende, sich nähernde oder sich entfernende, Flucht oder Kampf und in einem Fall auf einen Versuch zu sexueller Vereinigung, jedenfalls schien es so.

Tatsächlich begegnete man im Sonnensystem zwei solchen Wesen.

1. In der äußeren Atmosphäre Jupiters wurden große Gaswolken gesichtet. Man stellte fest, daß es sich um selbständige Organismen von einer gewissen Intelligenz handelte, denn sie bewegten sich aus eigenem Antrieb fort, indem sie Wasserstoffstrahlen ausstießen. Sie nahmen organische Moleküle auf und schieden Helium und Methan aus, die Fortpflanzung erfolgte, wie zu beobachten war, durch Spaltung. Jedoch trotz aller Anstrengungen, mit ihnen zu kommunizieren, zum Beispiel durch Senden der Primzahlen in verschiedenen Frequenzen des elektromagnetischen Spektrums, bestand die einzige Reaktion der Wolken darin, davonzuflitzen oder näher zu kommen und das Schiff zu umringen wie eine verspielte Walschule – oder zu steigen und zu sinken wie ein Haufen Heißluftballone.

2. Beim Vorbeiflug am Saturnmond Titan mit seiner schweren methanhaltigen Atmosphäre stieß man auf Wesen einer anderen Art, kleine, glitzernde, anemonenartige Organismen mit Nadeln aus Methankristallen und einem Saugrüssel als Mund zum Verzehren des braunen Schlicks organischer Moleküle, die sich durch das ultraviolette Licht der Sonne auf der Titanoberfläche bilden. Die Sendung von Radiowellen der Frequenz 1420 Megahertz versetzte die Wesen in heftige Erregung, ganz ähnlich dem Verhalten männlicher Schwammspinner bei der Witterung des weiblichen Pheromons. Sie umschwärmten das Schiff und hefteten sich mit ihren Saugern an die Platten und Fenster. Es war nicht klar, ob eine solche Reaktion eine Äußerung von Hunger oder Feindseligkeit war oder ein Versuch zu sexueller Vereinigung.

Schließlich kam fünf Jahre später in der Nähe von Proxima Centauri die Kommunikation mit einer extraterrestrischen Intelligenz zustande. Beim Umkreisen des dritten Planeten von Proxima Centauri (PC3), der von allen zwölf PC-Planeten der Erde am meisten ähnelt, sendete das Erdschiff die Primzahlen im Radiowellenbereich des elektromagnetischen Spektrums. Fast augenblicklich wurde das Signal erwidert – und nachgeahmt. Als aber die aufgeregten Erdlinge zu landen versuchten, kam es zu einer Funktionsstörung in der Steuerung, nicht einmal, sondern mehrmals – bis es der Besatzung schließlich aufging, daß sie im Orbit gehalten wurden. Offensichtlich sollte das Erdschiff an einer Art Kontrollpunkt festgehalten werden, bis man es zur Zufriedenheit überprüft hatte.

Ein mathematisches und semantisches Vokabular mußte ausgeknobelt werden. Das erstere war einfach, man machte sich abermals die physikalischen Eigenschaften des Wasserstoffatoms zunutze und ordnete dem Übergang zwischen parallelen und antiparallelen Protonen- und Elektronenspins des neutralen Wasserstoffatoms die binäre Zahl 1 zu. Ein solcher Übergang strahlt ein Radiofrequenzphoton von der Wellenlänge 21 Zentimeter und einer Frequenz von 1420 Megahertz ab – weshalb man sich auch für diese Sendefrequenz entschieden hatte. Man verständigte sich auf ein tabellarisches Lexikon. So ordnete man den Centauri-Sonnen bestimmte binäre Zahlen zu, indem man die Zahl zusammen mit dem Winkelabstand der Sonnen vom Sendestrahl, ihrer Deklination, sendete. In ähnlicher Weise wurden andere Namen anderen Realien zugeordnet, indem man auf die anderen Signifikate »deutete« und sie »benannte als«, z. B. hell, dunkel, andere Planeten, Pulsare, groß, klein, rot, blau, nahe, fern, unten, oben, hier, dort, ich (das Erdschiff), du (PC3) usw. Plurale und Abstraktionen und Zeiten wurden vereinbart. Die Eigenschaft »gut« ordnete man kosmischen Teilchen zu, die dem Stoffwechsel der PC3-Organismen förderlich, »böse« den ultravioletten Strahlen, die ihnen abträglich waren. Selbst Metaphern brachte man zustande. *Ich bin heute M4* bedeutete: Ich bin der vierte Mond, wobei der vierte PC3-Mond hell, klein, flitzig und schillernd wie ein Diamant war. Oder: *Ich bin M6* – träge, blau, unförmig, gelangweilt. Bewußtsein wurde definiert als diejenige Eigenschaft, mit der ein Wesen auf etwas aufmerksam macht, darüber redet oder darüber nachdenkt. Es wurde mit einer binären Zahl bezeichnet, die wir B nennen werden.

Da man sich somit auf ein Lexikon und eine Syntax verständigt hatte, war das Erdschiff jetzt imstande, elementare Informationen zu senden über seine Herkunft, seine Sonne, die Geologie, die Atmosphäre, das Alter des Planeten Erde, die Biologie seiner Organismen (z. B. C, H, O, S, H_2O, PO_4; Desoxyribonukleinsäure; mobile Heterotrophe; Oberflächensiedler; O_2-Atmer; geschlechtliche Säuger usw.), seine Technik (Atomenergie), seine Kultur (zweihundert Nationalstaaten, fünf Weltmächte, sporadische begrenzte militärische Konflikte, Umweltverschmutzung), seine Wissenschaft, seine Kunst (literarisch, bildend, musisch) – eine Durchsage, die mit einer Schlußformel und einer Aufforderung endete: *Ende der Durchsage – bitte kommen.*

Es folgte eine lange Pause, dann eine ausdrückliche Warnung: *Orbit beibehalten, bis Fragen beantwortet sind* – dann die Durchgabe eines binären Symbols, das die Erdlinge sich ungefähr mit dem hebräischen *Schalom* übersetzten – dann die Durchgabe einer vergleichbaren Auflistung von PC3-Informationen, die einen Organismus mit Bromstoffwechsel verrieten, eine ältere Zivilisation als die der Erde und eine überlegene Technik (potenzierend, dem asymptotischen Grenzwert zustrebend). Kultur: global, gesellig, 40 000 Gattungen, eine (!) symbolische Sprache (vgl. die Tausende auf der Erde), Fortpflanzung: geschlechtlich (!), Biologie: nichtseneszent (!) – hieß das, daß sie nicht alterten und nicht starben!??? –, Kunst: mathematisch-poetisch.

Dann folgten mehrere Durchgaben von PC3, die die Erdlinge nicht verstanden, nämlich:

Zt, Zn → Sy = 1,35 × 10^7 Jahre (Durchbruch)
Zn = atmosphärische Wellenbewegung, taktil, Radarecho
Sy = variable Höhenfrequenzen kombiniert mit Radarechobildern, SR (Schallradar)
Sa = SR_1 + SR_2 (+ = Aussage)
B = 1 (Int, Ges, Sy)

Auf jede Information folgte die Rückfrage: »Und bei euch?« Dann: »Welcher B-Typ? Seid ihr B1? B2? B3? Ende der Durchsage. Bitte kommen.«

Ein verblüfftes Schweigen vom Erdschiffsender, dann: »Noch einmal sagen.« Dann: »Noch einmal länger sagen [d.h. erklären]. Was ist B-Typ? Was ist Zn? Sy? Zn → Sy (Durchbruch)? Zt? Sa?«

Nach vielen Wochen des Hin- und Hersendens, verbissener menschlicher Mühe und unverdrossener gutmütiger Geduld auf seiten des PC3-Senders hatte man folgende Erläuterungen herausgebracht:

Zt = Zeit
Zn = Zeichen
Sy = Symbol
Sa = Satz

Zt, Zn → Sy 1,35 × 10^7 Jahre gibt an, wie lange es in PC3-Jahren her ist, daß wir den Durchbruch von der Zeichenkommunikation zur Symbolkommunikation vollzogen haben, nämlich 13 500 000 Jahre.

Davor kommunizierten wir durch Berührung, Töne verschiedener Höhe und radarähnlich aufgefangene reflektierte Schallwellen. Wie eine Fledermaus, sagte ein Erdling. Man denke an Fledermäuse, die blind fliegen und Schreie unterschiedlicher Tonhöhe ausstoßen.

Sy, Symbole, wurden gebildet durch die Kombination von Frequenzknäueln (z. B. Akkorde musikalischer Schreie) mit dem Perzept, das heißt, mit dem durch das Radarecho dieses oder jenes Gegenstandes geformten Radarbild. Statt also das Wort *Ball* auf das runde Ding zu beziehen, mit dem ihr Erdlinge spielt, bezog sich unser primitives Wort auf die gezackte Radarfigur der Zweiklingensichel, mit der unsere Ahnen unsere Atmosphärenalgen ernteten. Unsere »Worte« oder Symbole sind Kombinationen von musikalischen Akkorden (für Gegenstände) und Arpeggios (für Tätigkeitsworte, Verben) mit den entsprechenden Radarperzepten, genau wie eure Worte *Ball, gelb, schlitzen* Kombinationen von Lautbildern und visuellen Perzepten sind (wenn wir auch nicht ganz verstehen, was ihr mit »visuell« und »sehen« meint).

Sa ist ein Satz und vereinigt zwei dieser Schallradarfiguren, so bedeutet:

Euer Raumschiff landet.

ERDSCHIFF: Wie wahr. Sehr interessant. Verstanden. Erbitten Erlaubnis zu landen. Wir können noch viel mehr Informationen austauschen, wenn wir uns zusammensetzen und uns unterhalten.

PC3: Noch nicht gleich. Ihr habt unsere Frage zum B-Typ noch nicht beantwortet.

ERDSCHIFF: Was versteht ihr unter Bewußtseinstyp?

PC3: Wir sind B1. Wir möchten gern wissen, ob ihr B1 oder B2 oder B3 seid.

ERDSCHIFF: Was ist B1?

PC3 *(geduldig):* Das haben wir euch schon gesagt. B = 1 (Int, Ges, Sy).

ERDSCHIFF: Was heißt das?

PC3 *(geduldig):* Das heißt, damit das individuelle Bewußtsein aktiviert werden kann, muß es eine *Ges* geben, eine Gesellschaft, das heißt, zwei oder mehr Personen; einen Austausch von *Sy,* das heißt, von Symbolen; und eine *Int,* das heißt, eine intersubjektive Beziehung, in der Einvernehmen über das gebrauchte Symbol und die besprochene Sache herrscht.

ERDSCHIFF: Oh.

PC3: Und ihr?

ERDSCHIFF: Wir sind in etwa auch so. Können wir jetzt Erlaubnis erbitten zu –

PC3: Einen Moment noch. Es ist nach wie vor erforderlich, euren B-Typ festzustellen. Wir sind B1, das heißt, Bewußtsein erster Ordnung. Im Laufe der Jahrhunderte haben wir durch schmerzliche Erfahrung gelernt, daß es mindestens zwei andere B-Typen gibt, B2 und B3. B1 und B3 sind gutartig. B2 ist gefährlich. Was seid ihr?

ERDSCHIFF: Noch einmal sagen. Was ist der Unterschied?

PC3: Ein B1-Bewußtsein ist ein Bewußtsein erster Ordnung, oder was ihr ein übernatürliches Bewußtsein nennen würdet – laut dem Wörterbuch, das euer Computer durchgegeben hat.

ERDSCHIFF: Tatsächlich? Noch einmal sagen. Übernatürlich?

PC3: Vielleicht in etwa wie das Bewußtsein eines Kindes, das erwachsen und welterfahren geworden ist, aber sich seine Unschuld bewahrt und die Mißbildungen des Selbst-Bewußtseins vermeidet, sich an der Schönheit unseres Planeten und an unserer Art und unserer Wissenschaft und Kunst erfreut, ohne Überdruß, Langeweile, Furcht, Schuld oder Scham zu empfinden. Ungefähr das, was ihr das Helen-Keller-Phänomen nennt.

ERDSCHIFF: Woher kennt ihr das?

PC3: Einer unserer kosmologischen Linguisten ist soeben eingetroffen. Er ist es, der gerade spricht. Wir beobachten euch seit Jahren. Schalte um auf Erd-Sp. Englisch? Deutsch? Französisch?

ERDSCHIFF: Amerikanisches Englisch.

PC3: Klar. Verstanden. Was können wir für euch tun?

ERDSCHIFF: Was meint ihr mit Helen-Keller-Phänomen?

PC3: Die Freude, bewußt zu sein, und die Entdeckung des Kosmos durch die Vermittlung von Symbolen und die Mithilfe anderer und die Bewahrung dieser Freude vor dem Eindringen von Langeweile, Furcht, Ärger, Verzweiflung, Scham und der Liebe zu Krieg und Tod und dem heimlichen Wunsch nach dem Unglück anderer.

ERDSCHIFF: Halt. Sagtest du Scham?

PC3: Wir haben beobachtet, daß B2-Wesen Scham empfinden. Zum Beispiel, habt ihr etwas an?

ERDSCHIFF: Ja.

PC3: Obwohl die Klimabedingungen in eurem Raumschiff geregelt sind?

ERDSCHIFF: Ja.

PC3: Warum?

ERDSCHIFF: Ach, Gewohnheit. Ästhetik.

PC3: Ästhetik? Erkläre das.

ERDSCHIFF: Später, wenn wir gelandet sind. Dürfen wir landen?

PC3: Noch nicht. Welcher B-Typ seid ihr?

ERDSCHIFF: Was ist ein B2-Bewußtsein?

PC3: Ein B2-Bewußtsein ist ein Bewußtsein, das ein B1-Stadium durchläuft und dann aus irgendeinem Grund auf sich selbst hereinfällt.

ERDSCHIFF: Auf sich selbst hereinfällt?

PC3: In manchen werdenden Zivilisationen ist die Evolution des Bewußtseins aus Gründen, die wir nicht völlig verstehen, begleitet von so etwas wie einer Katastrophe, die kurz nach dem *Sy*-Durchbruch stattfindet. Sie hat irgendwie zu tun mit der Entdeckung des Selbst und der Unfähigkeit, damit umzugehen, so daß das Bewußtsein selbst-bewußt wird, aber nicht weiß, was es mit dem Selbst anfangen soll, nicht einmal weiß, was das Selbst ist, und daher zu guter Letzt das ist, was es nicht ist, das sagt, was nicht ist, das tut, was nicht ist, und andere zu dem macht, was sie nicht sind.

ERDSCHIFF: Was bedeutet das?

PC3: Rollen spielen, heucheln, lügen, betrügen, stehlen und

töten. Ganz zu schweigen von dem bizarren Durcheinander, das im Fortpflanzungsapparat geschlechtlicher Wesen entsteht.
ERDSCHIFF: Was heißt das?
PC3: Explodierende Sexualität.
ERDSCHIFF: Explodierende Sexualität?
PC3 *(konsultiert das computergespeicherte Wörterbuch des Erdslangs):* Es scheint, ihr nennt das »vögeln, wahllos jeden X-Beliebigen«, nicht nur ♂ mit ♀ und ♀ mit ♂, sondern auch ♂ mit ♂ und ♀ mit ♀ und ♂ + ♀ + ♀ und ♀ + ♂ + ♂ – um nur einige der einfacheren Kombinationen zu erwähnen.
ERDSCHIFF: Das nennt sich »Freiheit der sexuellen Präferenz«.
PC3: Nennt es, wie ihr wollt. Wir haben kein Interesse. Was uns Sorgen macht, sind unsere Erfahrungen mit B2-Wesen, denen wir die Landung auf PC3 gestattet haben. Sie sind im allgemeinen am Anfang höflich, werden aber regelmäßig feindselig und betrügerisch und versuchen zuletzt, jedes x-beliebige Wesen auf PC3, das eine Öffnung oder einen Auswuchs besitzt, zu vögeln (ist das das richtige Wort?). Ihr abstruses Sexualverhalten könnten wir noch hinnehmen, aber sie waren auch sentimental und grausam – oder vielmehr sentimental und daher grausam. Eines gehört zum andern. Sie sind hauptsächlich an ihrem Selbstwertgefühl interessiert. Wir haben Angst vor B2-Wesen. Sie kennen sich selbst nicht und wissen nichts mit sich anzufangen.
ERDSCHIFF: Was ist mit euch? Was fangt ihr mit eurem Bewußtsein und eurem Selbst an?
PC3: Das ist kein Problem. Für uns unterscheidet sich das Bewußtsein, das wir von uns selbst haben, in nichts von dem Bewußtsein, das wir von irgend etwas anderem haben. Ein Selbst hier ist ein individuelles Selbst und dennoch auch ein Selbst unter anderen Selbsten. B2-Selbste schwanken unentwegt zwischen Selbstüberhebung und Selbstablehnung hin und her, zwischen dem Gefühl, das unendliche große Selbst der Welt, und dem, das schlechteste und geringste Selbst zu

sein – weil B2-Selbste nicht wissen, wer sie sind.[20] Vielleicht kommt eure Schwierigkeit von der Form der Sinneswahrnehmung, die ihr »sehen« nennt. Ihr »seht« Dinge. Aber könnt ihr euch selbst »sehen«? Wer seid ihr? Wer bist du?
ERDSCHIFF: Ich bin der Zweite Offizier, der Nachrichtenoffizier.
PC3: Nein, ich meine, wer bist du?
ERDSCHIFF: Du meinst, wie ich heiße? Hauptmann –
PC3 *(geduldig):* Nein. Fangen wir mit dem B-Typ an. Was habt ihr für einen B-Typ? Seid ihr B1, B2 oder B3? Ihr werdet so lange keine Landeerlaubnis erhalten, wie wir das nicht festgestellt haben.
ERDSCHIFF *(nach einer Pause):* Was ist ein B3-Bewußtsein?
PC3: Ein B3-Bewußtsein ist ein B2-Bewußtsein, das sein Dilemma eingesehen, um Hilfe gebeten und sie erhalten hat.
ERDSCHIFF: Hilfe?
PC3: Wenn ein B1 von der Katastrophe ereilt wird, auf sich selbst hereinfällt und ein B2 wird, muß es seine Krankheit einsehen und ein Heilmittel suchen, um in den übernatürlichen Zustand von B1 zurückversetzt zu werden. Also?
ERDSCHIFF: Was also?
PC3: Was seid ihr?
ERDSCHIFF: Das ist schwer zu sagen.
PC3: Vielleicht können wir euch bei der Antwort behilflich sein. Würdest du ein paar Fragen beantworten?
ERDSCHIFF: Ja.
PC3: Du sagst, eure Zivilisation hat fünf Supermächte.
ERDSCHIFF: Ja.
PC3: Herrscht Friede zwischen ihnen?
ERDSCHIFF: Jedenfalls, als wir losflogen.
PC3: Steht ihr nicht in Verbindung mit der Erde?
ERDSCHIFF: Standen wir, bis vor zwei Jahren.
PC3: Ist das nicht merkwürdig?
ERDSCHIFF: Ja.
PC3: Dann habt ihr Grund zu der Annahme, daß auf der Erde etwas nicht stimmt.

ERDSCHIFF: Ja. *(Hastig)* Wißt ihr irgendwas?
PC3 *(ausweichend):* Machen wir mit den Fragen weiter. Wie viele Kriege hattet ihr in den letzten hundert Erdenjahren?
ERDSCHIFF: Große oder kleine?
PC3: Na ja, große.
ERDSCHIFF: Zwei – soweit wir wissen. Wißt ihr etwas von einem dritten?
PC3: Wie viele Leben wurden vor ihrem natürlichen B2-Tod abgebrochen?
ERDSCHIFF: Du meinst, wie viele wurden getötet?
PC3: Ja.
ERDSCHIFF: Um die hundert Millionen.
PC3: Jetzt fürchtet ihr, es könnte einen dritten gegeben haben.
ERDSCHIFF: Ja. Wißt ihr etwas?
PC3: Wie stark ist eure Besatzung?
ERDSCHIFF: Zwölf ursprünglich.
PC3: Wie viele von jedem Geschlecht?
ERDSCHIFF: Sechs.
PC3: Wie hat sich die Geschlechterverteilung ergeben?
ERDSCHIFF: Wir waren der Ansicht, daß sexuelle Bedürfnisse mit berücksichtigt werden müssen, genau wie die Bedürfnisse nach Nahrung, Wasser, stabilen Lebensbedingungen und so weiter. Und obwohl keiner von uns irgendein Vorurteil gegen Homosexualität hat, waren wir uns über die Dynamik einer homosexuellen Gruppe noch nicht sicher genug, um für diese Mission das Wagnis einzugehen.
PC3: Besteht Paarbindung unter euch?
ERDSCHIFF: Nein. Bei unserem Projekt war an eine kommunitäre und transkulturelle Gruppeninteraktion gedacht. Durch umfangreiche Vorversuche fanden wir heraus, daß wir die kulturellen und sexuellen Verklemmungen überwinden können.
PC3: Wie hat es geklappt?
ERDSCHIFF: Unter den neun Überlebenden bis vor kurzem noch sehr gut.

PC3: Neun Überlebende? Was ist mit den andern dreien passiert?
ERDSCHIFF *(nach kurzem Schweigen):* Sie sind umgekommen.
PC3: Wurden sie getötet?
ERDSCHIFF: Ja.
PC3: Waren es Männer?
ERDSCHIFF: Ja.
PC3: Wurden sie in Streitigkeiten um die Frauen getötet?
ERDSCHIFF: Ja. Woher weißt du das?
PC3: Wir haben unsere Erfahrungen mit B2-Wesen gemacht. Wie liegen die Dinge jetzt?
ERDSCHIFF: Gut. Jeder Mann hat zwei Frauen. Wir glauben, wir haben einen wertvollen Beitrag zur längerfristigen heterosexuellen Gruppendynamik geleistet.
PC3: Wie bitte?
ERDSCHIFF: Männer sind nicht so monogam wie Frauen. Männer sind mit mehr als einer Frau glücklicher, und den Frauen scheint's nichts auszumachen, wenn sie erst einmal über die kulturellen Verklemmungen hinweg sind.
PC3: Interessant. – Du hast gesagt, du seist der Zweite Offizier?
ERDSCHIFF: Ja.
PC3: Kann ich mit dem Kommandanten sprechen?
ERDSCHIFF: Ich fürchte nicht.
PC3: Du willst sagen, der Kommandant hat nicht überlebt.
ERDSCHIFF: Er hat überlebt, aber er ist, äh, krank.
PC3: Was fehlt ihm?
ERDSCHIFF: Er ist völlig daneben. Mattscheibe. Er snifft Koks und liest Rod McKuen und Richard Bach. Er ist nicht dienstfähig. Wir müssen unbedingt landen. Erbitte Erlaubnis.
PC3: Hast du gesagt, jedem Mann sind zwei Frauen zugeteilt?
ERDSCHIFF: Nicht zugeteilt. Es hat sich einfach so ergeben. Zunächst.
PC3: Und was dann? Was ist zum Beispiel mit den zwei Frauen des Kommandanten?

ERDSCHIFF: Denen geht's gut. Als er die Lust verlor, fingen sie miteinander an. Sie haben eine Beziehung.
PC3: Wer ist der andere Offizier?
ERDSCHIFF: Der Erste.
PC3: Was macht er?
ERDSCHIFF: Vögeln bis zur Bewußtlosigkeit.
PC3: Was ist mit dir?
ERDSCHIFF: Ich hab' alle Hände voll zu tun, dieses verdammte Schiff zu fliegen. Erbitte –
PC3: Dann seid ihr in Schwierigkeiten.
ERDSCHIFF: Ja. Wir müssen landen, bevor wir überhaupt an Rückkehr denken können.
PC3: Nein, ich meine, eure Spezies ist in Schwierigkeiten. Ihr wißt nicht einmal, ob ihr eine Zivilisation habt, und es sieht ganz danach aus, als hättet ihr keine.
ERDSCHIFF: Das ist richtig.
PC3: Ich möchte folgendes fragen. Ihr seid eindeutig B2. Wir müssen wissen, wie ihr euch zu eurem Dilemma stellt, das heißt, zu seiner Erkennung und Behebung. Zum Beispiel, habt ihr es erkannt? Habt ihr um Hilfe gebeten? Ist Hilfe gekommen? Habt ihr die Hilfe angenommen?
ERDSCHIFF: Hilfe? Was für Hilfe? Wir bitten nicht um Hilfe. Wir helfen uns selbst. Wir sind die siegreiche aufstrebende Spezies auf unserem Planeten, und obgleich wir nicht so weit fortgeschritten sind wie ihr, brauchen wir uns unserer wissenschaftlichen und technischen und künstlerischen Leistungen nicht zu schämen. Wenn wir nicht eine hartgesottene, selbständige, wißbegierige Spezies wären, wären wir nicht hier.
PC3: Dann wurde Hilfe weder erbeten, noch ist sie gekommen?
ERDSCHIFF: Redest du von Religion? Wenn, dann kann ich nur erwidern, daß wir über das Sektendenken hinaus sind – das viele der Schwierigkeiten verursachte, von denen du sprichst. Wir haben uns viele Werte der großen Weltreligionen herausgesucht – etwa Meditation, Fürsorglichkeit, Part-

nerschaftlichkeit, zwischenmenschliche Wärme, Kreativität –, und wir haben sektiererische Ausschließlichkeitsansprüche und anthropomorphe Götter verworfen.

PC3: Aha. Sonst noch Schwierigkeiten im Augenblick?

ERDSCHIFF: Meine zwei Frauen streiten sich. Beide galten als kulturell befreit und wurden als solche von der Prüfstelle bescheinigt. Doch die eine ist in die alte Monogamie zurückgefallen und will, daß der Kapitän uns traut. Die andere will mit dem Kapitän und mir gleichzeitig vögeln und außerdem das Schiff kommandieren.

(*Leiser Wortwechsel in der Nähe des PC3-Senders, mitgehört vom Erdschiffoffizier, der ein bißchen PC3-Linguistik gelernt hat; er versteht nur:* »– Mein Gott, wir haben diese Leute so nötig wie [*Wort nicht verstanden*] – Schick sie sonstwohin –«)

ERDSCHIFF: Ich bin sicher, die Schwierigkeiten dieser Frauen sind nicht genetischer Natur und würden euch keine Probleme bereiten. Die eine macht eine neurotische Regression durch, die andere eine manisch-erotische Episode. Ich fürchte, unsere Überprüfung war unzureichend. Die verdammten Seelenklempner haben mal wieder Mist gebaut.

PC3 *(bedauernd):* Erlaubnis verweigert. Bitte setzt eure Mission fort, oder kehrt zurück.

ERDSCHIFF *(heftig):* Wir können nicht zurückkehren. Es ist nichts da zum Zurückkehren.

PC3: Das ist richtig. Ich schlage vor, ihr fliegt weiter zu PC7: auch eine B2-Zivilisation. Ihr könnt es miteinander versuchen. Sie sind ebenfalls eine neugierige, wißbegierige, mörderische Zivilisation, NH_3-Atmer, mit Atomkraft, aber nicht so weit fortgeschritten wie ihr. Sie sind sentimental, leicht zu Tränen gerührt und bringen einander mit gleicher Leichtigkeit um. Ohne Einsicht in ihr Dilemma und noch nicht bereit, sich helfen zu lassen. Paranoide Geisteshaltung. Zwei Supermächte, ideologischer Kampf, aber noch kein Einsatz von Atomwaffen. Auch sie führen gern Krieg, tun so, als ob nicht, aber geraten während eines sich zu lang hinziehenden

Friedens in Schwierigkeiten. Im Augenblick langweilen sie sich zu Tode und lechzen nach Kampf. Sie sind in zwei feindliche Lager gespalten. Jede Seite würde euch als sensationelle Abwechslung willkommen heißen – eine Zeitlang. Es würden Aufmärsche stattfinden. Ihr könntet eine Seite oder auch beide dazu überreden, euch Landeerlaubnis zu erteilen, aber jede Seite wird euch verdächtigen, Spione der anderen zu sein. Viel Glück. Ihr habt eine Stunde, den Orbit zu verlassen. Ende der Durchsage.

Frage: Wenn Sie der Zweite Offizier auf dem Raumschiff wären, wie würden Sie die Frage beantworten: Seid ihr B1? B2? B3?

(a) *Ein Behaviorist:* Keine Antwort. Die Frage hat keinen Sinn. Es gibt keinen schlüssigen Beweis, daß so etwas wie Bewußtsein überhaupt existiert, ganz zu schweigen von »drei Bewußtseinstypen«. In den Verhaltenswissenschaften haben wir festgestellt, daß wir durchaus sehr gut ohne die Annahme von so etwas wie einem Bewußtsein auskommen. Ja, auf diese Weise haben wir den ganzen Sack Subjektivitätsflöhe vermieden, mit dem sich die Psychologie jahrhundertelang abgeplagt hat.

(b) *Sagan:* B1. Unsere Spezies unterscheidet sich nicht qualitativ von anderen Wesen, aber die Evolution des Menschen ist spektakulär gewesen, vom Werkzeuge machenden Wildbeuter zum bewußten technologischen Menschen – mit wenigen Entgleisungen wie der christlichen Epoche des finsteren Mittelalters, die etwa von der Zerstörung der Bibliothek von Alexandria bis zur Weiterführung des wissenschaftlichen Fortschritts durch Galilei dauerte. Wir besitzen noch aggressive Züge, aber sie lassen sich mit dem uns verbliebenen Reptiliengehirn erklären. Wir erkennen die Existenz einer »Seele« oder »Psyche« nicht an, sofern damit etwas anderes gemeint sein sollte als eine Eigenschaft der Organisation der DNS und anderer Moleküle des Organismus.

(c) *Ein Orientale, Gnostiker o. ä.:* B1. Wir leben bereits in einem übernatürlichen Zustand der Glückseligkeit, wir müssen es bloß noch erkennen. Unser Elend kommt von der Maya und unseren eigenen Irrtümern und kann von uns durch eigene Anstrengung vertrieben werden. Keine Hilfe erforderlich oder erbeten oder erhalten.

(d) *Ein Jude:* B2. Nach einem ursprünglichen übernatürlichen oder paradiesischen Zustand ereilte den Menschen allerdings durch seinen eigenen Hochmut und seine eigene, in gottgegebener Freiheit getroffene Wahl eine Katastrophe, der Sündenfall. In seinem ursprünglichen Zustand erfand er die Sprache, benannte die Geschöpfe und liebte Gott und sein Weib und war glücklich in seiner schönen Welt. Er fiel und ist bis zum heutigen Tage unerlöst, und daher leidet er die Schmerzen seines unerlösten Zustands und wird sie weiter leiden, bis der Messias kommt, ihn zu erretten, oder wenigstens ein messianisches Zeitalter, das wir mit sicherer Zuversicht erwarten. Das messianische Zeitalter, oder gar der Messias selbst, wird vermittelt über die Juden kommen, die den Völkern eine Leuchte sind und mit denen Gott einen einzigartigen Bund eingegangen ist.

(e) *Ein Baptist:* B3. Der Mensch ist erlöst. Er erlitt den Sündenfall, erhielt einen Heiland aus dem Volk der Juden versprochen. Ein Heiland kam, Jesus Christus, uns zu erretten von Sünde, Not und Tod. Die frohe Botschaft seines Kommens wurde bis an die Enden der Erde verbreitet, auf daß alle Menschen es hörten und sich taufen ließen und erlöst würden. Das Reich Gottes ist hier und jetzt, und wir sind mittendrin. Wir haben uns von der katholischen Kirche und anderen Abgöttereien freigemacht. Ich habe eine persönliche Begegnung mit meinem Herrn und Heiland Jesus Christus gehabt, und ich bin ein für allemal erlöst und lebe jetzt und immerdar in einem Zustand der Seligkeit, jetzt auf dieser Erde und für alle Zeit im Himmel.

(f) Anderer B-Typ (welcher?).

WÄHLEN SIE

Gedankenexperiment: Sexualität und Raumfahrt.

Als Projektplaner bei der NASA müssen Sie für eine längere Mission zwei Personen als Besatzung auswählen. Ihr Ziel: als Emissäre eine Zivilisation aufsuchen, mit der die Kommunikation bereits hergestellt ist. Es ist eine Mission von größter Wichtigkeit. Sie sind weiter entwickelt als wir. Wir, mit einer vierzigprozentigen Überlebenschance den Schätzungen nach, brauchen ihr Wissen ebenso wie ihre Technik. Wir sind darauf aus, ihr Wohlwollen zu erlangen. Ihre Aufgabe ist es daher, die besten, bewunderungswürdigsten Exemplare von Homo sapiens sapiens auszusuchen.

Sie sind auch dafür verantwortlich, für die menschlichen Bedürfnisse der Astronauten zu sorgen. Nach der objektiven wissenschaftlichen Einstellung, wie sie für das zwanzigste und einundzwanzigste Jahrhundert so charakteristisch ist, sind sexuelle Bedürfnisse nur ein Beispiel für die vielen menschlichen Bedürfnisse, für die in der ausweglosen Enge des Raumschiffs Vorsorge getroffen werden muß, z. B. das Bedürfnis nach Nahrung, Wasser, Sauerstoff, Bewegung, simulierter Schwerkraft usw. Frühere Missionen haben gezeigt, daß Pornographie, *Penthouse*-Magazine, Nancy-Friday-Kassetten, aufblasbare Frauenpuppen und Masturbation als sexuelle Ventile unbefriedigend waren. Hemmende Hormone, Salpeter, kalte Bäder haben ebensowenig gefruchtet.

Sie schließen daraus, daß es zur Befriedigung menschlicher sexueller Bedürfnisse Menschen braucht.

Man entschied sich dagegen, ein Ehepaar zu schicken, nicht allein deswegen, weil ein verheiratetes Team nicht zur Verfügung stand, sondern weil es nach wohlfundierten Daten von NASA-Sozialwissenschaftlern um die Institution der Ehe so schlecht steht, daß vier von fünf untersuchten Ehepaaren – und von unverheiratet zusammenlebenden Paaren genauso – sich bereits gründlich satt haben, weshalb niemand die Verantwortung dafür übernehmen wollte, was sie einander nach Jahren im Weltraum antun könnten.

Dementsprechend stehen Ihnen fünf Besatzungen zur Verfügung, von denen Sie eine auswählen müssen.

(1) Zwei fidele und qualifizierte Astronauten, ein Mann und eine Frau, die keine religiösen Bedenken und weder eheliche noch emotionale Bindungen haben, Typ Burt Reynolds und Shirley MacLaine, beide technisch überaus fähig, beide sexuell erfahren und zufrieden und aktiv und, wenn es sich nicht anders trifft, heterosexuell, und die einander, obwohl sie sich nicht gut kennen, attraktiv finden – aber die, geben wir es zu, ein bißchen dümmlich sind und nachgerade nichts von westlicher Zivilisation, Literatur oder Geschichte wissen, was über den letztjährigen Superbowl-Gewinner und den Beliebtheitsgrad der Fernsehshows von Snyder, Carson und Letterman den jüngsten Einschaltquoten nach hinausginge.

(2) Zwei Lesben, ein unzertrennliches Paar, umgänglich, anspruchsvoll, praktisch, »verheiratete« häusliche Wesen mittleren Alters mit schwachem Geschlechtstrieb und hoher Toleranzschwelle für Nähe und Intimität. Außer exzellenten Astronautinnen sind beide auch überaus kultiviert. Die eine ist im Hauptberuf Historikerin, die andere Dichterin.

(3) Zwei männliche Homosexuelle aus San Francisco. Vor dem Training einander unbekannt, promiskuös wie Schimpansen, finden einander attraktiv. Neben ihrem hohen technischen Können haben sie weitgespannte Interessen: der eine war in der Stadtpolitik von San Francisco aktiv, der andere ein Rhodes-Stipendiat in Mediävistik.

(4) Ein vom Katholizismus abgefallener irischer männlicher Chauvinist aus dem Mittelwesten und eine militante Feministin. Trotz oder vielleicht wegen ihrer Differenzen kommen sie prima miteinander aus. Der Mann ist vielleicht technisch von allen am qualifiziertesten, seine Ehe ist gescheitert und er sehr versext, lustig und lüstern, wie nur ein Christ oder Ex-Christ es sein kann (geil wie ein Pfaffe, heißt es ja). Die Frau ist gutaussehend, Typ Gloria Steinem-Radcliffe, teilt die NASA-Auffassung, sexuelle Triebe und Bedürf-

nisse seien normale biologische Eigenschaften des menschlichen Organismus, und ist bereit, ihre und seine auf der Grundlage der Geschlechtergleichheit zu befriedigen – das heißt, es muß klar sein, daß es ihr ebenso freisteht wie ihm, sexuell die Initiative zu ergreifen. (Ihr Bestehen auf diesem Punkt beim ersten Vorstellungsgespräch ließ die Augen des männlichen Astronauten voll Vorfreude funkeln.)

Diese beiden waren von allen Besatzungen technisch am höchsten qualifiziert, aber eine Sache beunruhigte den NASA-Projektleiter. Nummer 45, 46 und 47 des Standard-Fragenkatalogs beantwortete der männliche Astronaut folgendermaßen:

F.: Bekennen Sie sich zu einer Religion, oder haben Sie sich je zu einer bekannt?

A.: Ja. Aber nicht mehr.

F.: Welche war das?

A.: Die katholische.

F.: Halten Sie den Geschlechtsverkehr außerhalb der Ehe für eine Sünde?

A.: Höchstens für eine Tatsünde. Aber für Gott und Vaterland werde ich das Opfer bringen.

Was die NASA störte, war nicht, daß er seinen Prinzipien untreu werden könnte – die Aussicht schien ihn ohnehin eher zu erheitern –, sondern vielmehr eine gewisse ironische und vorwitzige Art in seiner Antwort. Nehmt euch vor ironischen Klugscheißern in acht, warnte einer der älteren Astronauten, der letzte aus der Reihe unironischer Männer, die mit John Glenn und Neil Armstrong angefangen hatte. Der NASA-Psychologe merkte an, die Ironie könnte einen tiefverwurzelten Skrupel verbergen, der vielleicht später während des Fluges an die Oberfläche käme. Wenn die Mission etwas nicht brauchen konnte, dann einen Astronauten mit Schuldgefühlen. Man stelle sich einen ehebrecherischen und bußfertigen Katholiken vor, der auf PC3 plötzlich nach Priester und Beichte verlangt wie eine Figur in einem Graham-Greene-Roman.

(5) Zwei Nobelpreisträger, beide männlich und in fortgeschrittenem Alter, die, obwohl sie als Astronauten nur schlecht und recht taugen, sich bereit erklärt haben, während der zehn Jahre einer Mission zum Wohle der Menschheit regelmäßig zu masturbieren und das Ejakulat zur künstlichen Befruchtung tauglicher, wenn auch intellektuell geringwertiger Frauen aufzuheben und einzufrieren, um damit das Niveau des menschlichen Genpools zu heben.

Für welche Besatzung würden Sie sich entscheiden? Legen Sie Ihre Gründe dar.

WÄHLEN SIE

ODYSSEE IM WELTRAUM

II

20. Das im Kosmos abgeschnittene Selbst II

Was tun, wenn da draußen kein Freitag ist und wir wirklich allein sind?

Ein Raumschiff kehrt nach achtzehn Jahren Flug zur Erde zurück.[21]

Voll Hoffnung und Aufregung und guter Erfolgsaussichten ist es seinerzeit aufgebrochen.

Nach langjähriger fruchtloser Beobachtung von Radioemissionen aus dem Weltraum fing des Spektralgerät von SETI eine Sendung im 1400-Megahertz-Bereich auf, die ein Muster zu haben schien, so daß ihre Ursache nicht das Hintergrundrauschen des Kosmos sein konnte. Die Quelle war die Region von Barnards Stern etwa sechs Lichtjahre entfernt. Es gab Energieausbrüche mit einer geringeren Strahlung dazwischen. Die Figur wiederholte sich immer wieder. Aus manchen der Knäueln ließen sich die Primzahlen herauszählen. Möglicherweise war es eine Botschaft in einem verschachtelten Code: eine Art Palimpsest, das aus einer Oberschicht von Primzahlen (aber etwas entstellt) bestand, und darunter Anweisungen zur Ausarbeitung einer Sprache und darunter wieder die Botschaft.

Die Hoffnungen wurden durch die Analyse einer Perturbation von Barnards Stern, die auf einen ihn umkreisenden Planeten, vielleicht zwei, hindeutete, noch zusätzlich gesteigert und jetzt mit so einem hohen Grad von Genauigkeit bestätigt, daß nur zwei Planeten von der ungefähren Größe der Erde die Ursache sein konnten.

Aber die Botschaft, wenn sie denn eine war, konnte nicht dekodiert werden. Zweifellos wurde sie durch eine dazwischenkommende Strahlungsquelle entstellt.

Schließlich beschloß man bei der NASA, ein bemanntes

Raumfahrzeug zu entsenden, den Bussard Interstellar Ramjet, der annähernd auf Lichtgeschwindigkeit beschleunigen kann, indem er durch einen vorn angebrachten Auffangschirm Wasserstoffatome in ein Kernfusionstriebwerk schleust und sie durch eine Schubdüse hinten wieder ausstößt.

Ein paar außergewöhnliche Überlegungen flossen in die Planung ein. Eine war die allgemein anerkannte, wenn auch nicht bewiesene Konsequenz aus Einsteins allgemeiner Theorie, bei der einem schwindelte, wenn man daran dachte: Obwohl nämlich die Raumfahrer die verstrichene Zeit als achtzehn Jahre erleben und sie bei der Rückkehr achtzehn Jahre älter sein würden, wären unterdessen auf der Erde zwischen 400 und 500 Jahre vergangen – je nachdem, wie nah das Bussard-Staustrahltriebwerk das Raumschiff der Lichtgeschwindigkeit bringen konnte.

Die menschlichen Probleme waren in ihrer Art einzig. Die Freunde und Angehörigen ebenso wie die wissenschaftlichen Kollegen der Besatzungsmitglieder wären für diese schon so lange tot wie Galilei und Kolumbus für uns. Es mußte eine Besatzung gefunden werden, deren Mitglieder alle die folgenden ungewöhnlichen Eigenschaften besaßen: Sie mußten bereit und imstande sein, achtzehn Jahre lang auf engstem Raum zusammenzuleben; sie mußten bereit sein, Kinder, Männer, Frauen für alle Zeit zu verlassen; sie mußten darauf gefaßt sein, auf eine Erde zurückzukommen, die entweder zerstört war oder technisch so weit fortgeschritten, daß ihre Heimkehr in dem altertümlichen Ramjet so etwa wäre, als ob Rip Van Winkle auf einem Maultier ins Jet Propulsion Lab von Pasadena geritten käme. Schließlich, für den ersten Fall, mußten sie sich fortpflanzen.

Das erste Problem ging man an, indem man nach Freiwilligen suchte, die aus eigenen guten und hinreichenden Gründen bereit waren zu gehen – vielleicht, zumindest in einem Fall, aus patriotischen Gründen: irgendwer muß es machen, wir sind in Schwierigkeiten, und vielleicht kann die Zivilisation auf Barnard P1 uns helfen. Oder aus minder bewundernswerten, wenn auch genauso zwingenden Gründen: nichts wie weg, kaputte Ehe, Wanderlust in der alten amerikanischen Zur-Tür-hinaus-und-das-Weite-suchen-Pioniertradition oder einfach die alte Erde mit ihrer traurigen Vergangenheit und ihren noch traurigeren Zukunftsaussichten gründlich satt haben, satt das Leben in den trostlosen Eigentumswohnanlagen von Houston, Pasadena und Canaveral. Egal warum. An Freiwilligen hatte es keinen Mangel. Die NASA wurde überschwemmt von Tausenden von Bewerbern, nicht nur Irre, sondern auch qualifizierte Wissenschaftler. Offensichtlich wollten viele nichts wie weg. Das Hauptproblem war nicht die Auswahl einzelner Besatzungsmitglieder, sondern vielmehr die soziale Zusammensetzung der Mannschaft. Nach einer sorgfältigen Prüfung kultureller Trends wie des Scheiterns der monogamen Ehe und der neuesten Erfahrungen mit kommunitären Lebensformen, offener Ehe, serieller Monogamie und Polygamie und im Lichte neuerer Entdeckungen von genetischen Unterschieden in der rechten und linken Hirnrinde von Männern und Frauen einigte man sich auf eine vierköpfige Besatzung. Ein Mann und drei Frauen. Konsultationen der besten amerikanischen Neurologen, Verhaltenspsychologen und Gruppentherapeuten und der angesehensten moslemischen Soziologen und neomormonischen Eheberater bekräftigten die Entscheidung. Der anvisierte Lebensstil sollte »geplante serielle Monogamie« heißen.

Verschiedene soziale Kombinationen hatten sich unter simulierten Lebensbedingungen als verheerend erwiesen. Zwei Paare oder ein Dreiecksverhältnis, ein Mann und zwei Frauen oder eine Frau und zwei Männer, konnten eine einjährige Internierung nicht durchstehen. Ein einziges Paar, verheiratet oder nicht, fing entweder an, sich mörderisch in die Haare zu kriegen, oder langweilte sich dermaßen, daß die Arbeit darunter litt. Bei zwei Paaren kam es im allgemeinen dazu, daß ein Paar sich zerstritt und der Partner des einen Geschlechts mit dem Partner des anderen Geschlechts im zweiten Paar etwas anfing. Aber in der Regel führte das nicht dazu, daß das übriggebliebene Paar sich zusammenfand. Selten fand ein symmetrischer Partnertausch statt. Dreiecksverhältnisse wurden stets durch destruktive Paarbildung zerrissen. Einer wurde ausgeschlossen und schmollte entweder oder wurde gewalttätig.

Teams mit einem Mann und drei Frauen schienen am besten zurechtzukommen. In einer postchristlichen und postfeministischen Ära sah es so aus, als ob Frauen im allgemeinen eine polygame Beziehung akzeptierten, sofern man ihrer Person und ihren beruflichen Fähigkeiten eine gewisse Achtung entgegenbrachte, während die Männer im schlimmsten Fall nicht ganz so gelangweilt und im besten Fall sehr angetan waren. Frauen, so schien es, waren letztendlich doch anders als Männer, nicht schlechter oder besser, aber anders. Kam es zwischen dem Mann und einer Frau zur Paarbildung, schienen die zwei übriggebliebenen Frauen an einer – nicht unbedingt homosexuellen – Beziehung miteinander genug zu haben. Dem einen Mann wurde allerdings eingeschärft, alle drei Frauen gleichmäßig mit liebevoller Zuwendung zu bedenken, soweit er eben dazu imstande war. Die Männer in den Isolationsversuchen stimmten bereitwillig zu und waren im großen und ganzen auch ganz gut dazu imstande.

Der Kapitän war gebürtig aus Rye im Staate New York, war holländischer Abstammung und hieß nach einem römischen Kaiser Marcus Aurelius Schuyler. Er war zweiunddreißig Jahre alt, hatte früher in Harvard Geschichte studiert und dann den Studiengang gewechselt, einen Abschluß bei der Air Force Academy gemacht und schließlich am Massachusetts Institute of Technology Astronomie belegt. Er war ein etwas unberechenbarer, frostiger und zynischer Mann, so frostig wie sein Namensvetter – der Typ, der in Robinson Hall in einer Vorlesung über die Schlacht von Verdun sitzen, aus dem Fenster auf das zarte Grün der Frühlingsbäume schauen, plötzlich einen Entschluß fassen, sein Buch zuklappen und auf Nimmerwiedersehen weggehen konnte, um in Colorado fliegen zu lernen. Sein Bewußtsein war reflektiert und mehrschichtig. Obwohl er so stumpf und stur wirken mochte wie einer der alten Astronauten oder ein normaler Linienpilot – leicht dümmlich sogar –, war er sich in Wirklichkeit sehr klar bewußt, genau das zu tun: den durch nichts aus der Ruhe zu bringenden Kapitän zu spielen. Es war seine komplexe Art, starrsinnig eine abartige Entscheidung zu treffen und sich dadurch einen Lustgewinn zu verschaffen, daß er sowohl ihre Abartigkeit genoß als auch an ihr festhielt. Beispielsweise überquerte die Raumfähre auf dem Flug zur Abschußrampe, von der aus er in dem Raumschiff Copernicus 4 die Erde verlassen würde, die Nordostküste in einer Höhe von einigen hundert Meilen. Beim Hinunterschauen durch die Wolken konnte er gerade eben noch Long Island erkennen, das sich wie ein großer Wal in den Kontinent schmiegte. Dort unten, ein kleines Stück von der Spitze entfernt in einer geschützten Bucht, schaukelte, wie er wußte, seine Neun-Meter-Ketsch *Andrea* sanft an ihrem Liegeplatz. Der Lustgewinn für ihn bestand darin, daß er *nicht* noch einmal hinunterblickte und *nicht* dachte, er werde es, das Boot *Andrea*, oder sie, die Frau Andrea, nie mehr wiedersehen.

Warum hatte er sich für die Mission gemeldet? Weil sie ebenso abartig wie notwendig war, und sein Lustgewinn bestand darin, daß sie beides war. Obwohl er die conditio humana ebenso düster beurteilte wie der Kaiser, verschaffte es ihm wie dem Kaiser auch einen Lustgewinn, sich anständig zu verhalten, selbst wenn er wußte, daß es wahrscheinlich nichts nützte und ein schlimmes Ende nehmen würde. Wie der Psychologe Freud vom Anfang des zwanzigsten Jahrhunderts glaubte er, daß die Mißgunst und der Haß, die die Menschen tief in sich nähren, ohne es zu wissen, nicht aufhören, so wenig wie ihre Fähigkeit zur Selbsttäuschung, und daß die Menschen, sosehr sie das Leben liebten, den Tod wahrscheinlich mehr liebten und am Ende Thanatos vermutlich über Eros die Oberhand behielte. Er und seine Mitmenschen, das wußte er, liebten sich selbst und den Krieg zu sehr, und nichts als ein Wunder würde sie retten, und er glaubte nicht an Wunder. Aber er meldete sich trotzdem, oder vielmehr eben deswegen, weil er nicht daran glaubte. Er war wie ein Christ, der seinen Glauben an alles bis auf den Sündenfall des Menschen verloren hatte. Zu einem anderen Zeitpunkt hätte er sagen können, die Erdlinge seien wie die Gadarener Schweine, die von Dämonen besessen waren und kopfüber in ihr Verderben stürzten.

Warum also nicht gerade deshalb sich für Barnards Stern bewerben, weil er sich nicht vorstellen konnte, was eine ETI, selbst wenn es dort eine gäbe, einem Menschen sagen könnte, das der Erde in vierhundert Jahren helfen würde?

Weder der Kapitän noch seine Vorgesetzten machten sich große Hoffnungen auf die Aussichten der Erde. In der Tat hatte er für den Fall, daß während seines Fluges auf Erden eine Katastrophe eintrat, die streng geheime Erlaubnis erhalten, entweder auf dem Planeten von Barnards Stern um Asyl zu bitten oder ihn zu kolonisieren. Sicher hatten ein Mann und drei junge Frauen zumindest eine ebenso gute Chance, ein neues Geschlecht zu gründen, wie Adam und Eva.

Und warum wurde aus den Tausenden von Freiwilligen er ausgewählt? Vielleicht gerade wegen der Komplexität und Reflektiertheit seines Charakters: daß er so kühl wie der sturste Astronaut seine Arbeit machen konnte und außerdem diesen komischen »humanistischen« Hintergrund hatte, ein Historiker, der sich auf das alte zwanzigste Jahrhundert spezialisiert hatte. So kam es, daß die NASA sich mit der höchst verschwommenen Vorstellung, ein Naturwissenschaftler und Pilot mit »humanistischem« Hintergrund könne irgendwie achtzehn Jahre – oder die nächsten fünfzig Jahre – mit drei Frauen und mit intelligenten Wesen auf Barnard P1 zurechtkommen, für ihn entschied. Daß sein Vater Gouverneur von New York war, schadete ihm auch nicht.

Die Mitglieder der Besatzung waren:

Tiffany, eine hochgewachsene blonde Astrophysikerin und

Psychotherapeutin von der TU Kalifornien, 27 Jahre alt. In ihrem Lebenslauf führte sie als Hobbys auf: Skilanglauf, Wok-Kochen, »kreativer Austausch von Streicheleinheiten«.

Kimberly, eine zierliche brünette Linguistin und Semiotikerin aus Bloomfield, Indiana, 22 Jahre alt, die Jüngste, aber auch die Beste und Gescheiteste auf ihrem Gebiet, die, wenn überhaupt irgendwer, den Code der ETI auf Barnard P1 würde dechiffrieren können. Außer Semiotik mochte sie noch: im Herbstwald spazierengehen, die Veden im ursprünglichen Sanskrit lesen, mit einer verwandten Seele ins Feuer schauen.

Das dritte Besatzungsmitglied war die Frau Sanitätsoffizier Dr. Jane Smith aus Nashville, Tennessee, 23 Jahre alt. Das Merkwürdige an ihr war, daß sie verheiratet gewesen war, keine Hobbys anführte und sich als Methodistin zu Papier gab. Sie stammte aus altem schottisch-irischem Schlag. »Du mußt die letzte Methodistin in Tennessee sein«, sagte der Kapitän und dachte, damit einen Witz zu machen. Ihr Lächeln war dünn. Es gingen Gerüchte um, daß sie zwar durchaus kompetent war und auch ihr Beitrag zur hypothermischen Hibernation brillant, aber daß auch ihre »religiöse Präferenz« ihr bei der NASA nicht geschadet hätte. Die christliche Minderheit war so laut, wie sie klein war, so schrill wie schrumpfend. Einem Begehren auf Berücksichtigung von Minderheiten im Raumfahrtprogramm war vom Obersten Gerichtshof stattgegeben worden. Das letzte Raumschiff zum Pluto war mit Schwarzen und Hispanos bemannt gewesen, und man hatte nie wieder etwas von ihm gehört. Schlechte Witze kursierten. Deshalb wurde dieses Raumschiff mit drei Frauen und einem männlichen WASPP (weißer angelsächsischer Postprotestant) bemannt. Jane Smith hatte in Vanderbilt studiert, ihren Facharzt in Luft- und Raumfahrtmedizin gemacht und wertvolle Aufsätze über hypothermische Hibernationstechniken geschrieben. Ihre Entdeckung war, daß sowohl die Gewebeschädigung durch den Hibernationszyklus als auch die damit einhergehenden Beschwerden (entsetzliche Schmerzen, um die Wahrheit zu sagen) sich durch Injektion eines Endorphins (bereits als Smith-Bowers-Endorphin bekannt) auf ein Mindestmaß senken ließen. Ja, an die Stelle der üblichen Krämpfe und Verrenkungen beim Auftauen trat eine milde Euphorie, als ob man aus einem angenehmen Traum erwacht wäre. (»Du siehst aus wie die erwachende Scarlett O'Hara«, sagte der Kapitän, wohlbewandert in der alten Kultur des zwanzigsten Jahrhunderts, zu Kimberly, als sie das erste Mal aus dem Tiefkühlzustand kam.)

Mit einem Wort, der Kapitän hatte Jane in Verdacht, ihren Methodismus auf ihrem Antrag übertrieben zu haben, denn hatte sie nicht auch das »Beiwohnungseinverständnis« unterschrieben? – das heißt, die Zustimmungserklärung, mit der sie sich vertraglich verpflichtete, sich, »ihre Person«, den »biologischen und sozialen Erfordernissen« der Mission zur Verfügung zu stellen, welche Erfordernisse auch die »emotionalen Bedürfnisse« der übrigen Besatzungsmitglieder einschlossen. (Fügen wir rasch hinzu, daß der Kapitän den gleichen Vertrag unterzeichnen mußte. Das war hier kein Serail.)

Die Schichten wurden so eingeteilt, daß der Kapitän seinen Dienst mit der Reihe nach drankommenden Zweiten Offizieren, sprich Partnerinnen, versah. Die Schichten dauerten sechs Monate: zwei Astronauten eingefroren, die anderen beiden »wach«, das heißt, in abwechselndem Achtstundendienst mit ungefähr einer Stunde Überschneidung für wissenschaftliche Experimente und etwaige soziale Interaktionen oder den Austausch von »Streicheleinheiten«, je nach Bedarf. So hätte nach Ablauf von drei Jahren jedes Besatzungsmitglied sechs Monate »wach« mit jedem anderen zugebracht.

Dann gab es die »Simultan-Dehibs«, das heißt, Perioden gleichzeitiger Dehibernation, in denen alle vier Besatzungsmitglieder für einen Monat im Jahr »wach« waren und in diesem Zeitraum den Fortschritt der Mission beurteilen, wissenschaftliche und Gruppeninteraktionsexperimente durchführen und einfach zwanglos gesellig beisammen sein konnten, z. B. indem sie Bridge, Scrabble, Monopoly spielten, sich

Bücher vorlasen, kurze Stücke aufführten, Video-Stereo-Hologramm-Bänder abspielten, tanzten. Eine Zeitlang konnten sie Erdfernsehen gucken, in Raumschiffzeit etwa einen Monat lang, aber je mehr der Ramjet beschleunigte, um so langsamer wurde durch den Doppler-Effekt das Fernsehgeschehen, so daß in alten *MASH*-Wiederholungen – eine Lieblingssendung – Hawkeye und die Schwestern mit immer tieferen Grabesstimmen sprachen und sich bewegten wie Traumfiguren, die in Kleister wateten.

Das Programm sah eine offene und freie Sexualität vor, wobei es sich auf Prescotts statistische Analyse vorindustrieller Gesellschaften stützte und auf seinen Schluß, daß in Gesellschaften, in denen sexuelle Betätigung und die Freuden des Körpers nicht unterdrückt werden, Diebstahl, Gewalt, Krieg und Religion minimal seien. Dagegen seien in Gesellschaften, in denen die Kinder gezüchtigt und die Erwachsenen gehemmt werden, Mord, Krieg und Glaube an ein übernatürliches Wesen recht häufig anzutreffen. Man war zu Umarmungen und Zärtlichkeiten selbst während der routinemäßigen wissenschaftlichen Experimente angehalten.

Das Raumschiff war deshalb mit einem Kinderzimmer ausgestattet. Die Projektplaner verfolgten damit zwei Absichten: erstens, eine Minigesellschaft zu kreieren, in der die Erwachsenen sich und die Kinder frei und freigebig mit Zuneigung bedachten; zweitens hätte, falls Homo sapiens sapiens tatsächlich auf Erden ausgerottet worden war, wenigstens ein winziger Rest überlebt, entweder als Asylanten auf Barnard P1 oder als Kolonisten anderswo, vielleicht sogar mit der Möglichkeit, zur Erde zurückzukehren.

Der schlimmste Fall: die Erde fünfhundert Jahre später, explodiert und entvölkert, aber vielleicht bewohnbar, und Copernicus 4 heimwärts holpernd mit vier Astronauten im mittleren Alter und x Kindern im Alter von ein bis siebzehn Jahren.

Selbst im schlimmsten Fall könnte das Leben nicht nur weitergehen, sondern herrschen und sich mehren und aufs neue die Erde füllen, füllen mit einer neuen Abart von Homo sapiens sapiens, einem liebevollen, zärtlichen, promiskuösen, friedlichen Schlag. (Genetische Inzucht war ein Problem, aber die erschöpfendsten genetischen Untersuchungen der vier schlossen alle bekannten pathogenen Gene aus.)

SZENE: Drei Tage nach dem Start von der Abschußrampe und eine Woche vor der ersten Hibernation.

Die Besatzung: atmet nach dem Startstreß zum erstenmal richtig durch, checkt Instrumente, justiert den Wasserstoffauffänger, zählt Wasserstoffatome, kalibriert das Triebwerk. Die stetige Bussard-Beschleunigung ist gelinde, kaum stärker spürbar als die leichte Schwerfüßigkeit, die man in einem schnellen Aufzug fühlt.

Es war wie in ein neues Haus einziehen. Die Möbel stehen, die Betten sind gemacht, die Küche ist eingeräumt, und die Bewohner lassen sich im Wohnzimmer nieder, erschöpft, aber entspannt, um sich umzuschauen, die neuen vier Wände zu genießen.

Die vier sitzen an ihren Konsolen in der Kommandoeinheit. Sie ist kaum geräumiger als ein großes Bad. Von der Kommandoeinheit führt ein breiter Schlauch, nicht unähnlich dem Tunnel in der alten B-52, zu einem Fitneßraum, zu Gefrierzellen (die wie Kühlschränke Marke Sear's Best aussehen) und Schlafzimmern (kleiner als Schlafwagenkabinen: hier muß man nicht zur Intimität angehalten werden, sie ist unumgänglich), Kinderzimmer und Vorratskammern und schließlich zum Triebwerk.

Die vier Sessel im Kommandoteil sind bequem, kippbar, können vibrieren und so geschwenkt werden, daß man sich gegenseitig anschaut oder die Computermonitore.

Aus irgendeinem Grund schaut niemand direkt jemand anderen an, bis auf Jane Smith, die – vielleicht weil sie die Flugärztin ist – neugierig von einem zum andern blickt:

Tiffany: hingestreckt, langbeinig und attraktiv in ihrem

engen Overall, gähnt und rekelt sich vielleicht mehr, als nötig wäre.

Kimberly: stirnrunzelnd, vertieft, ein Buch auf dem Schoß aufgeschlagen (Band 15 von *B. F. Skinners Sämtliche Werke*), kaut an einem Fingernagel, ganz als ob sie in der Bibliothek der University of Indiana säße.

Jane Smith: beobachtet sie, registriert den Winkel, in dem die Sessel geschwenkt sind und zu wem, welches Bein übergeschlagen ist usw. Sie lächelt leicht. Sie und der Kapitän haben den ersten Sechsmonatsdienst – das heißt, sie werden sich sechs Monate lang alle acht Stunden abwechseln, während die andern zwei schlafen.

Achten Sie auf den Kapitän.

Er ist jeder Zoll ein Profi, wie er da behaglich alle viere von sich streckt, ganz nach Art eines Profis, wenn er seine Arbeit gemacht und sie gut gemacht hat, ein bißchen müde nach den Hunderten von Punkten auf der Checkliste und nachdem er den Ramjet angeschmissen hat, ein bißchen rot um die Augen und unrasiert, die Augen halb geschlossen, leicht in seinem Sessel schaukelnd, gerade so viel, daß er seinen Nacken beugen kann, während er ihn sanft massiert. Doch halt! Ist es so einfach mit ihm? Sie hätten vielleicht bemerkt – wie Jane Smith, deshalb lächelt sie ja –, daß er komplex und innerlich irgendwie mehrschichtig ist. Was bedeutet, daß er nicht nur behaglich alle viere von sich streckt, wie man es ja erwarten würde, sondern daß er sich dessen, und wie er es tut, durchaus bewußt ist. Würde er ganz genauso alle viere von sich strecken, ganz genauso sich den Nakken massieren, wenn die Frauen nicht zugegen wären? Wirklich, er ist erstklassig in seiner Arbeit, aber er ähnelt auch ein wenig dem Flugzeugkapitän Dean Martin in dem Film *Airport*, der gerade eine defekte Boeing 747 erfolgreich gelandet hat – im Beisein von drei Stewardessen. Auch das bedeutet für Deano, den Schauspieler, in seiner Jet-Attrappe einen Lustgewinn. Aber Kapitän Schuyler hat von beiden Welten das Beste: Er ist ein echter Pilot, aber er ist auch ein guter

Schauspieler, will sagen, er weiß, wie er etwas zu machen hat, und auch, wie er es mit dem kalkulierten Effekt eines Schauspielers macht. Er ist sich seiner Wirkung auf die Frauen bewußt.

Beim Abgang aus seiner Welt, während er gegen Lichtgeschwindigkeit beschleunigt, fühlt er sich erfolgreicher und triumphierender, als er in seiner Welt jemals war.

Die Augen sind wichtig. Die Frauen sind darauf bedacht, ihn zu beobachten, ohne den Anschein zu erwecken, außer Jane Smith. Er ist darauf bedacht, sie nicht zu beobachten, aber den Anschein der Wachsamkeit zu erwecken.

Läßt sich von ihm behaupten, daß er von dieser Welt, gerade als er ihr den Rücken kehrte, das Beste hatte, nämlich, wie der Apostel Johannes in seinem ersten Brief schrieb, die Hoffart des Lebens und die Lust der Augen?

Kaum, jedenfalls nicht Lust im biblischen Sinne der *epithymia,* der Begierde, des Gelüstens, sondern im Sinne der Freude und des Lusthabens. Das eine ist ein Verlangen und Lüsternsein und das andere ein Freudehaben und Freudemachen. Freude an den drei Frauen. Als Gegenleistung wollte er sie erfreuen. Eine doppelte Freude: die Freude daran, die Rolle des Kapitäns auszuspielen, seine Arbeit zu machen und behaglich alle viere von sich zu strecken, und die zusätzliche ästhetische Freude, es bewußt so zu tun, wie die Frauen es erwarten würden, und damit als ein einleitender Schachzug, ein männliches Imponiergehabe in einer fürderhin sicherlich komplexen Balz.

Der Schachzug hat teilweise Erfolg. Er »klappt« plangemäß bei Tiffany und Kimberly, genau wie der Anblick des übermüdeten Deano mit offenem Kragen, gelockertem Schlips, wie er in der 747 seinen Nacken massiert, bei den Stewardessen klappte. In diesem Fall bedeutet »klappen«, daß sie sich aus Gründen zu ihm hingezogen fühlen, die er durchschaut, aber sie nicht. Aber er klappt nicht bei Jane Smith, denn sie weiß, was er macht: daher das ironische Lächeln in ihren Augen.

Doch halt! Klappt der Schachzug nicht gerade deshalb? Weil er weiß, daß seine kleine Finte bei ihr nicht landen wird und daß sie wissen wird, daß er das weiß. Jedenfalls erfolgt die Begegnung zwischen dem Kapitän und Dr. Jane Smith auf einer anderen Komplexitätsstufe.

Jahre vergehen. Kimberly und Tiffany wurden auf dem Hinflug je dreimal geschwängert. Dr. Jane Smith verweigerte bei ihrem ersten Dienst mit dem Kapitän den Geschlechtsverkehr. Ihre Ausrede: Jemand muß auf die Kinder aufpassen. Ihre zweite Ausrede: Wir sind nicht verheiratet. Ihre dritte Ausrede: Ich bin mit jemand anders verheiratet.

DER KAPITÄN: Aber wir fliegen schon das vierte Jahr. Dein Mann ist 123 Jahre alt, oder tot.
DR. JANE SMITH: Das wissen wir nicht sicher.
DER KAPITÄN: Aber du hast das Beiwohnungseinverständnis unterschrieben.
DR. JANE SMITH: Ich habe gelogen.
DER KAPITÄN: Magst du mich nicht?
DR. JANE SMITH: Doch, sehr.
DER KAPITÄN: Ich mag dich sehr. Mehr als die andern.
DR. JANE SMITH: Ich weiß – obwohl du die andern auch nicht ungern zu mögen scheinst.
DER KAPITÄN: Lieber Himmel! Du bist eifersüchtig.
DR. JANE SMITH: Ja.
DER KAPITÄN: Das ist der erste Tag unseres zweiten gemeinsamen Sechsmonatsdienstes. Sollen wir noch einmal Kreuzworträtsel lösen und die Klassiker lesen? Ich liebe dich.
DR. JANE SMITH: Ich weiß. Heirate mich.
DER KAPITÄN: Dich heiraten! Wieso? Wie?
DR. JANE SMITH: Du bist der Kapitän. Der Kapitän kann –
DER KAPITÄN: Der Kapitän eines Schiffes kann sich nicht selber trauen.
DR. JANE SMITH: Wer sagt das? Du stellst dich dorthin, sprichst die Worte, dann trittst du hierher, gibst die Antwort.

DER KAPITÄN: Was für Worte? Ich habe das Buch nicht.
DR. JANE SMITH: Aber ich.
DER KAPITÄN: Lieber Himmel! Was ist mit den andern?
DR. JANE SMITH: Sag ihnen nichts.

Also wurden sie getraut. Dr. Jane Smith wurde schwanger und kam mit einem Sohn nieder. Sie taufte ihn nicht durch Übergießen, Benetzen oder Untertauchen – unmöglich bei Nullgravitation –, sondern durch einen Spritzer aus der Trinktube.

Die ersten sieben Kinder hießen Krishna, Vishnu, Indira (von Kimberly), Anna Freud, Oppie, Irene-Curie (von Tiffany) und John (von Dr. Jane Smith).

Die »Botschaft« von Barnards Stern erwies sich als falscher Alarm, war gar keine. Sie war nichts anderes als eine Interferenzwirkung von den starken Magnetfeldern der zwei Barnardplaneten, die eine komplexe Pulsarstrahlung auf den Radiofrequenzen erzeugte – ganz wie zwei Metronome mit unterschiedlichem Takt. Das heißt, wenn ein einzelner Pulsar tick-tick-tick machte, ging diese »Botschaft« ungefähr tack-tick-tack-tick-tick-tick-tack, eine Unbotschaft, die einer Botschaft teuflisch nahe kam.

Barnards zwei Planeten waren tot. Sie besaßen auch weder Sauerstoff noch Wasser und waren daher nicht kolonisierbar.

Unheilvoller als die schlechten Nachrichten von Barnard waren die schlechten Nachrichten von zu Hause. Auch bei annähernder Lichtgeschwindigkeit hätte die eine oder andere Durchsage von der Erde den Ramjet erreichen müssen. Aber nach fünf Jahren Raumschiffzeit – 125 Jahren Erdzeit – hörten die Durchsagen ganz auf.

Trotzdem wußte sich die Besatzung zu trösten. Alle möglichen technischen Pannen hätten passieren können. Nach der Enttäuschung mit Barnard freuten sich alle insgeheim auf die Rückreise nach dem großen Bogen um den Stern, denn dann mußten sie ja in einen regelrechten Wirbelsturm von Erddurchsagen fliegen.

Aber die Erde blieb stumm. Auch nach wiederholten Anfragen an das Jet Propulsion Lab: *JPL, können Sie mich hören? Können Sie mich hören? Antworten Sie auf einer der vorgesehenen Frequenzen oder auf allen* – auch nach fünf Jahren Warten auf Antwort: Schweigen.

Alle wußten, was geschehen war. Richardsons Schätzung aus seinem *The Statistics of Deadly Quarrels* hatte sich als nur allzu zuverlässig erwiesen. Die einzige unbekannte Größe war das Ausmaß (magnitude) des letzten Krieges. War er ein M10 gewesen – das Ende des Lebens auf dem Planeten? Ein M9? Ein M5?

Die lange Heimreise verlief wie im Traum. Fünf weitere Kinder wurden geboren: Carl Jung von Tiffany, Siddhartha und Chomsky von Kimberly, Sarah und Mary Ann von Dr. Jane Smith.

Wenn sie nicht gerade Nachwuchs zeugten, Säuglinge versorgten und stillten, Kinder und Jugendliche erzogen, schwiegen die Erwachsenen meistens – bis mit zunehmender Annäherung des Raumschiffs an die Erde das unvermeidliche Spekulieren losging: Wie schlimm ist es? Oder war es? Selbst wenn es ein M10 war, wären 90 Prozent der Cäsium-137-Strahlung nach hundert Jahren zerfallen. Aber der Stickstoff in der oberen Atmosphäre wäre oxydiert und hätte beträchtliche Mengen von Ozon zerstört. Die daraus resultierende ultraviolette Sonneneinstrahlung würde jahrelang anhalten. Vögel würden erblinden – blinde Vögel können keine Insekten finden und sterben daher. Blinde Bienen können keine Pflanzen bestäuben. Würde die Erde von Heuschrecken überschwemmt sein, würden die Meere von blinden Fischen wimmeln? Selbst wenn es Überlebende gab, wie viele würden Hautkrebs bekommen? Alle Hellhäutigen? Wie würde es sich auf die Kulturpflanzen und Mikroorganismen auswirken?

Aber die beliebteste, die endlose, die obsessiv betriebene Spekulation, derer sie niemals müde wurden, war:

Wo wirst du hingehen? Was wirst du machen? Was wird aus den Kindern?

Einigkeit bestand nur in einem. Nach achtzehn Jahren Zusammenleben in einem Raum von der Größe eines Boeing-727-Rumpfes hatten sie sich alle gründlich satt und wollten ihre eigenen Wege gehen. Mit zwei Ausnahmen.

DER KAPITÄN: Wo wollt ihr hingehen?
TIFFANY: Ich gehe an die Küste von Oregon, da hab' ich mal einen Sommer lang bei einem Indianerstamm anthropologische Studien getrieben. Sie waren Fischer. Sie lebten gut und einfach. Der Fleck müßte in den USA vor radioaktivem Niederschlag am sichersten sein. Und bei den Fischen besteht die geringste Wahrscheinlichkeit, daß sie von Strahlung oder Ultraviolett verseucht sind.
KIMBERLY: Ich will nach Uxmal in Yucatan gehen. Ich denke daran, die Glyphen zu entziffern. Ich habe da einmal in einer Pyramide dicht bei einer schönen tiefen Cenote gelebt. Ich habe so ein Gefühl, wenn etwas überlebt hat, dann dieser Ort.
DER KAPITÄN: Was wird aus den Kindern?
TIFFANY-UND-KIMBERLY: Ach, die denken doch sowieso alle, sie wären Janes.
DER KAPITÄN: Was ist mit dir, Jane? Wo willst du hingehen?
DR. JANE SMITH: Lost Cove, Tennessee. Ich bin da geboren. Es ist ein kleines Tal im Cumberland Plateau, abgeriegelt von einem Bergkamm. Keine Straßen, kein Telefon, kein Fernsehen. Nur drei Höfe und eine Höhle. Gutes Wasser, süßer weißer Mais, Wachteln, Eichhörnchen, Rotwild, Fische, Wildschweine. Seit zwanzig Jahren habe ich nicht mehr Schweinswürste, Maisbrei und Kohl gegessen. Auf allen Fallout-Karten im Falle eines Ost-West-Krieges blieb es ausgespart. Ich glaube, ich versuche mein Glück.
DER KAPITÄN: Würdest du die Kinder mitnehmen?
DR. JANE SMITH: Klar. Kannst du uns hinfliegen?
DER KAPITÄN: Ja, aber zuerst müssen wir in Utah landen.

DR. JANE SMITH: Was wirst du tun, Käpt'n?
DER KAPITÄN: (Warum hat sie mich nicht aufgefordert, mit ihr nach Tennessee zu kommen?) Ich gehe zurück nach Long Island. Ist mir egal, wie es da aussieht. Ich steig' in meine Ketsch und segel' nach Montauk.
DR. JANE SMITH *(schüchtern):* Würdest du nicht lieber mit mir nach Tennessee kommen?
DER KAPITÄN: Doch.

Das Raumschiff machte zwei niedrige Erdumkreisungen, bevor es in Bonneville landete: der erste Flug, um die östliche Hemisphäre, der zweite, um die westliche bei Nacht zu sehen. Still wie Luzifer im Sternenlicht, getragen von seinen großen Flügeln, flogen sie über die finsteren nördlichen Kontinente.

London war finster. Europa war finster. Moskau war finster. China war finster. Japan war finster. San Francisco war finster. Chicago war finster. New York war finster.

Im Morgengrauen des 12. April, achtzehn Jahre nach dem Start laut Raumschiffzeit, 457 Jahre laut Erdzeit, ging das Raumschiff Copernicus 4 programmgemäß auf den Salzwüsten von Bonneville, Utah, nieder. Mit 190 Knoten landete der Kapitän es so mühelos wie ein alter Flugzeugpilot eine 727. Man vergißt nicht, wie man Fahrrad fährt, schwimmt oder ein Flugzeug fliegt.

Nach einem langen Schweigen bat der Kapitän Kimberly, die Außenstrahlung festzustellen. Negativ.

Niemand und nichts war zu sehen als die rostigen Überreste alter stählerner Flugzeughallen aus dem einundzwanzigsten Jahrhundert.

Sie traten hinaus in die süße, schwere Wüstenluft. Das Gehen war ein Problem – aber nicht für die Kinder! Vielleicht waren sie wie die neugeborenen Küstenseeschwalben, die von der Arktis zu den Dry Tortugas fliegen und, obwohl sie nie zuvor da waren, landen und wissen, hier sind sie zu Hause.

Trotz Dr. Jane Smiths wohldurchdachtem Programm zur körperlichen Ertüchtigung und Stabilisierung des Calciumhaushalts waren die Erwachsenen so wacklig auf den Beinen wie nach einer langen Seefahrt und in der blendenden Sonne von Utah so blind wie Fledermäuse.

Die Kinder rannten und fielen und sprangen und fielen herum wie die Beatles auf einem Fußballfeld.

Sie lenkten ihre Schritte zum nächsten Schatten und zur nächsten Zuflucht – ausgerechnet die Ruinen einer Raststelle an der alten Interstate 80 zwischen Salt Lake City und San Francisco.

Sie setzten sich an einen Picknicktisch, die heimkehrenden Erdlinge, sprachlos und versonnen. Die rostenden Wracks alter Neunachser, Düsenflitzer und Camp-Schrauber (Helikopter mit Zelten) aus dem einundzwanzigsten Jahrhundert verunstalteten den Parkplatz. Nahebei wurde der gerissene Asphalt der alten I-80 von Salz und Sand ausgeschmirgelt wie eine Römerstraße in der Cyrenaika. Doch eine einzelne Espe spendete ihnen Schatten, während ihre frischen Blätter in der aufgehenden Sonne zitterten und glitzerten wie neues Geld. Ein einzelner Bussard zog hoch am Himmel seine Kreise. Während sie ihm zusahen, krabbelte eine grüne Eidechse auf den Tisch, und die Ellbogen fuhren hoch. Sie musterte sie von der Seite und blähte eine rote Blase auf.

Die Erde lebte.

Es gab auch menschliche Überlebende. Und sie waren ein komischer Haufen, die vier, die die gestrandeten Astronauten bargen.

Einer war Aristarchus Jones, ein Astronom, der im alten Hauptquartier des Strategic Air Command unter einem Berg bei Colorado Springs lebte.

Die anderen drei waren Benediktinermönche aus einer nahegelegenen Abtei, in der Jones seit einem Monat wohnte.

Was hatte er, Jones, hier zu suchen? Na, er war gekommen, um sie abzuholen. Man erwartete sie. Oder vielmehr, Jones war vor Jahren in Besitz einiger Dokumente aus dem alten JPL in Pasadena gekommen und hatte die Berechnung angestellt, daß Copernicus 4, wenn aus der Kolonisierung von Barnard P1 nichts werden sollte, zur Erde zurückkehren würde – voraussichtliche Ankunftszeit: irgendwann im April dieses Jahres.

Und da war er nun. Im Februar war er auf einem Pferd die alte I-80 von Denver hinuntergeritten, was ihn zwei Wochen gekostet hatte, und war bei den Benediktinern untergekommen, derweil er den Himmel nach Copernicus 4 absuchte.

Die Benediktiner? Sie waren noch merkwürdiger. Die drei waren die einzigen, die übriggeblieben waren, der Überrest einer blühenden Gemeinde, die auf ihrem Höhepunkt, einer Zeit der wiedererstarkenden Religiosität nach dem zweiten großen Krieg des zwanzigsten Jahrhunderts, bis zu dreihundert Köpfe gezählt hatte.

Jetzt waren es drei: der Abt, ein vertrockneter alter Sauertopf mit einem dünnen Bärtchen, einer Nase wie einem Bussardschnabel und einer eiternden Wunde an der Stirn; und zwei schwarze Mönche, nicht »schwarze Mönche«, wie alle Benediktiner in ihren schwarzen Kutten einst genannt wurden, sondern schwarze Männer, Neger im alten Sprachgebrauch, die Mönche waren. Vier weiße Mönche waren innerhalb des letzten Jahrzehnts an diesem oder jenem Krebsbefall gestorben. Schwarze, so schien es, hatten das notwendige Melanin in der Haut, um dem verderblichen Ultraviolett zu trotzen.

Ihr Überleben hatte die Gemeinde, sofern man dieses merkwürdige Trio eine Gemeinde nennen konnte, der weisen Voraussicht eines Abtes aus dem einundzwanzigsten Jahrhundert zu verdanken, der den Dritten Weltkrieg des Jahres 2069 vorausgeahnt und im Sandstein unter der Abtei einen riesigen Bunker ausgehoben hatte, tief genug und ausreichend mit Vorräten bestückt, daß man dort die hundertjährige Zerfallszeit des Cäsium 137 überleben konnte.

Die achtzehn Astronauten, jung und alt – das jüngste, Sarah, ein Wickelkind auf den Armen von wem sonst als Dr. Jane Smith –, machten es sich in dem Klostergarten neben einer nichtssagenden kasernenartigen Kirche samt Kloster, gebaut aus häßlichen, aber dauerhaften Betonsteinen des zwanzigsten Jahrhunderts, bequem. Die Kinder sahen voll Erstaunen zu, wie die Mönche in einer winzigen Prozession herumzogen und dabei Wedel einer Wüstenpflanze in die Höhe hielten. Es war Palmsonntag.

Es gab auch Kinder in der Abtei, ungefähr ein Dutzend, zumeist mißgebildete Bastarde: Retardierte, Dolichozephale (»Langschädel«), mit Gaumenspalten (»Wolfsschnauzen«), armlos, beinlos, depigmentiert, multipigmentiert (»schekkig«) – und doch ein bemerkenswert fröhlicher und spielfreudiger Haufen.

Die zwei Gruppen beäugten sich. Die Erdlinge sahen mehr wie Besucher aus dem Weltraum aus als die Besucher aus dem Weltraum: drei Mönche in Schwarz und Aristarchus Jones, ein junger blonder Kalifornier, der ein lose herabhängendes weißes Gewand und daran eine Kapuze mit Augenschlitzen trug, die ihn vor dem Ultraviolett schützte, aber ihn auch aussehen ließ wie einen Ku-Kluxer aus alten Tagen.

Abt Leibowitz, Ex-Physiker, Ex-Brooklyner, sah aus wie ein Schtetel-Krämer, der seit vierzig Jahren gestrandet in der Wüste Sinai hockte.

Die zwei schwarzen Mönche sahen aus wie die Comicfiguren Amos 'n' Andy, der eine klein, sachlich und gescheit wie Sidney Poitier, der andere gewichtig, geschwätzig und witzig.

Der Kapitän hatte ein paar Fragen, indessen die Weltraumkinder, die nach einer Woche Erde den Bogen raus hatten, auf Bäume kletterten, sich Grashalme zupften, Steine schmissen, als ob sie dazu geboren wären. Sie, die Weltraumkinder, kamen nach ihrem anfänglichen Erstaunen prima mit den »Mißgeburten« aus, lernten von ihnen Baseball, führten sie an Bord von Copernicus 4, brachten ihnen Video-Computer-Spiele bei.

DER KAPITÄN: Was war es, ein M7?
ABT: Der Krieg damals? Ein M9, fürchte ich.
DER KAPITÄN: Wie viele sind übrig?
JONES UND ABT *(schauen sich an):* Du meinst Menschen?
DER KAPITÄN: Ja.
JONES: Keine Ahnung. Nicht genug.
DER KAPITÄN: Nicht genug wofür?
JONES: Um die Zivilisation aufrechtzuerhalten.
DER KAPITÄN: Von wie vielen wißt ihr denn mit Sicherheit, daß sie überlebt haben?
JONES: So zweitausend in Kalifornien. Sechs in Colorado Springs.
DER KAPITÄN: New York?
ABT: Keine Ahnung. Der letzte Kurier auf seinem Weg zur Westküste sagte, es gäbe ungefähr hundert auf Long Island.
DER KAPITÄN *(zum Abt):* Was ist mit Asien? Europa? Habt ihr keine Verbindung mit andern Klöstern? Kirchen?
ABT *(achselzuckend):* Von Europa weiß ich nichts. Ein paar Katholiken hier und da in Nordamerika, ein paar Kirchen, aber keine Bischöfe.
DER KAPITÄN: Der Papst?
ABT: Keine Ahnung.
DR. JANE SMITH: Irgendwelche Methodisten?
ABT: Sehr wenige Methodisten.
DR. JANE SMITH *(schaut ihn prüfend an):* Juden?
ABT *(lebt auf):* O ja! Ein junger Israeli auf der Suche nach seinen Angehörigen in San Francisco ist vor etlichen Jahren hier durchgekommen. Er hatte sich ein Boot gebaut und war von Tyrus aus gesegelt, ganz allein. Er sagte, es gäbe ein paar hundert Israelis, die sich in den Höhlen von Qumran verkrochen hätten.
DER KAPITÄN: Um sich vor der Strahlung zu schützen?
ABT: Nein, um sich vor den Arabern zu schützen.
DER KAPITÄN: Kämpfen die denn immer noch?
ABT: Ja. Aber die Strahlung ist keine Gefahr mehr. Die Cäsium-137-Strahlung wurde vor hundert Jahren minimal.

DER KAPITÄN: Warum hat sich dann die Menschheit nicht wieder aufgefüllt oder hat damit angefangen? Oder hat sie?

ABT UND JONES *schauen sich an.*

JONES: Da ist noch ein Problem.

DER KAPITÄN: Welches?

JONES: Sterilität.

DER KAPITÄN: Von dem Cäsium? Wie sollte das zugehen? Eure Eltern waren nicht steril. Die Eidechsen und Bussarde sind nicht steril.

JONES: Wir verstehen es selbst nicht. Vielleicht ein kumulativer Effekt des Cäsiums in der Nahrungskette. Vielleicht das Ultraviolett, vielleicht ein verzögerter Effekt der chemischen Kriegsführung. Jedenfalls hat es langsam zugenommen, und jetzt –

DER KAPITÄN: Was jetzt?

ABT: Jetzt schätzen wir die Sterilitätsrate bei den Menschen auf 98 Prozent. Seit über einem Jahr hat es in Utah, Colorado oder Kalifornien keine registrierte Geburt mehr gegeben.

DER KAPITÄN *(schaut Jones an):* Und du?

JONES: Gezählte Spermien laut Spermiogramm: null.

DER KAPITÄN *(schaut die Mönche an, besinnt sich eines Besseren, schaut Jones an):* Bist du verheiratet?

JONES *(schaut Tiffany an, auch eine blonde Kalifornierin):* Nein.

MÖNCH AMOS *(feierlich und ein bißchen schwülstig, wie Amos in Amos 'n' Andy):* Es ist tragisch, wenn Menschen Kinder haben wollen und keine bekommen können. Welche Freude, diese Kinder zu sehen!

DER KAPITÄN: Wie steht's mit dem Geschlechtstrieb? Ist der bei manchen auch in Mitleidenschaft gezogen?

MÖNCH ANDY: Bei sehr wenigen Weißen und bei Niggern gar nich.

DER KAPITÄN: Das heißt, wenn ich euch recht verstehe, seid ihr wahrscheinlich die letzte Generation auf der Erde.

JONES: Wenn das nicht, dann ist auf jeden Fall die nächste die letzte.

ABT *(strahlt auf):* Aber jetzt seid ihr da.
DER KAPITÄN *(nach einer langen Pause):* Habt ihr einen Plan?
ABT UND JONES: Wir haben zwei Pläne. Zwei unvereinbare Pläne. Beide hängen an euch. Ich fürchte, ihr werdet euch entscheiden müssen.
DER KAPITÄN: Raus damit.

Der Vorschlag von Dr. Aristarchus Jones

Hier die Fakten:

Die Gattung Mensch ist auf der Erde am Ende. Aufgrund der verzögerten und kumulativen Wirkung der Cs-137-Strahlung oder des vermehrten Ozonabbaus in der Atmosphäre durch Treibgase und die daraus resultierende starke UV-Strahlung bewegt sich die männliche Sterilität auf 100 Prozent zu, und die weibliche steht nicht viel nach. Mit einem Wort, wir sind entweder die letzte Generation auf Erden oder die vorletzte. Du, Kapitän, und deine Besatzung, ihr seid offensichtlich fruchtbar, aber es ist fraglich, wie lange ihr das bleibt – ein Jahr? einen Monat? Und meint ihr, wenn eure Kinder geschlechtsreif sind, daß sie dann auch fruchtbar sein werden?

Mein Vorschlag: Wir kolonisieren Europa, einen der Galileischen Jupitersatelliten. Du, Kapitän, bist vor achtzehn Jahren an ihm vorbeigeflogen und weißt besser als ich, daß er wahrscheinlich bewohnbar ist: Planetengröße, von Wassereis bedeckt, Anzeichen neu aufsteigender Landmassen – das berühmte Grünen, das man nirgendwo sonst als hier auf der Erde sieht –, keine Vulkantätigkeit, keine Einschlagskrater, ein Flußsystem allem Anschein nach und, was am wichtigsten ist, eine Atmosphäre mit 10 Prozent Sauerstoff.

Euer Raumschiff hat genug Reaktortreibstoff zum Starten und zum Erreichen einer Ramjet-Geschwindigkeit, die ausreicht, um den Wasserstoffauffänger zu aktivieren. Es wäre also eine Fahrt von ein paar Wochen.

Hier im Keller der guten Mönche habe ich Vorräte an Samen, Algen, Pflanzen, kleinen Säugetieren und sogar Insekten entdeckt. Ich habe Bücher, Musik, Shakespeare auf Kassette.

Wie die Dinge liegen, haben wir gar keine andere Wahl außer hierbleiben und sterben. Ich komme mit – ihr werdet mich als technischen Berater brauchen. Außerdem haben Tiffany und ich schon eine Beziehung. Wer weiß, vielleicht bin ich nicht völlig steril – 100 Prozent ist nie einer. Schließlich braucht es nur ein einziges Spermium.

Mit ein bißchen Glück können wir Europa ungefähr in der Weise kolonisieren, wie Europa die Neue Welt kolonisiert hat, *bloß* – und das ist das Aufregende daran! – bloß daß es keinen Grund gibt, wieso wir nicht eine Gesellschaft aufbauen könnten wie die, in der mein Namensvetter im antiken Ionien lebte, eine Gesellschaft auf der Grundlage von Vernunft und Wissenschaft, und das, ohne die Fehler der Vergangenheit zu wiederholen, zum Beispiel das finstere Mittelalter, zweitausend Jahre Platon und Judentum und Christentum – eine sexuell freie und friedliebende Gesellschaft, in der Wissenschaft und Kunst befreit von den abergläubischen Vorstellungen und Unterdrückungsmechanismen der Religion gedeihen können – nichts gegen die guten Mönche, die sind natürlich eingeladen mitzukommen. Ich denke, es wäre sinnig, mit eurem Einverständnis, den Namen Europa in Neu-Ionien umzuändern. Endlich, endlich werden wir die ewigen Streitereien der Buchreligionen – erst Judentum, dann Christentum, dann der Islam – ein für allemal hinter uns lassen. Es wird auf Neu-Ionien keinen Nahen Osten geben, keinen Kampf Christen gegen Juden, Christen gegen Moslems, Schi'iten gegen Sunniten, Moslems gegen Juden, Protestanten gegen Katholiken.

Es gibt keinen Grund, weshalb wir nicht auf einem andern Planeten eine neue Gesellschaft gründen könnten, genau wie wir in der Neuen Welt eine neue Gesellschaft gegründet haben.

Ohnehin bleibt uns keine Wahl. Europa lebt. Dieser Planet stirbt.

Wir haben keine Zeit zu verlieren. Nach meinen Berechnungen wird es das Zielfenster nach Europa im nächsten Monat nur ein paar Tage lang geben.

Das ist mein Vorschlag.

ABT: Dürfen die Kinder mitkommen?

ARISTARCHUS: Die Weltraumkinder ja. Es wäre unsinnig, genetische Defekte zu verewigen.

ABT: Aha.

Der Vorschlag von Abt Leibowitz

Hier die Fakten:

Die Gattung Mensch mag auf der Erde am Ende sein oder nicht. Vielleicht ist die Sterilitätsrate in Seattle oder Neuseeland niedriger. Wir wissen es nicht. – Aber das spielt keine Rolle. Ich könnte in jedem Falle nicht mitfahren.

Warum nicht?

Weil ich glaube, daß Gott existiert und daß er den Kosmos erschaffen hat (der Urknall, wie du ihn vulgär nennst, ist dir peinlich, Aristarchus, nicht wahr?), daß er den Menschen durch die Evolution erschaffen hat, als deren letzter Schritt der Mensch, vielleicht in der letzten Eiszeit, eine Seele bekam und als Mensch zu sich selbst gelangte, Körper und Geist; daß Gott den Menschen also als eine Person erschaffen hat, der die Gaben der Erkenntnis und der Liebe, vor allen Dingen aber der Freiheit verliehen wurden, daß den Menschen irgendwie eine Katastrophe ereilte, Gott allein weiß, welche, er seine Freiheit schlecht nutzte und schlecht wählte – vielleicht statt Gott sein *Selbst* wählte, das einzige, was er an sich niemals erkennen kann – und seit der Zeit in Schwierigkeiten ist. Daß infolgedessen Gott selbst in die Geschichte dieses unbedeutenden Planeten eingriff: durch einen Bund mit einem noch bedeutungsloseren Stamm, den Juden, durch seinen Sohn, einen Juden, der tatsächlich als

Mensch auf dieser Erde lebte, er und kein anderer, durch die Gründung einer Kirche, der katholischen Kirche, gebaut auf einen sehr mittelmäßigen, unbeherrschten Katholiken, Petrus, auch ein Jude; daß er, Gott, irgendwie unauflösbar und bleibend, hoffnungslos geradezu, mit den beiden, den Juden und der katholischen Kirche, verflochten ist, bis ans Ende irdischer Zeiten.

In gewissem Sinne hat sich nichts geändert. Hier ist die Restchristenheit und läßt immer noch nicht locker, eine leicht verrückte Enklave komischer Typen, an den Zäunen aufgelesene und zum Mahl geladene Heidenstromer. Und drüben in Israel ist, wie wir wissen, nach wie vor die Restjudenheit und läßt immer noch nicht locker, vor langem zerstreut und jetzt zurückgekehrt an denselben Ort, stolz und halsstarrig wie eh und je, immer noch verfolgt, immer noch im Kampf gegen die Assyrer. Was hat sich geändert?

Ich bin beides. Ich bin sowohl Jude als auch Katholik, ob es den Juden oder Katholiken nun paßt oder nicht, im allgemeinen nicht, meistens können sie in Wirklichkeit nichts miteinander anfangen und mit mir noch weniger. Die Juden halten mich für einen Abtrünnigen, und die Katholiken halten mich für einen Juden. Sie sehen Jesus und Maria nicht als Juden. Aber ich? Ich bin nach wie vor Jude. Und sie haben recht. Ich bin einer. Die Katholiken sind ein komisches Volk – ich bin nie wirklich mit ihnen warm geworden. Ich bewundere ihren, unseren Glauben, habe ihn ja angenommen, aber ich wünschte, sie würden das Wissen mehr lieben, so wie sie es im Hochmittelalter liebten, würden Wissenschaft und Kunst mehr lieben, so wie unser Bruder Aristarchus hier, genau wie sie es in der Zeit des großen Giotto und Roger Bacons und des Mönchs Kopernikus und des großen Galilei liebten; wie Moses Maimonides und Einstein; wie der Mönch Gregor Mendel. Wir sind eine Kirche von Sündern, ja, aber können Sünder nicht Wissenschaft und Kunst lieben?

Aber die beiden, Juden und Katholiken, sind unauflösbar miteinander verwachsen, so wie siamesische Zwillinge am

Nabel, ob es ihnen paßt oder nicht, und es ist und bleibt beiden ein Greuel bis ans Ende irdischer Zeiten.

Ich glaube, wir haben das Versprechen Gottes und seines Sohnes, daß er, Jesus Christus, da er einmal gekommen ist, uns aus dem Tod des *Selbst* auf der Suche nach sich *selbst* ohne irgendein anderes *Selbst* zu erlösen, auch am Ende der Welt wiederkommen wird. Wir haben auch sein Versprechen, daß die Kirche bis zum Ende der Welt dauern wird.

Nun stimmt es auch, daß ich keinen Grund zu der Annahme habe, der Heilige Vater oder ein einziger Bischof hätte den Holocaust überlebt. Wie Dr. Jane Smith letztens zu mir sagte – im Spaß, aber ernster als ihr klar war –, könnte es durchaus sein, daß ich der Papst bin. Das heißt, als Abt besitze ich die bischöfliche Vollmacht, Priester zu weihen. Und wenn weder Bischöfe noch Papst übrig sind, ratet mal, wer dann bleibt. Als Abt stehe ich in der apostolischen Sukzession, der direkten Nachfolge durch Handauflegung, die zurückgeht auf Christum selbst.

Als Papst wird meine erste Amtshandlung die Wiederbelebung der Universität von Notre Dame um einen Kern jüdischer Wissenschaftler sein, die ich aus Israel fortlocken werde. Die katholische Kirche ist verantwortlich für die Entstehung der Wissenschaft im Abendland, aber sie wurde zu reich, ließ sich ablenken von internen Zwistigkeiten und ließ den Ball fallen, den die Juden aufhoben.

Verstehst du, worauf ich hinauswill, Käpt'n? Ich bin vielleicht der einzige verbleibende Mensch auf Erden, der Priester weihen kann. Die einzigen möglichen Priesterkandidaten, die ich sehen kann, meine kleinen mißgebildeten Schäflein nicht mitgezählt, sind diese Jungen, deine Söhne Krishna, Vishnu, Siddhartha, Oppie, Carl Jung, Chomsky und John. Ob der eine oder andere von ihnen Priester zu werden beschließt oder nicht, ist seine Sache und Gottes Sache, aber meine Sache ist es, dazusein, hierzubleiben für den Fall, daß die Menschheit überlebt und Priester braucht.

Und wenn es das Ende ist, dann ist es immer noch meine

Pflicht auszuharren, weil die Kirche fortleben wird bis zum Ende irdischer Zeiten und bis Christus selbst kommt, und darum, wenn ich das mutmaßliche Oberhaupt der Kirche bin, bleibe ich als das mutmaßliche Oberhaupt hier.

Mein Vorschlag: Kann dein Raumschiff wie ein Flugzeug fliegen? Ja? Kannst du es überall landen? Ja? Wie einen Hubschrauber? Ja? Sehr schön.

Ich habe eine Variante von Dr. Jane Smiths Vorschlag im Sinn. Ich schlage vor, daß du Dr. Jane Smith und die Kinder und meine wunderliche kleine Herde hier und meine zwei Mönche, dich und mich, und wer sonst noch will, nach Lost Cove, Tennessee, fliegst.

Dort ist der Boden, wie Dr. Jane Smith und ich Grund haben anzunehmen, nicht so verstrahlt, ist die UV-Strahlung unter dem blauen Dunstschleier der Smoky Mountains vielleicht nicht zu stark und können deine schönen Kinder vielleicht fruchtbar bleiben.

Somit schlage ich dir, Käpt'n, vor, daß du in Dr. Jane Smiths Wunsch, euch beide ordnungsgemäß zu trauen, einwilligst – eure von dir selbst vorgenommene Trauung im Weltraum ist, gelinde gesagt, kanonisch suspekt – und daß ich die Kinder im Lost Cove Creek taufe.

Daß ich mit euch kommen möchte, hat einen Grund: Ich würde zwar lieber hier in meinem geliebten Utah bleiben und in Ruhe gelassen werden und in Frieden sterben, aber ich bin verpflichtet, dazusein, um den Überlebenden als Priester zu dienen und jeden von ihnen zum Priester zu weihen, der vielleicht Priester werden möchte, und das Kommen des Herrn abzuwarten, wenn es denn das Ende ist. Ich könnte ihn ebensogut hier erwarten, aber was will man machen? Wei.

Wieso solltet ihr von Copernicus 4 irgend etwas von all diesen Dingen glauben, die euch sicher lachhaft vorkommen müssen? Der einzige Grund aus eurer Sicht ist der, daß ihr keine Wahl habt. Ihr wißt jetzt, wenn es nicht stimmt, was ich sage, dann seid ihr wie die Heiden, von denen Paulus sprach: fremd den Testamenten der Verheißung, ohne Hoffnung und ohne Gott in der Welt. Ihr wäret euch selbst ausgeliefert, gespenstische Selbste, die niemals Selbste werden können. Ihr wäret einander ausgeliefert, und ihr würdet einander niemals lieben können. Selbst wenn ihr durchkämt, würdet ihr mit euren Kindern nach Europa fliegen und in der Galaxis umherirren, für alle Zeit im Kosmos verschollen.

Ich stimme Dr. Jones zu: Wir sollten so schnell wie möglich aufbrechen – aber nach Tennessee, nicht nach Europa.

Frage: Wenn Sie der Kapitän wären, welchen der zwei Vorschläge würden Sie gutheißen? Oder würden Sie gar keinen gutheißen? Haben Sie eine bessere Idee?

(a) Ich würde mit Aristarchus Jones und den anderen nach Neu-Ionien fliegen.

(b) Ich würde Dr. Jane Smith heiraten und sie und die Kinder nach Lost Cove, Tennessee, fliegen.

(c) Ich würde nach Qumran fliegen und auf seiten der Israelis kämpfen.

(d) Ich würde nach Jordanien fliegen und auf seiten der Araber kämpfen.

(e) Ich würde den Abt und Jane Smith in Tennessee abladen, die Kinder mit Jones und Tiffany nach Europa schicken und mit Kimberly, die dann noch übrigbliebe, alles auf die Karte Uxmal setzen.

(f) Ich würde auf gar keine Karte setzen. Ich würde mir alle Türen offenhalten, sogar die eine Million zu eins stehende Möglichkeit, daß an der aberwitzigen Behauptung von Abt Leibowitz etwas dran sein könnte. Ich würde mit ihm und Jane und den Kindern nach Lost Cove, Tennessee, fliegen, mit ihm warten, worauf genau, sei dahingestellt, regelmäßig mein Spermiogramm machen – aber trotzdem Copernicus 4 aufgetankt und startbereit halten. (Das war in groben Zügen auch Dr. Jane Smiths Reaktion auf den Vorschlag des Abtes, geäußert in einer recht schnodderigen Nebenbemerkung zum Kapitän, bei der sie in einen Dialekt ihrer methodistischen Südstaatenherkunft zurückfiel: »Na ja, warum nicht? Wer weiß? Die ganze Geschichte ist natürlich aberwitzig: zwei Nigger und ein Jude, die sich als Katholiken ausgeben, ein jüdischer Papst und zwei schwarze Mönche. Papisterei und Möncherei im totalen Niemandsland. Aber was haben wir schon zu verlieren? Sind ja immerhin Christen. Ich bin dafür, vor allem für die Trauungszeremonie und die Taufe.«)

(g) Andere Ideen (welche?).

WÄHLEN SIE

Gedankenexperiment I: Versuchsweise Verschiebung des eigenen Blickwinkels mit dem Ziel, die Aberwitzigkeit des neuzeitlichen kartesischen Bewußtseins im Verhältnis zur Aberwitzigkeit von Judentum und Christentum zu bestimmen – das heißt, ob es sich um zwei unzusammenhängende Aberwitzigkeiten handelt oder ob die eine Aberwitzigkeit eine Funktion der anderen ist, ob also Judentum und Christentum vom Standpunkt des neuzeitlichen wissenschaftlichen Bewußtseins aus genau in dem Maße aberwitzig sind, als dieses sich von einer Methode zur Erkennung sekundärer Ursachen zu einer alles abdeckenden quasireligiösen Weltanschauung erhoben hat – ob in Wirklichkeit die Aberwitzigkeit von Judentum und Christentum nicht ein Index für die Aberwitzigkeit der Zeit ist.

Machen Sie das folgende Spiel. Betrachten Sie die Sache aus dem Blickwinkel von Aristarchus Jones (dazu müssen Sie sich nur wenig oder gar nicht anstrengen, wenn Sie ein Kind dieser Zeit sind, das heißt, ein rationaler, intelligenter, gebildeter, objektiver Bürger des zwanzigsten Jahrhunderts, einigermaßen bewandert in Wissenschaft und Kunst; wir alle sind Aristarchus Jones):

Judentum und Christentum sind in der Tat aberwitzige Religionen, viel weniger vereinbar mit dem neuzeitlichen wissenschaftlichen Naturell als etwa Buddhismus oder Brahmanismus.

Das Judentum zuallererst ist eine aberwitzige Religion. Es behauptet allen Ernstes als Wahrheit, die wir glauben sollen, daß ein Gott als von uns getrennter Geist existiert, daß er den Kosmos aus nichts erschaffen hat, daß er den Menschen, ein Wesen aus Körper und Geist, erschaffen hat, daß die Menschen ein katastrophaler Sündenfall ereilte und daß Gott infolgedessen einen einzigartigen Bund einging mit einem der unbedeutendsten Stämme auf einem der unbedeutendsten Planeten eines der unbedeutendsten der 100 Milliarden Sterne in einer der Milliarden und Abermilliarden Galaxien des Kosmos.

Das protestantische Christentum ist noch aberwitziger als das Judentum. Es behauptet nicht nur alles obige, sondern darüber hinaus, daß Gott selbst, der Gott des gesamten Kosmos, zu einer bestimmten Zeit und an einem bestimmten Ort in der Geschichte als Mensch erschien, ein Mensch und kein anderer, daß er kam, um uns von unseren Sünden zu erlösen, daß er getötet wurde, drei Tage lang im Grabe lag und von den Toten auferstand und daß das Heil des Menschen davon abhängt, daß er die Botschaft dieses Ereignisses hört und sie glaubt!

Das katholische Christentum ist von allen dreien am aberwitzigsten. Es behauptet nicht nur alles obige, sondern auch, daß der Mensch-Gott eine Kirche gründete, zu ihrem ersten Oberhaupt einen liebenswerten, aber kleinmütigen Zeitgenossen ernannte, ein Jude wie er selbst, der wankelmütigste unter seinen Freunden, ihm und seinen Nachfolgern die Macht zu binden und zu lösen übertrug, von seinen Anhängern verlangte, sie sollten seinen Leib essen und sein Blut trinken, damit sie Leben in sich hätten, seine Priester ermächtigte, Brot und Wein in sein Fleisch und Blut zu verwandeln, und gelobte, diese Institution bis ans Ende der Zeit zu schützen. Dann, versprach er, werde er wiederkehren.

Zweiter Blickwinkel: Jetzt verlangt das Spiel von Ihnen, daß Sie Ihren Standpunkt um 180 Grad verschieben, statt der üblichen objektiven Sicht des Kosmos eine Blickrichtung wählen, in der Sie das Selbst in Anschauung des Kosmos sehen können.

Von diesem neuen Standpunkt aus läßt sich sofort erkennen, daß das objektive Bewußtsein des jetzigen Zeitalters ebenfalls aberwitzig ist.

Das Erd-Selbst, das den Kosmos beobachtet und versucht, ihn anhand wissenschaftlicher Prinzipien zu verstehen, von denen es sich selbst ausnimmt, ist ohne Zweifel das befremdlichste Phänomen im gesamten Kosmos, viel befremdlicher als die Ringnebel in Lyra.

Es, das Selbst, ist in der Tat der einzige Fremdkörper im gesamten Kosmos.

Das neuzeitliche objektive Bewußtsein wird keine Mühe scheuen, um zu beweisen, daß es nicht einzigartig im Kosmos ist, und eben durch dieses Bemühen seine Einzigartigkeit bezeugen. Man nenne ein anderes Seiendes im Kosmos, das zu beweisen versucht, daß es nicht einzigartig ist.

Das Erd-Selbst sucht den Kosmos nach außen hin gemäß wissenschaftlicher Prinzipien zu verstehen, während es sich insgeheim von ebendiesem Verständnis ausnimmt. Das Ende dieses Unterfangens ist, daß das Selbst den Mechanismus des Kosmos versteht, sich aber durch ebendiese Bewegung des Verstehens aus dem Kosmos hinausversetzt als einen Fremdkörper, ein Gespenst außerhalb einer gewaltigen Maschinerie, in die ihm der Eintritt verwehrt ist.

Sind diese zwei Aberwitzigkeiten kommensurabel oder inkommensurabel, hängen sie direkt miteinander zusammen oder gar nicht?

Das heißt, welche der zwei folgenden Thesen ist richtig?

(1) Mit der Zeit und dem Fortschritt unserer Wissenschaft und Technik und der Erweiterung unseres Wissens vom Kosmos wird der jüdisch-christliche Anspruch immer aberwitziger, anachronistischer und, um Klartext zu reden, ganz einfach unglaubhaft.

(2) Mit der Zeit und dem Fortschritt unserer Wissenschaft und Technik und der Erweiterung unseres Wissens vom Kosmos wird die Kluft zwischen unserem Wissen vom Kosmos und unserem Wissen von uns selbst immer breiter, werden wir dem von uns verstandenen Kosmos immer fremder und wird unser Dilemma immer extremer, so daß am Ende genau dieses aberwitzige Heilmittel, es und kein anderes, durch das aberwitzige Dilemma des menschlichen Selbst zum allein helfenden bestimmt wird.

WÄHLEN SIE

Ein neues Gesetz des Kosmos, anwendbar nur auf das vor kurzem erschienene triadische Wesen: Wenn du dich so sehr zum Narren machst, daß du auf einen Baum kletterst und dich wie eine Katze weigerst, wieder herunterzukommen, dann muß jemand, der dich liebt, sich genauso sehr zum Narren machen, um dich zu retten.

Ein Computerausdruck des theoretisch idealen christlichen Konvertiten am Ende des zwanzigsten Jahrhunderts:

Ein Europäer, der national am weitesten vom historischen Christentum entfernt ist, sich aber dennoch eine schwache Erinnerung an das Christentum bewahrt hat.

Eine Person, die mit der führenden Instanz der wissenschaftlichen Forschung, dem Labor, wenig zu tun hat, aber dennoch von einer massiven Afterkenntnis der Wissenschaft, durch Lehrbücher, inhaltlich bestimmt ist.

Eine Person, die sich trotz der Segnungen von Wissenschaft und Technik, trotz des höchsten Lebensstandards in Europa merkwürdig depressiv fühlt und in der Literatur der Entfremdung, der Dichtung, der Kunst und den Filmen des zwanzigsten Jahrhunderts, in denen genau so ein Dilemma wie ihr eigenes dargestellt wird, Trost findet.

Eine Person, die alt genug ist, daß sich die Lust am Konsum von Wissenschaft als Weltanschauung und die Lust am Konsum der Kunst der Entfremdung für sie erschöpft haben, aber nicht alt genug, um die Hoffnung verloren oder Selbstmord verübt zu haben.

Musterausgabe: Sven Olsen, ein fünfunddreißigjähriger Biologie-Gymnasiallehrer aus Örebro in Schweden, der am selben Tag seinen letzten Vortrag im Jahr über das DNS-Molekül gehalten und sich den letzten Bergmanfilm angesehen hat, der deshalb selbstmordgefährdet ist, sich aber genug Neugier und Ironie bewahrt hat, um es nicht zu tun.

Gedankenexperiment II: Stellen Sie sich vor, Sie befänden sich in den beiden folgenden Situationen:

1. Sie sind der Kapitän des Raumschiffs.

Sie fliegen nach Europa (Neu-Ionien) mit Aristarchus Jones und zwanzig von ihm ausgewählten jungen Kaliforniern, fünfzehn Frauen und fünf Männern, aus Trinity County im Norden, das mit seinen kleinen verträumten Tälern in den Chanchelulla Mountains am wenigsten von der Strahlung abbekommen hat.

Die Mission hat Erfolg. Glatt wie ein Billardball und in grünes Eis gehüllt, ist Europa kreuz und quer von einem feinmaschigen Liniennetz überzogen, das an alte Marszeichnungen erinnert. Diese erstmals von Voyager 2 beobachteten Risse stellen sich als wasserführende Flüsse heraus, gebildet von der schwachen Vulkantätigkeit unter der Eisdecke.

Man gründet eine Kolonie an einem Ort, der aussieht wie der McMurdosund, mit Packeis und einer niedrigen Felsenkette und einer Tundra, auf der im milden Frühling rosa und lila Flechten blühen. Die Atmosphäre ist dünner als in den Anden, aber mit etwas Zeit, in der das Blut eine ausgleichende Polyzythämie entwickeln kann, und mit täglichen Kokainrationen ist das Leben mehr als nur erträglich. Strahlung ist keine festzustellen. Die Spermienzahlen steigen. Es besteht alle Aussicht darauf, daß die Gattung Mensch überleben wird.

Hier Aristarchus Jones' berühmte Rede, als er den Blick über seine neue Heimat schweifen ließ: »Eine neue Welt!

Jetzt weiß ich, wie den Pilgervätern zumute war, aber im Unterschied zu den Pilgern haben wir die alte Welt und die alten Weltanschauungen zurückgelassen. Endlich frei! Endlich frei! Gott sei kein Dank, endlich frei! Kein zorniger Gott, keine zornigen Juden, keine zornigen Christen, keine zornigen Moslems, nur befreite, liebende Selbste. Jetzt werden wir dem Kosmos zeigen, wie man in Frieden und Freiheit lebt. Freunde, laßt uns anfangen, indem wir uns selbst erkennen lernen, denn nur, wenn wir unsere inneren Götter und Dämonen erkennen, können wir sie austreiben. Die erste Sitzung unserer Selbst-Erkenntnisgruppe ist für morgen vormittag anberaumt. Und jetzt an die Arbeit!«

Jahre vergehen. Es gibt zwanzig Schwangerschaften und siebzehn normale Lebendgeburten. Pflanzen, Fische und Robben von der Erde gedeihen. Eine friedliche Bauern- und Fischergesellschaft entsteht. Das Leben in der Kolonie läuft ab nach den Prinzipien von Skinners *Walden II,* modifiziert durch Jungsche Selbstanalyse, mit angemessenen Belohnungen für freundliches Sozialverhalten und Strafen bis hin zur Verbannung für aggressives, eifersüchtiges, feindseliges, eigenbrötlerisches, mystisches oder sonstiges antisoziales Verhalten. Tägliche Divalis (von den Hindus übernommen) werden in einer Art Kiva abgehalten, und dazu wird eine getrocknete Flechtenart, die den irdischen Strauchflechten bemerkenswert gleicht, geraucht, wodurch man sich in eine gelinde Euphorie versetzt. Größere Feste mit Tanz und Trubel sind auf die Sonnwenden und Tagundnachtgleichen des Jupiterjahres gelegt worden.

Der Kapitän, inzwischen ein Mann von fünfundsechzig Jahren, sitzt an einen Felsen vor seiner Höhle gelehnt und genießt die milde Sommersonne. Der grüne Himmel ist zur Hälfte von der riesigen nördlichen Jupiterhemisphäre ausgefüllt.

Er liest ein zerfleddertes Exemplar von *König Heinrich IV.* Ein Laserrekorder spielt vielleicht zum siebenhundertstenmal Mozarts vierzehntes Streichquartett. Zwei junge Frauen,

Candace und Rima, beide geschmeidiger und schöner als Kimberly und Tiffany in ihrer Jugendblüte, umsorgen ihn. Die eine bringt ihm Kelpwein. Die andere reibt ihn mit Robbenöl ein. Dr. Jane Smith, sechsundfünfzig, schmollt in ihrer Höhle, sehr wohl wissend, daß sie draußen nicht schmollen dürfte.

Candace füllt sein Glas nach und macht mit einem Blick über die Schulter einen Schritt auf ihre Höhle zu. »Wollen wir? Das heißt, wann?« fragt sie und fügt hinzu: »Wir haben noch eine Stunde, bis Gruppe ist.«

»Oh, also gut.« Steif steht er auf, klappt das Buch bei Frau Hurtig und Prinz Heinz zu, aber nimmt den Mozart mit. Rimas Finger krampfen sich ärgerlich in seinen Kapuzenmuskel. Er zuckt zusammen. »Aber nicht ohne Rima«, sagt er zu Candace.

»Gruppe« ist eine tägliche Übung, bei der man sich zu zehnt zu Selbstkritik und ehrlichem Lob der anderen zusammenfindet. Die einzige Vorschrift ist Ehrlichkeit, absolute Ehrlichkeit. Keine Lügen mehr, keine Selbsttäuschung mehr, keine Heimlichkeit mehr, keine Schuld mehr, keine Scham mehr. Ein Aphorismus aus Aristarchus' Kleinem Grünen Buch: »Die neue Menschheit wird dem Leichnam der alten Schuld entsteigen.«

Der Kapitän seufzt. Er allein von den Kolonisten des neuen Ionien ist noch ein bißchen ironisch. Schuldgefühle loswerden ist eine Sache. Aber auf die Mea culpas und Anprangerungen der Gruppe freut er sich nicht gerade. Es erinnert ihn zu sehr an eine AA-Sitzung.

Er nimmt noch einen Schluck Kelpwein und wirft noch einen Blick auf Candaces Hintern. Manche Sachen ändern sich nicht.

»Also gut«, sagt er noch einmal und nimmt beide Frauen an der Hand, während der Rekorder unter seinem Arm weiter Mozart spielt. – Die drei gehen in seine Höhle, die vom orangefarbenen Licht des Jupiter erfüllt ist wie ein Halloween-Kürbis.

2. Sie sind der Kapitän.

Sie entscheiden sich dafür, mit Abt Leibowitz nach Tennessee zu fliegen. Die Kolonie siedelt sich in einem freundlichen Gebirgstal an. Sie schlafen auch in einer Höhle, Lost Cove Cave, um sich so wenig wie möglich der Strahlung auszusetzen, die noch immer beachtlich ist. Die Spermienzahlen schwanken.

Dennoch machen die Kinder einen glücklichen Eindruck und werden kräftig. Selbst die Mißgeburten machen sich gut, streifen die Berghänge rauf und runter und unterscheiden sich im Grunde nicht sehr von den inzüchtigen einheimischen Coviten.

Sie bauen wilden Mais und Kohl an, fangen Kaninchen, Wildschweine und Wachteln, essen Maisbrei, Würste und Pökelfleisch. Tag für Tag sehen Sie mit Ironie, aber nicht ohne Sympathie zu, wie der alte Abt und seine zwei schwarzen Priester – schwarze Gesichter und schwarze Kutten, die schwärzesten Schwarzen im Süden – mit tremolierenden Stimmen, die sich eher jüdisch als lateinisch anhören, das Brevier singen und mit Maisbrot und Scuppernong-Wein die Messe zelebrieren, einen goldenen Kelch hochheben, das einzige Andenken des Abtes an Utah. Der Altar besteht aus einem Kalksteinquader, rauh wie Stonehenge, der quer vor den Höhleneingang gefallen ist und zweifellos den Überlebenden des letzten Krieges als Tisch diente.

Jahre vergehen. Der Kapitän, inzwischen fünfundsechzig, sitzt vor dem Eingang von Lost Cove Cave, wo sechshundert Jahre zuvor Konföderierte sich verkrochen hatten und Schießpulver machten.

Es ist Oktober. Die Sourwood- und Sassafrasbäume verfärben sich, die Blätter sind rotgesprenkelt.

Die Kolonie ist auf gut zweihundert Seelen angewachsen, sowohl durch glückliche Schwangerschaften – Dr. Jane ist mit zwei weiteren Sprößlingen niedergekommen, zwei Jungen, Robert E. Lee Schuyler und John Wesley Schuyler – als auch durch eine bunte Mischung aus Einheimischen, Heimatlosen, Streunern, Flüchtlingen aus dem alten Nordosten. Die meisten sind Südstaatler, Weiße keltischen und angelsächsischen Ursprungs und Schwarze, eingesprengt ein paar Hispanos, Juden und Volksgruppen der einstigen Nordstaaten.

Der Kapitän hat sich angewöhnt, auf dem Hang über der Höhle zu sitzen, einem warmen Fleck, wo es nach Ruhrkraut und Scuppernong duftet und das Licht wie trunken durch die Kiefern flimmert. Sonntagmorgens ist das ein beliebter Treffpunkt der Ungläubigen – Nichtkirchgänger und Dissidenten der einen oder anderen Art –, während die winzigen Gemeinden von Katholiken und Protestanten ihre Gottesdienste halten. Es wird sogar von einem Tempel geredet, aber die fünf Juden, ein Orthodoxer, ein Reformierter, ein Konservativer, ein Humanist und ein jemenitischer Israeli, können sich nicht einig werden.

Der Kapitän, zwei Coviten (Bergbewohner, die immer noch Latzhosen im alten Stil tragen), zwei ehemalige Städter aus Atlanta (Typ mittlerer Manager der High-Tech-Branche), drei Frauenbewegte (darunter Kimberly), die das männerbeherrschte Raumzeitalter ebenso wie den männerbeherrschten Klerus gestrichen satt haben, ein paar Hippies des sechsundzwanzigsten Jahrhunderts, Vagabunden von Gott weiß woher – sie alle kommen kameradschaftlich zusammen, während der alte Abt unten mit seinen zwei jungen Ministranten die Messe zelebriert. Sie, die Ministranten, sind Weiße, niemand anders als Siddhartha und Carl Jung, die beide schon die niederen Weihen empfangen haben. Die zwei schwarzen Mönche sind nicht mehr da. Amos ist gestorben. Andy hat im nahen Alabama seine Wurzeln entdeckt, seinem Priesteramt entsagt und ist der Shiloh Baptist Church beigetreten, einer winzigen schwarzen Baptistengemeinde.

»Warum kommst du nicht zur Messe?« fragte Dr. Jane Smith einmal.

»Mein Dom ist der blaue Himmel. Kommunion pflege ich mit meinen guten Freunden«, erwiderte der Kapitän.

»Quark«, sagte Dr. Jane Smith.

Einer der Coviten, Jason McBee, bringt ein Einmachglas mit Corn Whiskey an, keineswegs der weiße Fusel der alten Schwarzbrenner, sondern ein zartgoldener Spitzenbrand, in Holz gereift, weich wie Honig und feurig wie die Oktobersonne. Der Kapitän tut einen langen Zug.

»Ah«, sagt er.

Die »Heiden«, wie sie sich nennen, fangen ihr übliches gutmütiges Geplänkel an, meistens über politische und landwirtschaftliche Themen – sollen sie eine Maiskooperative gründen, was ist von der keltischen Enklave hinter der alten Carolinagrenze zu halten, von der gemunkelt wird, einer wachsenden Gemeinschaft, die im Ruf steht, gewalttätig zu sein und Schlangen zu dressieren?

Tatsächlich ist einer der Coviten, der Fremde mit Jason McBee, als eine Art Abgesandter aus Carolina gekommen. Er versichert, er wolle ihnen die Hände zum Freundschaftsgruß reichen. Er tut es. Sie trinken. Die Bergbewohner kauern sich hin. Die andern setzen sich. Der Mann aus Carolina ist gekommen, ihnen ein politisches Bündnis vorzuschlagen.

»Ein Bündnis? Wer gegen wen?« will der Kapitän wissen.

»Wir gegen die.«

»Wer ist wir?«

»Wir, na wir Freigeister.«

»Du meinst, wir Weißen.«

»Genau.«

»Keine Schwarzen?«

»Nich drin.«

»Juden?«

»Nur reinrassige Kaukasier. Schau dir die da drüben an«, sagt er und nickt zu den fünf Juden hin.

»Was ist mit ihnen?«

»Die verschwören sich.«

»Verschwören sich? Wozu sollten die sich verschwören?«

»Um das Heft in die Hand zu nehmen.«

»Die verschwören sich nicht. Sie streiten sich. Was ist mit den Katholiken dort unten?«

»Nur echte Amerikaner. Keine ausländischen Potentaten.«

»Amerikaner? Was für Amerikaner? Es gibt kein Amerika.«

»Wir sind Amerika. Amerikaner und Christen.«

»Ach so.« Der Kapitän nimmt noch einen Schluck aus Jason McBees Einmachglas und scheint in tiefes Nachdenken zu versinken. Dann fängt er an zu lachen.

Die andern schauen ihn erstaunt an. Als er ihre Gesichter sieht, lacht er noch lauter.

Schließlich fragt ihn Jason McBee: »Worüber lachst du, Käpt'n?«

»Nichts Besonderes«, sagt der Kapitän. »Ich dachte nur gerade: Herrje, jetzt geht das schon wieder los.«

Unten dreht sich der alte Abt, der jetzt dürr wie Reisig ist, vom Altar weg der Gemeinde zu.

ABT: Herr, erbarme dich unser.
GEMEINDE: Christus, erbarme dich unser.
ABT: Herr, erbarme dich unser.

Einer der Hippies auf dem Hügel schüttelt den Kopf.

»Sonntag hab' ich noch nie leiden können«, sagt er. »Sunday mornin' comin' down.« Leise singt er ein altes Lied aus dem zwanzigsten Jahrhundert:

On the Sunday morning sidewalks
Wishing, Lord, that I was stoned
Makes a body feel alone
And there's nothing short of dying
Half as lonesome as the sound
On the sleeping city sidewalks
Sunday mornin' comin' down.

»Ziehen wir weiter«, sagt er zu seinen Genossen. Sie ziehen. Mit knirschenden Gelenken steht der Kapitän auf, nimmt einen Schluck von dem goldenen Tropfen.

»Ich muß wieder in meine Hütte«, sagt er zu niemand Bestimmtem. »Jane wird schon auf mich warten. Ich hab' ein Schwein in meiner Räucherkammer. Ich nehm' Pekannüsse zum Räuchern. Besser als Hickoryholz.«

Eines Tages, in Neu-Ionien oder Tennessee, je nachdem, fängt die Copernicus-Antenne eine Botschaft auf, die offenbar viele Male gesendet wurde, denn nachdem man sie aufgezeichnet hatte, wurde sie noch immerzu wiederholt. Ihre Quelle war sage und schreibe eine ETI (extraterrestrische Intelligenz), die erste nach all den Jahrhunderten des Wartens und Wachens.

Frage: Wo wären Sie lieber beim Empfang der Botschaft –
(a) in Tennessee?
(b) in Neu-Ionien?

Die Botschaft:

Botschaft an Stern:	G2V, r = 9,844 kpc, θ = 00°05'24'', ∅ = 206 ⋚ 8'49'' (unsere Sonne)
Planeten:	a = 1,5 × 10^{13} cm, M = 6 × 10^{27} g, R = 6,4 × 10^{8} cm, p = 8,6 × 10^{4}s, P = 3,2 × 10^{7}s (die inneren Planeten des Sonnensystems)
	Bitte wiederholen. Könnt ihr uns hören? Könnt ihr uns hören? Seid ihr in Schwierigkeiten? Wie seid ihr in Schwierigkeiten geraten? Wenn ihr in Schwierigkeiten seid, habt ihr um Hilfe ersucht? Wenn ja, ist Hilfe gekommen?

Wenn ja, habt ihr sie angenommen? Sind die Schwierigkeiten behoben? Welcherart ist euer Bewußtsein? Seid ihr bewußt? Habt ihr ein Selbst? Wißt ihr, wer ihr seid? Wißt ihr, was ihr tut? Liebt ihr? Könnt ihr lieben? Werdet ihr geliebt? Haßt ihr? Könnt ihr mich hören? Bitte kommen. Bitte wiederholen. Bitte kommen. Bitte kommen. Bitte kommen.

WÄHLEN SIE

Anmerkungen

1 »Twenty Questions« ist ein Fragespiel, bei dem man mit höchstens zwanzig Fragen, die nur mit Ja oder Nein beantwortet werden, etwas erraten muß. Aber »to get the 20 questions« heißt auch, auf Herz und Nieren geprüft werden, einerlei in welcher Form (Anm. d. Übers.).

2 Manche Fernsehserien spielen in der Tat auf dieser Ebene von Amnesie, der Arzt oder Polizist oder Detektiv verliebt sich jede Woche neu und hat die Geliebte die Woche darauf schon völlig vergessen. Dieser quasi-amnestische Kunstgriff ist eindeutig eine Variante des älteren nicht-amnestischen Lone-Ranger-Western, mit dem Unterschied, daß hier der einsame Cowboy nach seinem Abenteuer von dannen zieht, während dort diese Rolle der Geliebten zufällt.

3 In einem anderen Artikel (*The New York Times,* 3. September 1981) waren die folgenden Gegenstände aufgelistet, die zum *Verkauf* und insbesondere zum *Gebrauch* als Couchtische angeboten wurden: Walnußuhr ($ 2200), Lüftungsschachtgitter ($ 300), Sandsteinmaske ($ 250), ionisches Säulenkapitell ($ 400), nigerianischer Häuptlingsstuhl ($ 2500), englische Kampferholzkiste aus dem 19. Jahrhundert ($ 2350), Lagerkiste aus Kiefernholz auf Rädern ($ 550), Hühnerkäfig aus der Normandie, 19. Jahrhundert ($ 450), koreanische Münzkiste ($ 350), Musikinstrumentenkoffer aus Hartfasermaterial ($ 175), chinesische Bambustruhe ($ 50).

4 Diese Wirksamkeit der versehentlichen Mode ähnelt der versehentlichen Metapher – den Fällen, in denen ein mißverstandenes Wort besser ist als das beabsichtigte Wort, so wie der gewöhnliche Gürtel in seiner gewöhnlichen Funktion als Hosenhalter als nicht so begehrenswert erscheint wie ein Gürtel mit seitlich getragener Schnalle. Nehmen Sie etwa Empsons Beispiel für eine versehentliche Metapher:
Queenlily June with a rose in her hair
Moves to her prime with a languorous air.
(Wie eine Königin, eine Rose im Haar,
Schreitet Frau Juni mit schmachtendem Gebaren zur Vollblüte.)
Nett – weil er queenlily irrtümlich als Queen Lily auffaßte, Köni-

gin Lily, während der Dichter nur das Adverb von queenly, »wie eine Königin«, im Sinn hatte.

5 Was meint eine Frau, wenn sie sagt: »Ich habe nichts anzuziehen«, wenn sie in Wirklichkeit den Schrank voller Kleider hat? Ihrem Mann mag ihre Aussage zwar absurd erscheinen oder als Schlich, noch mehr Kleider zu bekommen, aber sie sagt die Wahrheit. Sie hat nichts anzuziehen, weil alles, was in ihrem Schrank hängt, entleert und unsichtbar geworden ist.
Sie könnte ihm mit gleichem Recht entgegenhalten: »Wieso brauchst du ein neues Auto? Das alte läuft doch einwandfrei.«

6 Abigail Van Buren: *The Best of Dear Abby*, New York 1981, S. 242.

7 Die Semiotik ließe sich im weiteren Sinne als die Wissenschaft definieren, die sich mit Zeichen und ihrem Gebrauch durch Lebewesen befaßt. Hier soll sie enger als der menschliche Zeichengebrauch verstanden werden. Andere Autoren fassen die tierische Kommunikation mit Signalen darunter, eine Disziplin, die Sebeok Zoo-Semiotik nennt. Doch selbst der eng gefaßte Gebrauch könnte noch zu weit sein. Die Semiotik ist ständig in folgender Bedrängnis: Da der Mensch das zeichenbenutzende Wesen schlechthin ist und da er in allem, was er tut, Zeichen benutzt, läuft die Semiotik Gefahr, von allem zu handeln und damit von nichts.
Im besten Falle eine verschwommene und in den Anfängen steckende Disziplin, geht es in der Semiotik gegenwärtig dermaßen chaotisch zu, daß alle möglichen Leute sich als Semiotiker bezeichnen und ihren Gegenstand aus sechs verschiedenen Richtungen angehen. Daher scheint es ratsam, die eigenen Begriffe zu definieren – es besteht nicht einmal Übereinstimmung darüber, was das Wort *Zeichen* bedeutet – und Freund und Feind namhaft zu machen.
Die Freunde in diesem Falle, oder wenigstens die Autoren, denen ich am meisten zu verdanken habe, sind: Ernst Cassirer für seine weitgespannte Untersuchung der vielfältigen Formen, in denen der Mensch in Sprache, Mythos und Kunst das Symbol als primäres Mittel, die Wirklichkeit zu artikulieren, gebraucht; Charles S. Peirce, Begründer der modernen Semiotik und der erste, der deutlich zwischen dem »dyadischen« Verhalten der Reiz-Reaktion-Abfolgen und der »triadischen« Beschaffenheit des Symbol-

gebrauchs unterschied; Ferdinand de Saussure, noch ein Gründervater der Semiotik, für seine fruchtbare Analyse des menschlichen Zeichens als der Vereinigung von Bezeichnendem (Signifikant) und Bezeichnetem (Signifikat); Hans Werner, der den Prozeß, in dem das Bezeichnete in der Form des Bezeichnenden artikuliert wird, systematisch erforschte; Susanne K. Langer, die von der Position der Verhaltenswissenschaft aus den qualitativen Unterschied zwischen tierischem Signalgebrauch und menschlichem Symbolgebrauch deutlich herausarbeitete.

Dankbar bin ich für die wichtige Unterscheidung zwischen Welt und Umwelt, die im Deutschen klarer ist als im Englischen und aus diesem Grund vielleicht erstmals von deutschen Denkern getroffen wurde, siehe z. B. von Uexkülls »Umwelt« als, grob gesagt, die wesentliche Umgebung, in der ein Organismus lebt, und Heideggers »Welt«, in die das »Dasein« (das Selbst) sich »geworfen« sieht; ebenso Poppers »Welt 3«, der öffentliche Bereich der Zeichen und der Sprache, in dem der Mensch lebt – als einziger laut Popper.

Die Feinde? Wenn es Feinde gibt, dann nicht, weil sie etwa in ihren Disziplinen nichts Wertvolles beigesteuert hätten, sondern weil sie in diesem bestimmten Kontext, dem einer Semiotik des Selbst, entweder nichts hergeben oder ihm erklärtermaßen feindlich gegenüberstehen.

Zuerst seien genannt die ehrenwerte und einst so einflußreiche Tradition des amerikanischen Behaviorismus und neuere behavioristische Semiotiker wie Charles Morris – ehrenwert wegen ihres rigorosen Versuchs, sich als gute exakte Wissenschaftler nur mit beobachtbaren Größen zu befassen und so die alten Fallstrikke von Geist, Seele, Bewußtsein und Selbst zu umgehen, in denen sich die Psychologen seit Jahrhunderten verfangen haben. Ich setze am selben Punkt an, indem ich mir die Zeichen und die Wesen, die sie gebrauchen, anschaue. Meine Schwierigkeit mit den Behavioristen ist die, daß sie die Möglichkeit, Aussagen über Geist, Selbst und Bewußtsein zu treffen, entweder mit dem doktrinären Argument ausschließen, diese existierten nicht, oder mit dem methodologischen Argument, sie entzögen sich dem Zugriff der Verhaltenswissenschaft.

Das stimmt nicht unbedingt. Der Wert von Charles S. Peirce und von Sozialpsychologen wie George Herbert Mead liegt darin, daß sie die Wirklichkeit des Selbst unterschreiben, ohne auf das isolierte autonome Bewußtsein von Descartes und Chomsky hereinzufallen. Sie erreichen das, indem sie zeigen, daß das Selbst nur durch eine Transaktion von Zeichen mit anderen Selbsten es selbst wird – und dabei keineswegs der geistlosen Mechanik der Behavioristen erliegt.

Der andere semiotische Feind ist der französische Strukturalismus – einige seiner Vertreter wenigstens – und sein absonderliches Stiefkind, die »Dekonstruktion«. Die Strukturalisten, groß in Mode, wenigstens bis vor kurzem, wollen die Methoden der strukturalen Linguistik auf so unterschiedliche Themenbereiche anwenden wie Literatur, Mythos, Mode, sogar Kochen. Worin die Vorzüge des Strukturalismus als Methode der Linguistik, Ethnologie und Textkritik auch liegen mögen, er begreift sich – aus ideologischen Gründen, wie es scheint – als selbsternannter Feind allein schon der Vorstellung eines menschlichen Subjekts. Lévi-Strauss rühmt die Dehumanisierung, die sein Strukturalismus impliziert. Michel Foucault ist der Ansicht, daß mit dem Kommen der Semiotik die Vorstellung des Selbst sich aus unserem neuen Bild der Wirklichkeit verflüchtigt hat.

Aber das trifft vielleicht gar nicht zu.

Ich fühle mich nicht genötigt, von den Dekonstruktivisten zu sprechen.

Zuletzt muß noch eine terminologische Verwirrung bereinigt werden. Es herrscht eine kaum auszuräumende Willkür im Gebrauch der Begriffe *Zeichen* und *Symbol*. Wir mögen wissen, was wir meinen, wenn wir sagen, daß ein Unterschied besteht zwischen der Art, wie mein Hund das Wort *Ball* versteht – loslaufen und suchen –, und Ihrem Verständnis derselben Äußerung – Sie können sagen: »Ball? Was soll damit sein?« –, aber wir müssen uns einig sein, mit welchen Worten wir den Unterschied benennen wollen. Manche Autoren (z. B. Peirce und Langer) würden das erste *Ball* ein Zeichen nennen und das zweite ein Symbol. Andere würden das erste ein Signal nennen und das zweite ein Zeichen. Obwohl ich in früheren Veröffentlichungen Peirces Sprachgebrauch gefolgt bin, möchte ich hier das Wort *Signal* für das erste und, im Anschluß an Saussure, das Wort *Zeichen* für das zweite benutzen und das Wort *Symbol* so weit wie möglich vermeiden. Diese Sprachregelung erscheint aus zwei Gründen ratsam. Zum einen scheint *Symbol* für die meisten Leute irgend etwas Emblematisches wie Fahne oder Kreuz zu konnotieren und nicht den radikalen Sinn, in dem die normalen Substantive der Sprache von Peirce, Cassirer und Langer als Symbole verstanden werden. Zum andern läßt sich diese Sprachregelung einfacher mit Saussures nützlicher Zerlegung des Zeichens in seine zwei Elemente vereinbaren: Bezeichnendes (Signifikant) und Bezeichnetes (Signifikat).

8 Helen Keller: *Die Geschichte meines Lebens,* übers. von P. Seliger, Stuttgart [2]1904.

9 In *Neue Perspektiven in der Erforschung der Sprache,* hrsg. von Eric H. Lenneberg, übers. von Gerd Lingrün, Frankfurt/M. 1972, S. 139.

10 Einführung in Tom Prideaux: *Der Cro-Magnon-Mensch,* übers. von Gisela Lickteig,Time-Life [4]1977, S. 7.

11 Ich will hier nicht versuchen zu entscheiden, ob das, was das Wort *Apfel* in Ihnen wachruft, sein Signifikat, eine Wahrnehmung (Perzept) oder eine Vorstellung (Konzept) ist, denn es liegt dazwischen. Eine Wahrnehmung bezieht sich auf einen einzelnen Apfel. Eine Vorstellung ist eine Abstraktion von allen Äpfeln, eine Definition von *Apfel.* Aber das Signifikat von *Apfel* ist beides und keines. Was mir in den Sinn kommt, wenn ich *Apfel* höre, was in dem Wort tatsächlich artikuliert wird, ist weder ein einzelner Apfel noch eine Definition von *Apfel,* sondern eine Apfelhaftigkeit, wie John Cheever sie mit seinem Buchtitel *World of Apples* im Auge hatte. Vielleicht sollte man es ein »konkretes Konzept« oder ein »abstraktes Perzept« nennen oder mit Gerard Manley Hopkins von *inscape,* »Ingestalt«, sprechen.
Halten wir hier einen berüchtigten Denkfehler fest, ohne zu versuchen, ihn zu bereinigen: Warum glauben wir, wenn wir einen Apfel anschauen, wir schauten einen Apfel da draußen an und nicht einen Sinneseindruck, ein Bild in unserem Gehirn? Die Lösung dieses Rätsels kann hier schwerlich angegangen werden, da es nichts Geringeres ist als die Hauptursache der Probleme, die solipsistische Philosophen von Descartes und Locke bis heute bedrängen. Ich bin der Überzeugung, daß die Semiotik mit ihrer Betonung der gesellschaftlichen Ursprünge der Sprache – du mußt auf einen Apfel deuten und ihn mir benennen, bevor ich weiß, daß es so etwas gibt – und aufgrund der Existenz einer Welt

von Äpfeln außerhalb unserer selbst einen Ausweg aus dem solipsistischen Gefängnis darstellt.

12 Der Semiotiker, der diese Degeneration des Zeichens und seine Erneuerung durch die »Defamiliarisation« der Kunst am schärfsten erkannt hat, ist der russische Formalist Viktor Schklowski.

13 Erhellt die Ontogenese hier irgend etwas?
Das zweijährige Kind platzt in die Welt der Zeichen hinein wie ein Kind zur Weihnachtbescherung. Überall gibt's was zu naschen. Das Bezeichnete bezeichnen ist für das Kind wie ein Geschenk auspacken.
Wie ist es mit einem Vierjährigen? Inzwischen sollte es ein souveräner und heimisch gewordener Bewohner seiner Welt sein, der sie gemeinsam mit seiner Familie feiert, in Eden daheim. Hören Sie, wie Gesell und seine Kollegen es beschreiben: »An dem typischen Vierjährigen ... hat man in aller Regel seine Freude. Seine Begeisterung, sein Überschwang, seine Bereitschaft, anderen in seiner Ausgelassenheit weit entgegenzukommen, sind alle ungemein erfrischend. ... Es ist grundsätzlich sehr positiv, begeistert, aufgeschlossen. Daher macht es Spaß, mit ihm zusammenzusein, es ist ein einnehmender, lustiger, einen ständig fordernder Freund. Man muß auf Draht sein, um mit lebhaften, phantasievollen Vierjährigen mitzukommen, aber wenigstens hat man echt die Chance dazu ... Mit anderen Kindern gibt es in der Regel keine Schwierigkeiten. Vierjährige haben Spaß aneinander, sie sind dankbar für die Herausforderung, die andere Kinder darstellen. Dies ist das Alter, in dem das Interesse und die Bewunderung der Kinder füreinander am größten sind.« (Louise Bates Arnes u.a.: *The Gesell Institute's Child from One to Six,* New York 1979.)
Das vierjährige Kind ist einer, der die Welt und sogar seine Altersgenossen mitfeiert.
Das siebenjährige? Irgend etwas ist in der Zwischenzeit passiert. »Mehr mit sich beschäftigt und in sich zurückgezogen ... Scheint in einer ›anderen Welt‹ zu sein ... Befangen, was den eigenen Körper angeht. Empfindlich, was das Entblößen angeht. Läßt sich nicht gern anfassen. Schamhaft, wenn es aufs Klo muß ... Schützt sich durch Einigeln. Verrät unter Umständen nur ungern, was es weiß, aus Angst, ausgelacht oder kritisiert zu werden ... Erwartet leicht zuviel von sich.« (Arnold Gesell und Frances Ilg: *The Child from Five to Ten,* New York 1946.)

14 Hier könnten sämtliche Heideggerschen »Existenzialien« aufgeführt werden, die uneigentlichen Seinsarten, in denen das »Dasein« (das Selbst) sich in seine Welt einbringt, z. B. das Gerede, die Neugier.

15 Seiner Christlichkeit zum Trotz vollzog Graham Greene, wie Evelyn Waugh beobachtete, einen seltsamen Ritus, bevor er an die Arbeit gehen konnte. Er trat auf die Straße und beobachtete den Verkehrsstrom. Auf die Frage, was er da mache, entgegnete er, er warte darauf, daß auf einem Nummernschild eine bestimmte Zahlenkombination auftauche – 777. Wenn sie kam, begab er sich frohgemut an seinen Schreibtisch.

16 Es ist eine nette Zwiespältigkeit, daß Katholiken gerade mit dem Aspekt des Katholizismus, vielleicht dem einzigen, für den sie bewundert werden, am wenigsten anfangen können, nämlich mit dem Pomp und Beiwerk wie z. B. den Gebäuden, den Volksbräuchen, der Musik usw. So ist ein triviales Nebenprodukt des Katholizismus von New Orleans, der Mardi Gras, von Touristen aufgegriffen, örtlichen Protestanten vereinnahmt und der Handelskammer als *die* kulturelle Attraktion hochgeputscht worden. Ich sage nette Zwiespältigkeit, weil beide Seiten damit zufrieden sind. Niemand ist verletzt.

Der Katholik bescheidet sich damit, seinen Glauben in einer abgeramschten Kirche in York zu praktizieren, während die Touristen den großen perlmuttglänzenden Steinhaufen des York Minster anglotzen, ein Kunstwerk einer älteren katholischen Kultur, so schön wie die Muschel eines Perlboots und so leer. Es ist, glaube ich, nicht polemisch, das Nette der Zwiespältigkeit anzumerken, denn wie der Katholik damit zufrieden ist, so auch der Glaubenslose. So würde dem ästhetischen Genuß etwa von Hemingway am katholischen Pomp von Pamplona vielleicht seine Verachtung für den wirklich praktizierten Katholizismus in Oak Park, Illinois, entsprechen. Es ist eine Zwiespältigkeit, weil man zwei gleich plausible Deutungen davon geben kann, eine katholische und eine nichtkatholische. Die katholische: Was für mich zählt, sind Glaube und Gottesdienst; die Kathedralen und Fiestas sind nebensächlich. Die nichtkatholische: Was mich anzieht, ist der katholische Pomp, die Kathedralen und Fiestas; mit Glaube und Gottesdienst will ich nichts zu tun haben, denn die sind oft geschmacklos, wenn nicht vulgär. Beide haben recht. Der praktizierte Katholizismus ist oft eintönig oder barbarisch eintönig in Oak Park, Illinois, barbarisch in Chichicastenango. Und doch ist der schöne York Minster leer. Es ist eine nette Zwiespältigkeit, weil jede der Seiten damit zufrieden ist, die andere gewähren zu lassen.

17 Kierkegaard-Zitat nach der Übersetzung von Emanuel Hirsch.

18 Kierkegaard-Zitate hier und auf den folgenden Seiten nach der Übersetzung von Emanuel Hirsch.

19 Dieses Kapitel hat, ebenso wie andere Teile des Buches, Carl Sagans prächtigem Bilderbuch *Unser Kosmos* sehr viel zu verdanken. Ich hoffe, er wird mir einige davon ausgehende eigenwillige Extrapolationen nicht krummnehmen. Sagans Buch hat mir viel Freude gemacht, eine Freude, die durch seinen so gar nicht gehässigen, ja unschuldigen Szientismus nicht geschmälert wurde (vielleicht sogar noch vermehrt), wie ich ihn seit den stereotypen Redeschlachten in High School und College – aber nur bis zum zweiten Semester – nicht mehr erlebt habe. Der Streit ließe sich mit Sagan wiederaufnehmen, vermute ich, aber die Sache dürfte wohl so ungelöst bleiben wie zwischen den Pennälern. Für mich war es eher unterhaltsam als sonst etwas, mit anzusehen, wie jemand die Geschichte des abendländischen wissenschaftlichen Denkens skizziert und dabei Judentum und Christentum unter den Tisch fallen läßt. Seit den Ioniern und bis zum Aufkommen der modernen Wissenschaft ging's nur bergab. Es klafft eine riesige Lücke zwischen der Zerstörung der Bibliothek von Alexandria und dem Erscheinen von Kopernikus und Galilei. Damit wären denn sechstausend Jahre Judentum und eintausendfünfhundert Jahre Christentum abgehakt. Männer wie Aristoteles, Hippokrates, Galen, Thomas von Aquin, Roger Bacon, Grosseteste wären abgehakt. Abgehakt wäre auch der Wissenschaftshistoriker A. C. Crombie, der schrieb: »Die Naturphilosophen des lateinischen Christentums im dreizehnten und vierzehnten Jahrhundert schufen die für die Neuzeit charakteristische experimentelle Naturwissenschaft.«

Abgehakt also wäre damit die Beziehung zwischen Christentum und exakter Wissenschaft sowie die Tatsache, daß die exakte Wissenschaft, wie Whitehead darlegte, keineswegs zufällig nicht der ionischen Metaphysik, nicht dem brahmanisch-buddhistisch-taoistischen Osten, nicht dem maya-ägyptischen astrologischen

Süden entsprang, sondern dem Herzen des christlichen Abendlandes, daß, obwohl Galilei sich mit der Kirche überwarf, er sich kaum die ganze Mühe gemacht hätte, Jupiter zu studieren und Sachen von Türmen fallen zu lassen, wenn der Glaube an die Fleischwerdung den Dingen nicht zuvor Wirklichkeit, Wert und Ordnung verliehen hätte.

Dennoch nimmt niemand an Sagan Anstoß. Es ist bei ihm zu wenig Bosheit und zu viel Ahnungslosigkeit im Spiel. Man ist zufrieden damit, sich an dem flüssigen Stil zu freuen, dem Geschick zur populären Darstellung wissenschaftlicher Zusammenhänge und den schönen Bildern von Saturn und den Ringnebeln.

Tatsächlich stand ich in der Mehrheit der Fälle auf Sagans Seite, vor allem in seiner Bewunderung der exakten Wissenschaft und der wissenschaftlichen Methode, die das ist, als was er sie ausgibt – eine gediegene, elegante und sich selbst korrigierende Methode zur Findung einer Art Wahrheit –, und wenn er die gängigen abergläubischen Vorstellungen angreift, Astrologie, UFOs, Parapsychologie und dergleichen, die das westliche Denken heute mehr denn je zu beschäftigen scheinen, mehr vielleicht als Wissenschaft oder Christentum.

Beklagenswert an Sagan ist nicht sein pennälerhafter Szientismus – der mir, glaube ich, lieber ist als sein Gegenstück, ein pennälerhafter Theismus, der die Wunder des Kosmos einem Gott anrechnet, welcher ihn wie ein Kind mit einer Plätzchenform erschuf –, nein, beklagenswert ist, daß diese ernsten Fragen, bei denen es um Gott und die Natur des Menschen geht, von den derzeitigen Wortführern vereinnahmt werden, einem Popularisator wie Sagan und Fundamentalisten, die glauben, Gott habe die Welt vor sechstausend Jahren erschaffen. Das reicht aus, um sowohl Wissenschaft als auch Christentum in Verruf zu bringen.

Dies ist wirklich ein Beispiel dafür, wie eine alte und immer noch ehrwürdige Auseinandersetzung vor die Hunde geht. Selbst Auseinandersetzungen in einem College-Schlafsaal werden, oder wurden, auf einem höheren Niveau geführt.

Und genau aus diesem Grund können wir *Unser Kosmos* so richtig genießen, wegen der Frivolität von Sagans Vulgärszientismus und deshalb, weil die Wissenschaft, wie Sagan sagt, sich selbst korrigieren kann. Man fragt sich wirklich, ob Sagan selbst nicht korrigiert worden ist, z. B. von Hubbles Entdeckung der Rotverschiebung und dem derzeitigen wachsenden Einvernehmen über die Urknalltheorie der Entstehung des Kosmos, die der Schilderung der creatio ex nihilo im Buch Genesis sicherlich näherkommt, als es Sagan lieb ist.

20 Ein B1-Bewußtsein ist selbst-los, fuhr der PC3-Erdologe fort, sich seines Selbst nicht bewußt, weil es sich nach außen wendet, Dinge wahrnimmt und sie durch intersubjektive Transaktionen mit anderen symbolisiert. Vielleicht ist das B1-Bewußtsein eines zweijährigen Erdlings zur Zeit des explosionsartigen Spracherwerbs eine ontogenetische Rekapitulation einer Art von Bewußtsein, wie es der Eiszeitmensch, der die Höhlen der Dordogne bemalte, besaß.

Ein B2-Bewußtsein dagegen wendet sich nach außen, nimmt wahr und symbolisiert, aber ist dabei auch selbst-bewußt geworden. Aber das Selbst ist buchstäblich unvorstellbar – anders als ein Baum oder ein Stern oder ein Du kann es nicht unter dem Siegel eines Symbols vorgestellt werden – und inhaltlich veränderlich. Das heißt, das eigene Selbst bewegt sich für einen selbst auf einer semantischen Achse $\propto$ bis $-\propto$, ist das Beste und das Schlechteste, gesegnet und verdammt und kann an jedem Punkt dieser Achse vorübergehend fixiert werden.

Einem B3-Bewußtsein ist es mit Beistand von irgend etwas anderem als dem Selbst gelungen, unter anderem Siegel als dem symbolischen Vorstellen dieser Veränderlichkeit zu entwachsen und sich wiederzugewinnen. Es weiß, was es ist.

21 Die hier berichteten Abenteuer sind ein bißchen beeinflußt von Walter M. Millers außerordentlichem Roman *Lobgesang für Leibowitz,* dem ich Leibowitz und den Bundesstaat Utah entlehnt habe.

Der Autor

Walker Percy wurde 1916 in Birmingham, Alabama, geboren. Er studierte Naturwissenschaften und Medizin in Columbia. Nachdem er an Tuberkulose erkrankte und gezwungen war, seinen Beruf als Arzt aufzugeben, widmete er sich dem Schreiben. Für seinen ersten Roman, *The Moviegoer*, erhielt er 1961 den National Book Award. Es folgten fünf weitere Romane, die ihn zu einem der größten Autoren der amerikanischen Gegenwartsliteratur gemacht haben. Er lebte bis zu seinem Tod (1990) als freier Schriftsteller in Covington/Louisiana.

Bisher erschienen: *Liebe in Ruinen* (1974), *Lancelot* (1978), *Der Kinogeher* (1980), *Der Idiot des Südens* (1985), *Das Thanatos-Syndrom* (1989), *Die Wiederkehr* (1989).